CICÉRON

DE
LA RÉPUBLIQUE

SUIVI DES PLUS CÉLÈBRES CHAPITRES

DE LA POLITIQUE D'ARISTOTE

ET DE L'ESPRIT DES LOIS DE MONTESQUIEU

Et de nombreux extraits

DE PLATON, POLYBE, J.-J. ROUSSEAU, V. COUSIN, ETC.

Propres à compléter ou à éclaircir l'œuvre de Cicéron

ÉDITION NOUVELLE

PUBLIÉE AVEC UNE INTRODUCTION CRITIQUE
ET DES NOTES EN FRANÇAIS

PAR

A. FOUILLÉE

Agrégé de philosophie, professeur au Lycée de Bordeaux

PARIS
CH. DELAGRAVE ET Cie, LIBR.-ÉDITEURS
78, RUE DES ÉCOLES, 78

Toutes nos éditions sont revêtues de notre griffe.

Charles Delagrave et Cie

CICÉRON
DE
LA RÉPUBLIQUE

SUIVI DES PLUS CÉLÈBRES CHAPITRES

DE LA POLITIQUE D'ARISTOTE

ET DE L'ESPRIT DES LOIS DE MONTESQUIEU

Et de nombreux extraits

DE PLATON, POLYBE, J.-J. ROUSSEAU, V. COUSIN, ETC.

Propres à compléter ou à éclaircir l'œuvre de Cicéron

ÉDITION NOUVELLE

PUBLIÉE AVEC UNE INTRODUCTION CRITIQUE
ET DES NOTES EN FRANÇAIS

PAR

A. FOUILLÉE

Agrégé de philosophie, professeur au Lycée de Bordeaux

PARIS
CH. DELAGRAVE ET Cie, LIBR.-ÉDITEURS
78, RUE DES ÉCOLES, 78

1868

NOTICE HISTORIQUE

« J'ai écrit, dit Cicéron, les six livres sur la République à l'époque même où je tenais le gouvernail de l'État : *Sex de Republica libri, quos tunc scripsimus, quum rei publicæ gubernacula tenebamus.* » (*De divinatione*, II, 1.) — Cet ouvrage fut donc commencé vers l'an 61 avant Jésus-Christ. Plusieurs fois repris et remanié, il semble n'avoir été publié que vers l'an 51. — Cicéron parle souvent et avec complaisance du traité *de la République* dans ses lettres et dans d'autres ouvrages (les *Lois*, le traité *des Devoirs*, le traité *de la Divination*, etc.). Il semble considérer ce livre comme un de ses chefs-d'œuvre. — Le *de Republica* n'est désigné nulle part dans les monuments qui nous restent de la littérature du siècle d'Auguste. « Les écrivains de cette époque, à l'exception de Tite-Live, craignirent même de nommer Cicéron, dont la gloire était si récente, mais accusait si haut les crimes du triumvirat... Lorsque l'usurpation rusée d'Auguste eut amené la tyrannie de Tibère et le despotisme insensé de tant de monstres, on peut croire qu'il ne fut guère permis de louer le livre de Cicéron, et que l'on écarta ce beau souvenir de l'ancienne Rome avec le même soin qui proscrivait jusqu'aux images des héros de la République. Quand le sénat condamnait à mort l'historien Crémutius Cordus, pour avoir raconté les actions des grands hommes contemporains de Cicéron, on peut croire que le livre dépositaire de leurs maximes n'eût pas été impunément célébré. » (Villemain.) — Sénèque, Quintilien, les deux Pline et Tacite ne parlent point explicitement du traité *de la République*. Deux siècles plus tard, il est rappelé d'une manière intéressante dans ce passage de la *Vie d'Alexandre Sévère*, par Lampridius : « Quand il avait rempli tous les soins du gouvernement et de la guerre, Alexandre donnait sa principale attention à la littérature grecque, lisant surtout les livres *de la République* de Platon. En latin, il n'avait pas de lecture plus assidue que le traité *des Devoirs* et celui *de la République*, par Cicéron. » Plus tard, les grammairiens et les philologues, principalement Nonius et Diomède, citent fréquemment le *de Republica*, sans y chercher autre chose que des curiosités grammaticales. Le philosophe platonicien Macrobe transcrit et commente, au commencement du v⁰ siècle, l'épisode qui termine l'ouvrage : *le Songe de Scipion*. Les écrivains chrétiens, principalement Lactance et saint Augustin, font de nombreux emprunts à la *République* de Cicéron. Lactance nous a conservé les belles pages sur l'existence d'une loi universelle : « *Est quidem vera lex, recta ratio, naturæ congruens*, etc. » (V. livre III.) Saint Augustin, dans la *Cité de Dieu*, s'est souvenu de la *République*, qu'il imite et cite fréquemment. Parmi les fragments qu'il nous a conservés, on remarquera surtout le développement de cette admirable maxime : « *Ubi non est justitia, ibi nec jus potest esse.* » (V. *ibid.*)

Vers le xii⁰ siècle de notre ère, le livre de Cicéron semble avoir disparu. Les écrivains de la Renaissance s'efforcent vainement d'en retrouver la trace. Les recommandations de Clément VI à Pétrarque et les patientes recherches du Pogge, à qui nous devons huit discours de Cicéron, douze comédies de Plaute et tout Quintilien, n'obtiennent aucun succès. « Il faut, dit Ramus, ou que les six livres *de la République* aient péri, ou qu'ils soient, ainsi qu'on le dit, par gens trop scrupuleux en matière d'État, retenus dans l'ombre et sous clef, comme des *livres sibyllins*. »

Il était réservé au xix⁰ siècle de retrouver en partie l'ouvrage de Cicéron sur un manuscrit *palimpseste*. L'usage d'effacer une première écriture et de la remplacer par une autre existait du temps même de Cicéron qui en parle dans une de ses lettres. Au moyen âge, cet expédient économique fut appliqué sans le moindre discernement. « Ce fut ainsi, dit le père Montfaucon, qu'au grand préjudice de la république des lettres, les Polybe, les Dion, les Diodore de Sicile et d'autres auteurs que nous n'avons plus, furent métamorphosés en *Triodons*, en *Pentacostaires*, en homélies et en d'autres livres d'église. » — C'est dans un volume de *Commentaires de saint Augustin sur les psaumes*, que le savant cardinal Angelo Maï, bibliothécaire du Vatican, a retrouvé en 1822 la *République* de Cicéron. Nous avons la plus grande partie du premier livre, une portion considérable du deuxième et des fragments importants du troisième. Les deux suivants demeurent presque inconnus, et il ne reste du dernier que *le Songe de Scipion*. Tout récemment, on a découvert à Fucino, dans la bibliothèque d'un couvent, quelques pages inédites. En somme, nous ne possédons qu'un tiers à peu près de l'ouvrage.

INTRODUCTION CRITIQUE
AU PREMIER LIVRE.

Le plan du traité *de la République* est facile à reconnaître, bien qu'il faille un peu le conjecturer pour les trois dernières parties.

L'ouvrage se divise en six livres auxquels nous donnerons les titres suivants :

Ier Livre. — *Nature de l'État et diverses formes de gouvernement.*
IIe Livre. — *Examen et histoire de la constitution romaine.*
IIIe Livre. — *Rapports de la morale et de la politique, de la justice et de l'utilité.*
IVe Livre. — *Éducation du citoyen.*
Ve Livre. — *Éducation de l'homme d'État.*
VIe Livre. — *Destinée réservée soit aux États, soit à l'homme d'État. Songe de Scipion.*

Ier LIVRE. — NATURE DE L'ÉTAT ET DIVERSES FORMES DE GOUVERNEMENT.

I. Préambule. Apologie de la vie politique.

L'indifférence à l'égard des affaires publiques peut avoir deux motifs : l'amour égoïste du repos ou l'amour désintéressé de la spéculation pure. *Sapiens ne accedat ad rempublicam*, disaient les Épicuriens. La sagesse consiste dans le calme de l'âme et dans l'absence de trouble ou *ataraxie* (ἀταραξία). Retranché dans son indifférence, du haut de ces *temples sereins* dont parle Lucrèce, le philosophe dédaigne les agitations et les orages de la vie politique. — Cicéron, au début de son livre, réfute ces maximes de l'égoïsme épicurien. Une telle indifférence lui semble tout à la fois de l'ingratitude et de l'injustice envers la patrie. Jouissant des bienfaits de la société, nous lui devons en retour la meilleure part de nous-mêmes. L'homme ne s'appartient pas tout entier. « La patrie ne nous a point donné la naissance et l'éducation pour n'espérer de nous aucun retour, pour être seulement la servante de nos intérêts et fournir un asile sûr à notre oisiveté, un lieu tranquille à notre repos ; elle entend au contraire avoir un droit privilégié sur les plus nombreuses et les meilleures facultés de notre âme, de notre esprit, de notre cœur, et elle ne nous en laisse, pour notre propre usage, que la part qui lui est inutile à elle-même[1]. » Ne pas mettre l'intérêt privé au-dessus de l'intérêt public, ne pas laisser le sort de toute une nation à la discrétion des ambitieux et des méchants, c'est plus qu'un devoir de reconnaissance, c'est un devoir de justice qui a son origine dans un véritable droit de la société sur ses membres[2].

Les platoniciens, les péripatéticiens et les stoïciens s'accordaient parfois avec les disciples d'Épicure pour conseiller au sage l'abstention des affaires publiques. Mais ils s'inspiraient d'un mobile bien supérieur à l'égoïsme. D'après eux, l'activité politique est sans doute noble et généreuse, souvent même nécessaire et obligatoire. Mais la vie *contemplative*, consacrée tout entière à la science désintéressée et à la pure spéculation, leur paraissait plus élevée encore que la pratique des affaires et que la vie inquiète de l'homme d'État. Est-ce à dire que Platon, Aristote et Zénon eussent entièrement méconnu les devoirs qu'impose au philosophe

---

1. Liv. I, ch. IV.
2. Voir les chapitres I, II, III, IV, V, VI et suivants.

sa qualité de citoyen? — Loin de là! Platon va même jusqu'à rêver une république idéale dans laquelle les rois seraient philosophes ou les philosophes rois. Mais en attendant, découragé par les excès de la démagogie athénienne, Platon a le tort de conseiller au sage le repos : « Semblable à un homme qui se trouve au milieu des bêtes féroces, incapable de partager les injustices d'autrui et trop faible pour s'y opposer à lui seul, le sage reconnaît qu'avant d'avoir pu rendre quelque service à l'État ou à ses amis, il lui faudrait périr inutile à lui-même et aux autres. Alors, ayant bien fait toutes ces réflexions, il se tient en repos, uniquement occupé de ses propres affaires ; et, comme le voyageur pendant l'orage, abrité derrière quelque petit mur contre les tourbillons de poussière et de pluie, voyant de sa retraite l'injustice envelopper les autres hommes, il se trouve heureux s'il peut couler ici-bas des jours purs et irréprochables, et quitter cette vie avec une âme sereine et une belle espérance. Sortir ainsi de la vie, ce n'est pas l'avoir mal employée ; mais c'est aussi n'avoir pas rempli sa plus haute destinée, faute d'avoir vécu sous une forme convenable de gouvernement[1]. » — Aristote, génie plus pratique que Platon, n'admet point que le sage puisse en aucun cas demeurer indifférent aux choses publiques. « La seule vie digne d'un homme, dit-il, c'est la vie active et politique. » Mais en même temps, Aristote reconnaît avec Platon qu'il existe une vie supérieure, une vie toute *divine*, dont le sage doit se rapprocher de plus en plus sans négliger pour cela ses devoirs civils : c'est la vie contemplative, la vie de la pensée. L'idéal de cette activité tout intellectuelle est la pensée même de Dieu qui se contemple dans une éternelle béatitude. Rien n'égale le tableau tracé par Aristote des pures joies de la vie spéculative : c'est là, dit-il, la vie véritable, c'est la seule félicité. La vertu morale ou sociale tend à une fin qu'elle n'a pas en elle-même ; la vertu intellectuelle, la *sagesse*, a seule en elle sa fin et sa

---

1. Voir, à la fin de ce volume, les Extraits de Platon.

satisfaction. La vertu morale est un combat ; la sagesse est la paix, non dans le repos et le sommeil, mais dans la souveraine activité d'une pensée entièrement libre et que rien ne sépare plus de son objet, qui est Dieu ; c'est une participation à la vie divine ; c'est un regard fixé, au moins quelques instants, sur ce soleil du monde intelligible que Platon apercevait au sommet de sa marche ascendante et qu'il proposait pour but suprême à nos efforts. La vraie vie de l'homme, n'en dût-il jouir qu'un jour, qu'un seul instant, est la vie divine. « Hommes, ne croyons pas que les choses humaines soient notre vraie patrie ; mortels, ne nous enfermons pas dans la sphère des choses mortelles ; mais élevons-nous de toute notre puissance à l'immortalité[1]. » Tel est l'idéal sublime qu'Aristote propose au sage, sans méconnaître les nécessités et les devoirs de la vie pratique et politique.

Cicéron est loin de résoudre avec la même profondeur cette question de prééminence entre la vie civile et la vie spéculative. Conformément à la tournure de son génie et à l'esprit romain, il élève l'art du gouvernement au-dessus des sciences spéculatives même les plus hautes, et rabaisse au second rang ce que Platon et Aristote avaient mis au premier. A l'entendre, il semble que la philosophie soit inférieure à la politique, la morale théorique à la jurisprudence, et en général la spéculation désintéressée à l'utilité pratique. C'est oublier que l'application suppose la théorie, comme la conséquence particulière suppose le principe universel. Ce sont même les spéculations les plus élevées et les plus abstraites qui sont les plus riches en applications pratiques, ainsi que le prouve l'histoire des sciences et de la philosophie. « Le citoyen, dit Cicéron, qui, par l'autorité et les menaces de la loi oblige tout un peuple aux mêmes choses que les conseils de la philosophie peuvent inspirer à quelques hommes, ce citoyen est préférable même aux démonstrateurs les plus éloquents des vérités, que seul il

---

1. *Morale à Nicomaque.*

met en action. » Mais, répondrons-nous, comment mettre en action ce qu'on ne connaît pas? Avant d'être des faits, les lois et les institutions ont été des idées. Dans les temps modernes principalement, ne voyons-nous pas les vérités les plus hautes passer des livres des philosophes dans les codes des législateurs? N'a-t-il pas fallu que les *penseurs* du XVIII° siècle répandissent dans toute l'Europe les principes de liberté politique, d'égalité civile, de tolérance religieuse, pour que ces principes moraux devinssent des lois sociales?

Combien Cicéron est plus près de la vérité, lorsqu'il écrit ces belles paroles : « Les philosophes qui ont recherché les principes de la science sociale, même quand ils n'ont pas pris part aux affaires, n'en ont pas moins exercé une sorte de magistrature civile! » On en peut dire autant, non-seulement des philosophes, mais de tous les savants, et même des littérateurs et des artistes. La magistrature politique de Cicéron a été peu durable et peu féconde en heureux résultats; mais par ses chefs-d'œuvre littéraires qui font, aujourd'hui encore, l'éducation de tous les peuples civilisés, on peut dire que Cicéron exerce une sorte de magistrature éternelle.

L'auteur du traité *de la République* a donc raison quand il reproche à certains philosophes leur indifférence absolue à l'égard des choses publiques; car si le philosophe n'est pas toujours obligé à se faire homme d'État, il n'est jamais dispensé des devoirs publics imposés au simple citoyen. Mais Cicéron, pour appuyer ses nobles préceptes de courage et de dévouement civil, n'avait pas besoin de rabaisser la spéculation pure au profit de la pratique. L'opposition de ces deux choses n'est qu'apparente, et recouvre une réelle harmonie. Comme l'avait dit Aristote, la pensée intérieure n'est pas moins active que la pratique extérieure, dont elle est du reste la condition et la règle; et si nous nous élevions avec le disciple de Platon jusqu'au point de vue le plus haut de la métaphysique, nous reconnaîtrions que, dans la perfection de l'essence divine, la contemplation intérieure et la fécondité extérieure sont ramenées à l'absolue identité, comme toutes les autres oppositions qui résultent d'une vue partielle des choses. Pour Dieu, penser, c'est faire; faire, c'est penser. L'individu et la société doivent s'efforcer de réaliser en eux-mêmes cette idéale harmonie de la spéculation et de la pratique, de la pensée et de l'action. C'est la première règle de la morale; c'est aussi la première règle de la politique. Cicéron l'a du reste compris, malgré l'indécision de sa pensée; car, en traitant de la méthode dans la science sociale, il montre la nécessité de concilier l'esprit spéculatif et l'esprit pratique.

II. *De la méthode dans la science sociale. Comparaison de la méthode de Cicéron avec celle de Platon et d'Aristote.*

« Pour nous, s'il nous a été donné de faire dans le gou-
« vernement quelque chose digne de mémoire, et si nous
« avons d'ailleurs quelque aptitude à expliquer les mou-
« vements et les ressorts de la politique, nous pouvons
« porter dans ce sujet, avec notre expérience, l'art d'étu-
« dier et d'instruire; tandis que, avant nous, les uns, habiles
« dans la théorie, ne s'étaient signalés par aucun acte, les
« autres, hommes d'État estimés, étaient inhabiles à parler.
« Au reste, il ne s'agit pas ici pour moi d'établir un système
« nouveau et arbitrairement imaginé [1]... D'une part, je ne
« suis point satisfait des choses que nous ont laissées sur
« cette question les hommes les plus grands et les plus
« sages de la Grèce; et de l'autre, je n'ose préférer mes
« propres vues aux leurs. Aussi, je vous prie, ne me re-
« gardez ni comme tout à fait étranger aux lettres grecques,
« ni comme disposé à leur accorder, surtout en ce genre,
« la prééminence sur les nôtres [2]. » — Le patriotisme de

---

1. Liv. I, ch. VIII.
2. Liv. I, ch. XXII.

Cicéron la rend un peu aveugle. Sans doute on doit reprocher à Platon d'être tombé dans un idéalisme utopique, et à Aristote, de pencher au contraire vers l'empirisme pratique. Mais il y avait bien peu de chose à faire pour corriger Aristote par Platon, et il n'est pas une seule idée de Cicéron qui n'appartienne à ces deux maîtres de la philosophie grecque.

Cicéron n'en a pas moins très-bien compris, grâce à cet éclectisme même qui l'a empêché d'être original, le double caractère que doit offrir la méthode dans la science sociale. Cette méthode, rationnelle et théorique sous un rapport, doit être aussi expérimentale et historique. Aussi, l'étude de la constitution romaine est-elle, pour Cicéron, la contre-partie nécessaire de sa théorie des gouvernements. « Nous voyons, dit Lælius à Scipion, que vous avez pris une méthode nouvelle qui ne se retrouve nulle part dans les livres des Grecs. Car ce premier maître que personne n'a surpassé pour l'éloquence, Platon, s'était donné à lui-même un libre territoire, pour y bâtir une ville, au gré de son génie ; ville admirablement imaginée peut-être, mais étrangère aux mœurs communes et à la vie réelle des hommes. Les autres, sans se proposer aucun modèle, aucun type particulier de république, ont disserté sur les formes et les constitutions des États. Vous me paraissez au contraire réunir ces deux méthodes[1]. » Le but de la politique, en effet, doit être la conciliation du réel et de l'idéal. Et ici encore nous trouvons entre ces deux choses une opposition qui n'est qu'apparente, bien qu'on l'ait déclarée souvent insoluble. Ce qui s'oppose au réel et au naturel, ce n'est pas l'*idéal*, mais l'*utopie*. L'utopie est une fiction de l'imagination qui, non-seulement n'est point, mais ne peut pas être et ne doit pas être, car elle est contraire à la nature des choses. L'idéal, c'est le perfectionnement et l'achèvement de la nature, conçu par la raison. C'est la fin à laquelle tend la

[1] Liv. II, ch. XI.

nature même et dont elle peut toujours se rapprocher;
l'idéal est donc *naturel* par excellence; et s'il n'est pas
encore réel, du moins il *peut* et *doit* être réalisé de plus en
plus. L'utopie est fausse et mauvaise; l'idéal est le *vrai* et
le *bien*. L'abolition de la famille et de la propriété, rêvée
par Platon, est une utopie. La destruction de l'ignorance et
de la misère, à laquelle tendent les sociétés modernes, est
un idéal qui se réalise progressivement. C'est donc un vice
égal de méthode, en politique, soit de placer l'idéal dans
l'utopie, par l'oubli de la réalité, soit d'accepter toute réalité présente et tout fait accompli comme une chose immuable et définitive. On doit savoir gré à Cicéron de ses
efforts pour maintenir en harmonie dans sa méthode ces
deux termes extrêmes qui se touchent dans l'absolu : l'idéal
et le réel.

III. *Nature et origine de l'État.*

Cicéron définit heureusement l'État ou République la
chose du peuple, c'est-à-dire son *bien* : *res publica, res
populi.* « Un peuple, dit Cicéron, n'est pas toute agrégation
d'hommes formée de quelque manière que ce soit, mais
seulement une réunion cimentée par un pacte de justice
et une communauté d'intérêts : *juris consensu et utilitatis
communione sociatus.* » Ces droits et ces intérêts sont le
bien commun, la chose du peuple. Telle est la nature de
l'État. — Quant à l'origine de la société civile, Cicéron,
d'accord avec Aristote, la place, non dans une convention
humaine, mais dans une loi de la nature. « La première
cause pour se réunir, c'est moins la faiblesse de l'homme,
que l'esprit d'association qui lui est naturel. Car l'espèce
humaine n'est pas une race d'individus errants, isolés, soli-
taires; elle naît avec une disposition qui, même dans
l'abondance de toutes choses et sans besoin de secours, lui
rend nécessaire la société des hommes... Il faut supposer
ces germes originels; car on ne trouverait nulle convention

première qui ait institué, ni les autres vertus, ni même l'état social. » — L'homme, avait dit Aristote, est un animal politique : ζῶον πολιτικόν. Un être solitaire et qui se suffit à lui-même ne peut être qu'une brute ou un dieu.

« Tout peuple, ajoute Cicéron, c'est-à-dire toute réunion d'une multitude aux conditions que j'ai posées, toute cité, c'est-à-dire toute constitution particulière d'un peuple, toute chose publique enfin, et par là j'entends, comme je l'ai dit, la chose du peuple, a besoin, pour se maintenir durable, d'être régie par une autorité intelligente : *concilio quodam regenda est, ut diuturna sit.* » — Cette autorité intelligente est le *gouvernement*, qu'il ne faut pas confondre avec l'État lui-même, dont il n'est que l'organe et le représentant. Quelle que soit la forme du gouvernement, son but et son objet doit être toujours le même : le bien commun, le bien du peuple : *res publica*. Sur tous ces points, la doctrine de Cicéron est irréprochable. Il a même évité une erreur fréquente chez les philosophes et les politiques de l'antiquité. Cette erreur consiste à croire que la fin de l'État est d'établir et de faire régner, non pas seulement la *justice* en particulier, mais la *vertu* en général. Or, les vertus privées, les vertus religieuses, et même, parmi les vertus publiques, la charité et la bienfaisance, ne doivent pas être soumises au contrôle et à la sanction de l'État. L'État est essentiellement le protecteur des *droits* et accessoirement le mandataire des *intérêts* généraux. Il est donc simplement chargé de faire respecter les devoirs de justice, auxquels correspondent des *droits* positifs ; mais il ne peut, sans despotisme, empiéter sur le domaine des autres vertus. C'est ce que Platon et Aristote n'ont nullement compris. Cicéron semble plus près de la vérité, lorsqu'il dit que la *chose publique* est l'accord des *droits* et la communauté des *intérêts* : « *juris* consensus et *utilitatis* communio. » Les droits et les intérêts publics sont effectivement les deux objets de la politique, l'un essentiel, l'autre accessoire.

IV. *Diverses sortes de gouvernement.*

D'après Aristote, les gouvernements simples se divisent en trois espèces : monarchie, aristocratie, démocratie. Quand ces trois gouvernements prennent pour but l'intérêt général, ils sont, sinon parfaits, du moins supportables ; quand ils prennent pour but un intérêt spécial, celui du prince, des grands ou de la multitude, ils se corrompent ; la monarchie devient tyrannie, l'aristocratie devient oligarchie, la démocratie devient démagogie.

Cette division, adoptée par Polybe, se retrouve dans Cicéron. Malgré ses qualités qui la rendent supérieure à la classification imaginée plus tard par Montesquieu, elle nous semble exposée aux objections suivantes :

1° Le terme d'aristocratie est-il bien choisi pour désigner le gouvernement de *plusieurs*? Ce terme signifie gouvernement des *meilleurs* ; et il introduit dans une classification fondée seulement sur le nombre des gouvernants, un élément étranger. Ce titre de *meilleurs* ne désigne pas nécessairement plusieurs, plutôt que tous ou un seul.

En outre, sous quel rapport les *aristocrates* ou *optimates* se prétendent-ils les *meilleurs*? — Est-ce sous le rapport de la vertu ou de l'intelligence? — Mais qui en sera juge? S'ils sont à la fois juge et partie, leur prétendue supériorité n'est qu'un privilége oligarchique. S'ils sont déclarés meilleurs et choisis comme tels par l'ensemble des citoyens, le gouvernement est alors démocratique ; c'est même la démocratie véritable, car l'égalité des droits n'exclut pas l'inégalité des fonctions, des mérites, des aptitudes ; elle l'appelle au contraire.

Ce qui constitue essentiellement le gouvernement de tous par plusieurs, c'est le privilége, soit de naissance, soit de fortune, soit de toute autre nature ; et le vrai nom de ce gouvernement est l'*oligarchie*. Il est donc faux de considérer l'oligarchie comme une corruption de l'*aristocratie*.

L'oligarchie est le privilége politique accordé à plusieurs, à l'exclusion de tous les autres. Cette forme de gouvernement peut être plus ou moins corrompue, suivant qu'elle est plus ou moins despotique; ce qui dépend du bon plaisir des gouvernants; mais ce n'est là qu'une différence de degré, non de nature.

2º La division des formes de gouvernement dans Cicéron contient une équivoque qu'il importe de lever. Ce pouvoir, qui appartient à un seul, à plusieurs ou à tous, est-ce le pouvoir législatif ou le pouvoir exécutif, ou les deux à la fois? — Les modernes entendent généralement le pouvoir législatif, la *souveraineté*, et voici les conséquences qui en dérivent pour la monarchie et la démocratie.

Si la souveraineté législative est le privilége d'un seul, il s'ensuit que le monarque possède en même temps toute la puissance exécutive; et, les deux pouvoirs se confondant, le gouvernement est essentiellement despotique.

Si la souveraineté législative appartient à tous, il n'en résulte pas nécessairement que le peuple soit magistrat en même temps que législateur, car il peut confier l'exécution à un chef ou à un directoire responsable. Le gouvernement, dans ce cas, n'est donc pas nécessairement despotique, et la séparation des deux pouvoirs peut y être établie.

Au contraire, si on entend par pouvoir public la puissance exécutive, cette puissance pourra être aux mains d'un seul sans entraîner avec elle la puissance législative. L'unité du pouvoir exécutif n'engendrera donc pas nécessairement le despotisme. Mais si le peuple en masse, non-seulement fait la loi, mais encore l'exécute, ce sera évidemment le despotisme populaire.

Il importerait donc de s'entendre sur le sens attaché aux mots de *monarchie, oligarchie, démocratie*. Cicéron entend par là l'exercice direct de tous les pouvoirs législatif et exécutif, soit par un seul, soit par plusieurs, soit par le peuple en masse. Ce n'est point là ce qu'entendent les publicistes modernes. D'après ceux-ci, la monarchie pure est le gouvernement où la loi est la volonté d'un seul. — L'oligarchie pure est le gouvernement où la loi est la volonté de plusieurs. — La démocratie pure est le gouvernement où la loi est la volonté nationale.

Les deux premières formes supposent un *privilége* législatif accordé au monarque ou aux oligarques.

La dernière forme est l'absence complète de privilége et l'égalité absolue du droit de suffrage entre tous les citoyens. Aussi pourrait-on appeler la monarchie pure et l'oligarchie pure des gouvernements de *privilége*, tandis que la démocratie et les gouvernements mixtes où le peuple est législateur sont des gouvernements de *droit commun*.

Chacune des formes simples de gouvernement, dit Cicéron, quand elle est modérée et ne perd pas de vue le but social, la *justice*, est, sinon parfaite, du moins supportable. Mais chacun de ces gouvernements porte en lui-même le germe de sa corruption.

La royauté, ajoute Cicéron, même entre les mains d'un Cyrus, n'en dépouille pas moins les citoyens du droit naturel qu'ils ont à s'occuper des affaires publiques, qui sont leurs propres affaires. « Aussi, que Cyrus ait été le plus juste et le plus sage des rois, je ne trouve pas pour cela fort désirable cette *chose du peuple* qui dépendait du clin d'œil d'un seul homme[1]. »

L'oligarchie, fût-elle aussi sage qu'à Marseille, rend également le peuple esclave, et s'arroge, par un privilége arbitraire et injuste, le droit de traiter les affaires communes.

Enfin la démocratie extrême, quand même on en prendrait l'exemple à Athènes, établit une égalité injuste, toutes les fois qu'elle étend cette égalité à toutes choses, et qu'elle supprime l'inégalité nécessaire des fonctions et des mérites.

Ces paroles de Cicéron ne s'appliquent, remarquons-le bien, qu'à la démocratie égalitaire et communiste, qui consiste à égaliser, non-seulement les droits civils et politiques, mais même les fortunes, les propriétés, les salaires

---

[1]. Liv. I, ch. xxvii.

et les mérites. Mais la démocratie des peuples modernes (la France en est un exemple) consiste à supprimer, non l'inégalité qui résulte des aptitudes et des mérites, mais celle des castes et des priviléges.

Chacune des formes simples, continue Cicéron, ne peut durer sans se corrompre. La *monarchie* devient tôt ou tard tyrannie, l'*oligarchie* devient *faction*. La démocratie (et par là Cicéron entend, ne l'oublions pas, le pouvoir à la fois législatif et exécutif du peuple en masse) devient démagogie.

Cette corruption des trois formes de gouvernement consiste, soit dans le passage à la *tyrannie*, soit dans le passage à l'*anarchie*. La monarchie absolue et sans contre-poids, ainsi que l'oligarchie, devient tyrannique par la suppression des droits et des libertés individuels. La démocratie peut également se corrompre par le despotisme des majorités. Il peut y avoir une tyrannie populaire comme il y a une tyrannie royale, bien que la première soit moins fréquente. Ainsi, « la chose publique n'est réellement la chose du peuple que lorsqu'elle est régie avec sagesse et justice, ou par un roi, ou par un petit nombre de grands, ou par l'universalité du peuple. Mais que le roi soit injuste, c'est-à-dire tyran ; ou les grands injustes, ce qui transforme leur alliance en faction ; ou le peuple injuste, ce qui ne laisse plus d'autre nom à lui appliquer que celui même de tyran ; dès lors la république est non-seulement corrompue, mais elle cesse d'exister : car elle n'est pas réellement la chose du peuple quand elle est au pouvoir d'un tyran ou d'une faction ; et le peuple lui-même n'est plus un peuple, s'il devient injuste, puisqu'il n'est plus alors une agrégation formée sous la sanction du droit, et par le lien de l'utilité commune[1]. »

Ce n'est pas tout ; les gouvernements peuvent encore se dissoudre par un excès opposé au précédent : l'excès de liberté, la suppression de l'orde social, l'*anarchie*. Ce danger

---

1. Voir livre III.

menace particulièrement les démocraties. Or, « de même que le pouvoir excessif des grands amène la destruction des grands, de même cette extrême licence engendre bientôt la servitude. C'est ainsi que l'on voit, dans la température, dans le sol, dans le corps humain, tout mal excessif se changer en un mal contraire[1]. » La loi universelle des réactions fera donc sortir le despotisme de l'anarchie et l'anarchie du despotisme, par une révolution sans fin, si on ne trouve un remède à ces deux maux.

Ce remède, d'après Cicéron, ne peut être qu'une *forme de gouvernement mixte*, où les trois autres soient combinées dans de justes proportions.

Platon (*Lois*, livre III) et Aristote (*Politique*, livre III) avaient montré comment le despotisme et l'anarchie, qui s'engendrent l'un l'autre, sont la perte des gouvernements, *quelle qu'en soit la forme*. Ce point de vue est plus profond que celui de Cicéron, parce qu'il place le vice des gouvernements dans un vice de *fond* plutôt que de *forme*, dans l'oubli des principes universels et absolus de la politique. La tyrannie est contraire au principe de la *liberté*, condition du progrès ; et l'anarchie, au principe de l'*ordre*, condition de la stabilité. Ordre et liberté, durée et progrès, unité et variété, tels sont les termes entre lesquels il faut maintenir l'équilibre. — Platon et Aristote en avaient conclu la nécessité d'un gouvernement *tempéré*, quelle qu'en fût la forme, et la condamnation de tout gouvernement *absolu*, monarchique, aristocratique ou populaire. Pour eux, le gouvernement était absolu quand il reposait sur un principe unique, soit la liberté, soit l'autorité ; et le *tempérament* consistait à mêler les deux principes, de telle sorte que la liberté fût soumise à l'ordre, et que l'ordre réglât la liberté sans la détruire.

Au mélange des *principes* gouvernementaux, Cicéron, à l'imitation de Polybe, substitue le mélange des *formes* de gouvernement. « Si l'on veut échapper à des révolutions

---

1. Liv. I, ch. xliii.

inévitables, il faut recourir à un gouvernement mixte, formé du mélange des trois autres. » Dans ce gouvernement mixte, les institutions monarchiques, aristocratiques et démocratiques doivent être conciliées de manière à produire une balance, ou, comme on dira plus tard, une *pondération* de pouvoirs.

Cela revient à soutenir que, pour mélanger les principes fondamentaux de toute politique, il est absolument nécessaire de mélanger toutes les formes de gouvernement.

Cette constitution parfaite, ajoute Cicéron, n'est pas une fiction, un rêve comme la république de Platon : c'est la république romaine, avec ses consuls, son sénat et son assemblée populaire.

Telle est la théorie de Cicéron, qui doit être jugée à deux points de vue, historiquement et politiquement. Qu'on nous permette d'emprunter une remarquable appréciation de cette théorie à un ouvrage récent qui a reçu la sanction de deux académies : celle des sciences morales et politiques, et l'Académie française.

« Historiquement, la théorie de Polybe et de Cicéron
« est-elle vraie? Rome fut-elle un gouvernement pondéré,
« où la royauté, l'aristocratie, la démocratie se balancent
« et se font équilibre? Je ne le crois pas. Le consulat, en
« effet, ne peut être considéré comme un pouvoir quasi-
« royal : une autorité annuelle et divisée entre deux per-
« sonnes, quelque grande qu'elle puisse être, n'est jamais
« une royauté; autrement il n'est pas un seul gouvernement
« au monde qui ne soit monarchique, puisqu'il n'y a pas
« de gouvernement sans chefs, au moins temporaires : à
« ce compte, Venise aurait été une monarchie, et la répu-
« blique des États-Unis en serait une encore aujourd'hui[1]. »

De même on ne peut reconnaître l'élément oligarchique partout où il y a des distinctions de mérite, de fortune et de fonction entre les citoyens. « Vous trouverez quelque

---

1. Paul Janet, *Histoire de la Philosophie morale*, t. I, p. 199. Ouvrage couronné par l'Académie des sciences morales et politiques.

« image de l'aristocratie dans le sénat des États-Unis; mais
« cette aristocratie ressemblera à la noblesse, comme la pré-
« sidence à la royauté. Le *privilége* est le véritable caractère
« politique de l'aristocratie. Une aristocratie qui n'a pas de
« priviléges, qui est accessible à tous, qui n'est que la supé-
« riorité du mérite, de l'âge, de l'expérience, n'est pas une
« aristocratie, c'est simplement la vraie démocratie [1]. »

« Ce qu'il y a de vrai dans le principe de Polybe et de
« Cicéron, c'est que tout gouvernement absolu, soit monar-
« chique, soit démocratique, soit aristocratique, est un
« gouvernement ou injuste, ou faible, et au contraire qu'un
« gouvernement fort, durable, équitable, doit être tempéré ;
« c'est ce qu'avaient dit Aristote et Platon. Mais un gouver-
« nement ne peut-il être *tempéré* sans être *pondéré*, c'est-à-
« dire, doit-il se composer nécessairement de trois termes;
« doit-il, sous peine de périr, être à la fois royal, aristo-
« cratique et populaire ? C'est cette théorie qui nous paraît
« quelque peu artificielle et utopique. Car il peut très-bien
« se faire qu'un des éléments vienne à manquer, par
« exemple, à Rome, la royauté, dans tel autre État, l'aristo-
« cratie. Il y a mille moyens de tempérer, de limiter, de mo-
« dérer l'action du gouvernement, sans le composer néces-
« sairement de ces trois termes fondamentaux, qui peuvent
« très-bien ne pas se rencontrer ensemble à un moment
« donné. Il est vrai, comme le dit Platon, qu'il faut concilier
« l'autorité et la liberté ; mais cette conciliation a eu lieu
« dans des gouvernements qui n'étaient pas monarchiques.
« Il est vrai aussi, comme le dit Aristote, qu'il faut concilier
« l'égalité naturelle et l'inégalité de mérite ; mais cette con-
« ciliation a pu avoir lieu dans des gouvernements qui
« n'étaient pas aristocratiques. Enfin, pour emprunter à un
« politique du XVIe siècle, Bodin, une pensée qui nous
« paraît très-juste, ce ne sont pas les *formes* de gouverne-
« ment qu'il faut concilier, mais leurs *principes* : l'unité
« d'action qui est propre à la monarchie, la supériorité du

---

1. *Histoire de la Philosophie morale*, t. II, p. 899.

« mérite, qui est propre à l'aristocratie, la liberté politique
« et l'égalité civile, caractères propres à la démocratie¹. »

Ces défauts de la théorie de Cicéron viennent de ce qu'il n'a pas distingué nettement le pouvoir législatif et le pouvoir exécutif. Le fond de sa pensée nous semble être la nécessité de concilier la démocratie législative avec l'unité exécutive, ou plus généralement l'égalité des droits législatifs avec l'inégalité des fonctions exécutives. S'il eût fait cette distinction, il eût mis sa théorie à l'abri des objections ; et il eût devancé Montesquieu. C'est dans Montesquieu, en effet, qu'il faut chercher l'expression précise de ce que Cicéron avait vaguement entrevu. « La base de la
« théorie de Montesquieu n'est pas la distinction des gou-
« vernements, mais la distinction des pouvoirs ; non pas la
« combinaison des trois formes de gouvernements, mais la
« séparation des trois pouvoirs. Les trois pouvoirs sont-ils
« réunis, c'est le despotisme; séparés, c'est la liberté... Il ne
« faut pas confondre la théorie de la séparation des pou-
« voirs avec la théorie des gouvernements mixtes : car il
« peut y avoir séparation des pouvoirs dans un gouverne-
« ment républicain, comme en Amérique; et il peut se
« faire que les pouvoirs soient confondus dans un gouver-
« nement mixte, comme à Rome où le sénat participait à la
« fois à l'exécution et au pouvoir législatif, où le peuple
« avait en même temps la puissance de faire des lois et la
« puissance de juger.

« Ce qui me paraît incontestable dans la théorie de
« Montesquieu, c'est le principe de la séparation des pou-
« voirs. Que le pouvoir judiciaire, d'abord, soit nécessaire-
« ment indépendant, c'est ce qui saute aux yeux de tout le
« monde. On ne peut rien dire de plus fort que ces pa-
« roles : — « Si la puissance de juger était jointe à la
« législative, le pouvoir sur la vie et la liberté des citoyens
« serait arbitraire, car le juge serait législateur; si elle était

---

1. *Histoire de la Philosophie morale*, t. I, p. 200.

« jointe à la puissance exécutive, le juge pourrait avoir la
« force d'un oppresseur. » — Ainsi, c'est déjà un premier
« principe du gouvernement modéré de laisser le pouvoir
« judiciaire absolument indépendant du pouvoir souverain.
« Mais est-il nécessaire que le pouvoir exécutif soit séparé
« du législatif? Il le faut sans doute; car, si celui qui a la
« force fait les lois, qui peut l'empêcher de les faire comme
« il l'entend, c'est-à-dire tyranniques et oppressives? Est-ce
« le pouvoir législatif qui est en possession de la force, le
« résultat est le même.

« Mais, disent les partisans de la démocratie extrême,
« le peuple, à titre de souverain, doit avoir à la fois le
« pouvoir exécutif et le pouvoir législatif; et il est impos-
« sible qu'il en abuse, puisqu'il est composé de tous les
« citoyens ; or, nul ne se fait d'injustice à soi-même. Je ré-
« ponds, que le peuple peut parfaitement être injuste et
« oppresseur, qu'il peut faire des lois tyranniques contre la
« minorité, contre les riches, contre les citoyens distingués,
« contre tel ou tel culte qui lui déplaît. Ce n'est donc pas
« une garantie suffisante de liberté que le pouvoir absolu
« du peuple. « *Il ne faut pas confondre le pouvoir du peuple*
« *avec la liberté du peuple,* » dit Montesquieu, et rien n'est
« plus sensé. Or, si l'on admet que le peuple peut, à titre
« de législateur, faire des lois injustes, les mêmes raisons
« qui valent contre la réunion de deux pouvoirs entre les
« mains d'un monarque, valent aussi contre la réunion de
« ces deux pouvoirs dans les mains du peuple. Je ne veux
« point dire que le pouvoir exécutif ne doive pas émaner
« du peuple, mais que le peuple ne doit pas exercer lui-
« même et directement ce pouvoir. Il faut remarquer d'ail-
« leurs que le peuple, surtout dans les États modernes, ne
« fait plus la loi directement, mais par des assemblées. Si
« vous mettez le pouvoir exécutif entre les mains d'une
« assemblée, qui l'empêche de se changer en oligarchie et
« de se prolonger indéfiniment, comme le long parlement
« d'Angleterre? ajoutez encore que l'assemblée elle-même

« ne peut pas exercer directement le pouvoir exécutif; elle
« le fait par des comités. Mais ces comités deviennent les
« véritables souverains; ils dictent les lois à l'assemblée,
« qui n'est plus que leur instrument, et c'est encore l'oli-
« garchie. Je n'ai pas à rechercher comment, dans les dé-
« mocraties, le pouvoir exécutif doit être constitué pour
« pouvoir être séparé du pouvoir législatif, et en être indé-
« pendant sans lui être supérieur; mais j'affirme que, même
« dans ce cas, il faut séparer les pouvoirs.

« Une objection très-fréquente contre la séparation des
« pouvoirs, est celle que l'on rencontre chez Hobbes. Ou les
« trois pouvoirs marchent d'accord, ou ils sont en dissenti-
« ment. S'ils marchent d'accord, ils forment une unité,
« leur action est souveraine et absolue, et ils peuvent abu-
« ser du pouvoir tout aussi bien qu'un monarque, tout
« aussi bien que le peuple lui-même. Supposez, en effet,
« un pays protestant et libre, tel que l'Angleterre ou la
« Suède; ne peut-il pas arriver que le roi, les chambres,
« les tribunaux, tous les corps publics soient d'accord pour
« opprimer les catholiques? Où est la garantie pour la li-
« berté? Si, au contraire, on suppose les pouvoirs en dis-
« sentiment, il n'y aura pas d'action, les tiraillements gêne-
« ront l'exécution : la jalousie réciproque des pouvoirs les
« empêchera de s'entendre pour faire le bien. Ce sera l'im-
« mobilité, ou l'anarchie.

« Je réponds à cette objection qu'il n'y a pas de principe
« politique qui soit en état de rendre impossibles tous les
« abus qui peuvent naître des constitutions humaines. Le
« principe de la séparation des pouvoirs n'a pas cette portée,
« ni cette efficacité! Il empêche certains abus, mais non pas
« tous les abus, il empêche certaines oppressions, mais non
« pas toutes les oppressions. Par exemple, il rend impossible
« le despotisme du pouvoir exécutif par l'intérêt contraire
« du pouvoir législatif, et le despotisme de celui-ci par l'in-
« térêt contraire de celui-là, et enfin le despotisme du pou-
« voir judiciaire par sa séparation d'avec les deux autres.

« Mais, s'ils s'entendent tous les trois pour exercer en
« commun un même despotisme, il est certain que le prin-
« cipe même de la séparation des pouvoirs n'offre pas de
« garantie contre cet abus. Mais remarquez que, dans ce
« cas, ce ne peut être qu'un petit nombre d'intérêts qui
« soient blessés. Car (à moins que la constitution ne soit
« corrompue), il est impossible que la grande majorité des
« intérêts les plus généraux ne soit pas représentée dans la
« réunion des trois pouvoirs. Ainsi l'oppression ne peut
« être que limitée, et sur des points très-circonscrits. D'ail-
« leurs, dans un pays constitué de cette manière, il y a
« toujours en dehors des pouvoirs publics un pouvoir mo-
« ral, invisible, qui tend incessamment à se transformer,
« sous l'influence de la liberté d'examen; c'est l'opinion.
« Or, l'opinion exprimée par la presse, voilà la dernière ga-
« rantie de la liberté, lorsque la Constitution elle-même
« n'en offre plus.

« Mais je prends l'hypothèse contraire, celle où les pou-
« voirs, se défiant l'un de l'autre et se surveillant mutuel-
« lement, ne réussissent pas à s'entendre : de là, les conflits,
« les tiraillements, les ralentissements des affaires, et enfin
« les crises politiques, qui ôtent toute sécurité aux esprits,
« aux intérêts, aux personnes. Je réponds encore à cette ob-
« jection qu'aucune machine politique ne peut remédier à
« tout, suppléer à tout, tout prévenir et tout empêcher.
« Un gouvernement ne peut vivre que par la bonne volonté
« et l'amour de ceux qui le soutiennent. Supposé que cet
« amour fasse défaut, et que les corps politiques mettent
« leur intérêt au-dessus de l'amour du pays, il est évident
« que la moindre discussion dégénérera en déchirement,
« et que l'État sera à chaque instant menacé de périr par la
« guerre civile. Mais je ne connais aucun principe de gou-
« vernement qui puisse tenir lieu de l'amour du pays. Sup-
« posez, au contraire (et c'est ce qu'il faut supposer), que
« les divers pouvoirs publics aiment assez leur pays pour
« ne pas le sacrifier à leur orgueil ou à leur ambition, les

« résistances seront alors un ralentissement, mais non une
« dissolution de la machine. Or, dire que ces résistances
« forment un ralentissement dans le mouvement des af-
« faires, ce n'est pas une objection au système, car c'est
« précisément ce résultat qu'on veut obtenir. Le ralentisse-
« ment dans les affaires humaines, ce n'est pas un mal,
« c'est un bien : car c'est la réflexion, le sang-froid, l'exa-
« men, par conséquent beaucoup de chances pour la vérité,
« et beaucoup contre l'erreur. De plus la résistance, qui
« irrite, il est vrai, quand elle est poussée à l'extrême li-
« mite, inquiète et arrête, lorsqu'elle-même sait s'arrêter à
« temps. Il y a dans cette lutte réciproque un moyen de
« lumière pour l'un et l'autre pouvoir, et une limite à leurs
« empiétements réciproques.

« Ainsi la séparation des pouvoirs demeure, à notre avis,
« la condition indispensable des gouvernements libres.
« Mais il faut, en théorie, se tenir à ce principe général,
« sans vouloir préciser en particulier de quelle manière les
« pouvoirs peuvent être divisés et distribués. Car il y a là
« mille combinaisons diverses qui dépendent des circon-
« stances et de l'état des esprits. De plus, il ne suffit pas de
« séparer les pouvoirs, il faut les unir et les accorder. Il ne
« suffit pas de donner des garanties à la liberté, il faut des
« moyens pour l'action. Car un gouvernement n'est pas
« seulement fait pour l'examen des questions, il l'est en-
« core pour la solution. De plus, la nécessité même de
« l'indépendance des pouvoirs exige que chacun ait une
« certaine part dans l'action de l'autre. Si le pouvoir légis-
« latif ne peut rien sur l'exécutif, celui-ci rendra le premier
« tout à fait vain ; si l'exécutif ne peut rien sur le législatif,
« celui-ci s'emparera de l'exécution. On voit quelles sont
« les complications pratiques du problème : je n'ai voulu
« insister que sur le principe.

« Mais considérons maintenant la théorie de Montesquieu
« par un autre côté, que l'on a souvent confondu avec
« celui-là. Remarquons d'abord que lorsque Montesquieu dis-

« tingue trois pouvoirs, il parle du pouvoir exécutif, légis-
« latif et judiciaire. Puis il dit que « de ces trois puissances,
« celle de juger est en quelque façon nulle. » Il n'en reste
« donc que deux, l'exécutive et la législative. Or, selon
« Montesquieu, le pouvoir exécutif, pour être fort et indé-
« pendant, doit être entre les mains d'un monarque. D'un
« autre côté, pour que le pouvoir législatif défende la sû-
« reté et la liberté de tous, il faut qu'il soit composé de
« tous et élu par tous, c'est-à-dire par le peuple. Voilà donc
« le peuple et le monarque en présence. Cette opposition
« appelle un médiateur, garantie commune, et commune
« limite des droits et des pouvoirs du peuple et du roi. Ce
« médiateur, c'est la noblesse. Voilà donc trois nouveaux
« pouvoirs : le roi, les nobles et le peuple ; et il faut distin-
« guer ces trois pouvoirs de ceux que nous avons déjà nom-
« més ; l'exécutif, le législatif et le judiciaire. Il y a là une
« confusion de termes qu'il est important de démêler, lors-
« que l'on parle de la théorie des trois pouvoirs. Qu'entend-
« on par pouvoirs? Est-ce dans le premier sens, est-ce dans
« le second que l'on prend cette expression[1]? Dans le pre-
« mier sens, il y a trois pouvoirs, même dans une répu-
« blique, quand ils sont convenablement séparés ; ainsi la
« la séparation des pouvoirs est le principe de la constitution
« américaine, comme de la constitution anglaise. Dans le
« second, il n'y a trois pouvoirs que dans la monarchie mixte,
« c'est-à-dire dans une forme particulière de gouvernement.
« Il me semble qu'on n'a pas suffisamment remarqué la
« différence de ces deux théories, que Montesquieu a fon-
« dues ensemble avec beaucoup d'habileté, mais qui n'en
« sont pas moins essentiellement distinctes. Nous avons exa-
« miné la première de ces théories ; examinons la seconde.
« ... Tous les esprits sages avaient toujours compris la
« nécessité d'un gouvernement tempéré, mais avant Mon-
« tesquieu aucun n'avait indiqué avec autant de précision

---

1. Ces deux sens ne sont pas nettement distingués dans Cicéron ; c'est ce qui fait l'obscurité de sa doctrine.

« l'union de l'hérédité monarchique, du privilége aristocra-
« tique, et du droit populaire, comme la combinaison la plus
« nécessaire à la liberté. Or, c'est là qu'est la question. Qu'un
« gouvernement doive être tempéré, je l'admets, car ce
« principe, c'est le principe même de la séparation des pou-
« voirs. Mais doit-il être précisément pondéré de telle ou telle
« manière, et si tel élément, soit monarchique, soit aristocra-
« tique, fait défaut, s'ensuit-il que le gouvernement ne soit
« pas tempéré, s'ensuit-il qu'il ne puisse pas être libre?

« Je crois que la théorie de Montesquieu (qui est aussi
« celle de Cicéron), trop prise à la lettre, conduit à cette al-
« ternative, ou de changer le sens des mots et d'appeler
« monarchie, aristocratie, ce qui n'est ni l'un ni l'autre,
« ou bien de prétendre que la liberté ne peut exister que
« dans une certaine situation sociale, qui peut très-bien ne
« pas se rencontrer, et qui ne se rencontrera peut-être
« qu'une seule fois dans l'histoire.

« En effet, jugez à la lumière de cette théorie, soit le
« gouvernement romain, soit le gouvernement des États-
« Unis, vous devez appeler monarchie le consulat ou la
« présidence. Or, le consulat est ce qu'il y a de plus con-
« traire à la monarchie, et la présidence, qui s'en rapproche
« un peu plus, n'est évidemment qu'une image très-éloi-
« gnée et très-affaiblie de la royauté. Il est évident que l'hé-
« rédité, ou, tout au moins, le pouvoir à vie, est le caractère
« essentiel de la royauté. Ce sont pourtant là de grands
« exemples de gouvernements libres et de gouvernements
« tempérés. De même, vous trouverez quelque image de
« l'aristocratie dans le sénat des États-Unis; mais cette aris-
« tocratie ressemblera à la noblesse comme la présidence
« à la royauté. Ce privilége est le véritable caractère poli-
« tique de l'aristocratie. Une aristocratie qui n'a pas de
« priviléges, qui n'est que la supériorité du mérite, de
« l'âge et de l'expérience, n'est pas une aristocratie;
« c'est simplement la vraie démocratie. Il est vrai que
« le gouvernement anglais donne raison à la théorie de

« Montesquieu. Mais ce gouvernement peut-il se reproduire
« à volonté? Y a-t-il toujours dans un pays, à un moment
« donné, une famille avec une situation historique assez
« grande et assez populaire pour former une monarchie?
« Y aura-t-il toujours les éléments suffisants d'une aristo-
« cratie véritable? Si ces éléments ne sont pas donnés par
« la nature, faut-il les créer artificiellement? Une création
« artificielle de forces politiques peut-elle réussir? Si l'on ne
« peut pas créer artificiellement ces forces, est-il donc abso-
« lument impossible d'y suppléer? Un pays est-il condamné
« à n'être jamais libre, parce que certaines conditions par-
« ticulières ne s'y rencontrent pas?

« Allons plus loin. Quel est le fond de la constitution
« anglaise? C'est l'aristocratie, c'est une aristocratie qui
« consent à être gouvernée par un roi, et à faire la part aux
« besoins du peuple. Grande aristocratie, sans aucun doute;
« mais enfin, voici la question : faut-il absolument une no-
« blesse dans un pays libre? La liberté politique ne peut-
« elle s'acheter que par l'inégalité sociale? Il m'est difficile de
« le croire. Si la raison fait désirer à l'homme la liberté poli-
« tique, la même raison lui fait désirer aussi l'égalité civile.
« Il serait trop étrange que le privilége fût un principe de
« liberté, et l'égalité de droits un principe de servitude.

« Si l'on reconnaît, ce qui nous paraît incontestable,
« que la société civilisée marche partout vers l'abolition des
« aristocraties, et que le travail d'égalité dans les lois et
« dans les mœurs ne cesse pas de se faire, il y aura lieu de
« se poser la question autrement que n'a fait Montesquieu.
« Car il regarde comme indispensable aux gouvernements
« libres un élément qui va sans cesse en s'amoindrissant. Il
« en résulterait que la liberté elle-même devrait devenir de
« plus en plus difficile, et à la fin impossible, à mesure que
« l'égalité augmenterait. Ce sont ces questions que Montes-
« quieu n'a pas résolues, et qui ne paraissent pas l'avoir été
« après lui[1]. »

---

1. *Histoire de la Philosophie morale.*

ARGUMENT ANALYTIQUE

DU PREMIER LIVRE.

ÉLOGE DE LA VIE POLITIQUE. — NATURE DE L'ÉTAT.
DIVERSES FORMES DE GOUVERNEMENT.

I. Apologie de la vertu civile. — Réponse aux épicuriens, qui prétendaient que le sage est indifférent aux affaires publiques. — La nature donne à l'homme un sentiment si impérieux de la vertu et une ardeur si vive pour la défense du salut commun, que cet instinct triomphe en lui de tous les charmes du plaisir et du repos.
II. La vertu n'est rien, si elle n'est active, et son activité la plus glorieuse est le gouvernement de l'État. — Le législateur est au-dessus du philosophe.
III. Réponse aux objections. — Il faut s'exposer à la mort et à l'ingratitude dans l'intérêt de la patrie. — Il ne faut pas laisser le sort de toute une nation à la discrétion des méchants.
IV. Cicéron, malgré les dangers qu'il a courus, est heureux d'avoir pu sauver la république. — Nous appartenons à notre patrie.
V. On se trouve, dans les fonctions publiques, mêlé à des hommes pervers, qu'on ne peut imiter sans honte ni contredire sans danger. — Mais c'est une nouvelle raison pour ne pas s'abstenir, et ne pas laisser le sort de toute une nation à la discrétion des méchants.
VI. Réfutation de ceux qui prétendent qu'on ne doit s'occuper des affaires publiques que dans les cas d'absolue nécessité.
VII. Les plus grands philosophes ne sont point demeurés indifférents aux affaires publiques. — Quand même ils n'auraient point été hommes d'État, ils ont exercé néanmoins, en écrivant leurs chefs-d'œuvre, une sorte de magistrature civile.
VIII. Cicéron, à la fois philosophe et homme d'État, a la confiance de pouvoir laisser un livre utile. — Il se bornera d'ailleurs à reproduire l'entretien de plusieurs hommes illustres.
IX. Tubéron propose à Scipion d'employer leur loisir à une conversation instructive.
X. L'entretien s'engage à propos d'un phénomène astronomique : l'apparition de deux soleils.
XI. De nouveaux interlocuteurs arrivent : Furius et Rutilius.

XII. Arrivée de Lælius, Sp. Mummius, C. Fannius, Scévola et Manilius.
XIII. Répugnance de Lælius pour le sujet de l'entretien, qu'il trouve peu utile.
XIV. La sphère d'Archimède.
XV. Comment Sulpicius Gallus rassura une armée épouvantée par une éclipse de lune.
XVI. Service analogue rendu par Périclès aux Athéniens.
XVII. Utilité pratique et morale des spéculations sur les choses célestes.
XVIII. Lælius préfère cependant les recherches d'une utilité plus pratique, qui intéressent la science des mœurs ou celle du gouvernement.
XIX. La politique, suivant Lælius, est beaucoup plus utile que l'astronomie. — Au lieu de rechercher pourquoi on a vu deux soleils, ne vaudrait-il pas mieux rechercher pourquoi il y a maintenant deux sénats ennemis dans une même république?
XX. Lælius demande à Scipion d'exposer ses idées sur le meilleur gouvernement.
XXI. Scipion est plus capable que tout autre d'instruire ses auditeurs.
XXII. Scipion déclare qu'il n'est pas entièrement satisfait des travaux des politiques grecs.
XXIII. Philus croit que les idées d'un homme d'État tel que Scipion seront plus fécondes que les spéculations des Grecs.
XXIV. Méthode à suivre en politique. — Nécessité de définir d'abord l'État.
XXV. *Définition de l'État*. La chose publique est la chose du peuple, c'est-à-dire l'ensemble de ses droits et de ses intérêts. — *But de l'État* : le bien du peuple, c'est-à-dire la justice et l'intérêt général. — *Origine de l'État* : la société est naturelle. L'homme est un être sociable.
XXVI. *Conditions de l'État*. Nécessité du gouvernement. — *Diverses formes de gouvernement*. Les trois formes simples : monarchie, aristocratie et démocratie.
XXVII. Inconvénients des trois formes simples de gouvernement.
XXVIII. Germe de corruption qu'elles contiennent.
XXIX. Nécessité d'un gouvernement mixte où soient conciliées l'égalité de droits propre à la démocratie, l'inégalité de fonctions et de mérites qui constitue une légitime aristocratie, et l'unité du pouvoir exécutif qui est l'avantage de la monarchie.
XXX. Quel est le meilleur des gouvernements simples, dont aucun d'ailleurs n'est satisfaisant?
XXXI. Arguments des partisans de la démocratie : la liberté et l'égalité des droits sont les conditions d'un bon gouvernement.
XXXII. La vraie république est celle où le peuple est souverain, puisque la république est la chose du peuple. L'abus de la liberté n'en doit point faire proscrire l'usage. Les révolutions ne sont pas plus essentielles à la démocratie qu'aux autres formes de gouvernement. L'égalité des droits est commandée par la justice, alors même que les fortunes ou les intelligences sont inégales.

XXXIII. La royauté et l'aristocratie ne méritent pas même leurs noms, d'après les partisans de la démocratie. Le roi n'est trop souvent qu'un tyran, et peut toujours l'être s'il lui plaît. Quant aux *meilleurs* ou *aristocrates*, ce sont eux qui se donnent à eux-mêmes ce nom pour légitimer un privilége injuste.

XXXIV. Arguments des partisans de l'aristocratie. Les *meilleurs* ne sont pas les plus riches ou les plus nobles, mais les plus vertueux. L'égalité absolue, malgré l'inégalité des mérites, est injuste, et recouvre une réelle illégalité. La démocratie ne doit donc pas aller jusqu'à niveler toute chose.

XXXV. Parmi les trois gouvernements simples, Scipion préfère la royauté. Mais il préfère à la royauté le gouvernement mixte.

XXXVI. Scipion assimile la royauté à la divinité.

XXXVII. Les premiers Romains, qui ne méritent point, dit Scipion, le nom de barbares, eurent des rois.

XXXVIII. Une âme bien réglée est l'image de la monarchie.

XXXIX. Les esclaves obéissent à un même maître, les enfants à un même père.

XL. Arguments tirés de l'histoire. Désordres qui ont suivi l'expulsion des rois.

XLI. Le peuple a regretté Romulus.

XLII. Comment se corrompent les gouvernements simples. Corruption de la monarchie qui devient tyrannie, et de l'aristocratie qui dégénère en faction.

XLIII. Corruption de la démocratie extrême, qui devient tyrannique ou anarchique.

XLIV. Comment l'anarchie engendre le despotisme, et le despotisme l'anarchie.

XLV. Supériorité du gouvernement mixte sur les gouvernements simples.

XLVI. La république romaine est un exemple du gouvernement mixte.

XLVII. Nul n'est plus capable que Scipion d'entreprendre l'étude de la constitution républicaine de Rome. — Fragments.

M. TULLII CICERONIS
DE RE PUBLICA

LIVRE PREMIER.

ÉLOGE DE LA VIE POLITIQUE. — NATURE DE L'ÉTAT. DIVERSES FORMES DE GOUVERNEMENT.

I. *Apologie de la vertu civile.* — *Réponse aux épicuriens.* — La nature donne à l'homme un sentiment si impérieux de la vertu et une ardeur si vive pour la défense du salut commun, que cet instinct triomphe en lui de tous les charmes du plaisir et du repos.

I[1]..... [2] *impetu liberavissent; nec C. Duillius*[3], *Aulus Attilius*[4], *L. Metellus*[5] *terrore Carthaginis; non duo Scipiones*[6] *oriens incendium belli punici secundi sanguine suo restinxis-*

---

1. Les trente-quatre premières pages (environ cinq de cette édition) manquent dans le manuscrit du Vatican. Sans doute Cicéron y réfutait les Épicuriens, d'après lesquels le sage doit demeurer indifférent aux affaires publiques et se retrancher dans son *ataraxie* (ἀταραξία, absence de trouble, calme de l'âme). — *Sapiens ne accedat ad rempublicam*, disaient les épicuriens. Voir, à la fin de ce volume, l'opinion de Platon sur ce sujet; et l'opinion d'Aristote que M. Villemain n'a peut-être pas parfaitement comprise.

2. Voici le sens général de la phrase : *sans la vertu civile*, les hommes les plus illustres de Rome n'auraient pas défendu leur patrie contre l'impétuosité des ennemis.

3. Pour Duillius. — Duillius Nepos, vainqueur de la flotte carthaginoise. (Consul en 260.)

4. Aulus Attilius, vainqueur des Carthaginois en Italie et en Sicile. (Consul en 266 et en 269.)

5. L. Cæcilius Metellus, vainqueur à Panorme. (Consul en 251.)

6. Cn. Cornelius et P. Cornelius. Ils furent tués en Espagne pendant la deuxième guerre punique. (Voir Tite-Live, XXII, xix, sq.)

sent, nec id excitatum majoribus copiis aut Quintus Maximus[1] enervavisset, aut M. Marcellus[2] contudisset, aut a portis hujus urbis avulsum P. Africanus[3] compulisset intra hostium mœnia. M. vero Catoni, homini ignoto et novo, quo omnes, qui iisdem rebus studemus[4], quasi exemplari ad industriam virtutemque ducimur, certe licuit Tusculi[5] se in otio delectare salubri et propinquo[6] loco. Sed homo demens, ut isti[7] putant, quum cogeret eum necessitas nulla, in his undis et tempestatibus ad summam senectutem maluit jactari quam in illa tranquillitate atque otio jucundissime vivere. Omitto innumerabiles viros, quorum singuli saluti huic civitati fuerunt, et qui sunt non procul ab ætatis hujus memoria[8] commemorare eos desino, ne quis se aut suorum aliquem prætermissum queratur. Unum hoc definio, tantam esse necessitatem[9] virtutis generi hominum a natura, tantumque amorem ad communem salutem defendendum datum, ut ea vis omnia blandimenta voluptatis otiique vicerit.

II. La vertu n'est rien si elle n'est active, et son activité la plus glorieuse est le gouvernement de l'État. Comparaison du législateur et du philosophe.

II. Nec vero habere virtutem satis est quasi artem aliquam, nisi utare. Et si ars quidem, quum ea non utare, scientia tamen ipsa teneri potest : virtus in usu sui tota posita est[10];

1. Fabius *Cunctator.*
2. Vainqueur de Syracuse.
3. Vainqueur de Zama.
4. Ambitieux de la même gloire (civile).
5. Patrie de Caton.
6. Peu éloigné de Rome.
7. Les épicuriens.
8. La négation *non*, absente dans le manuscrit, a été rétablie par A. Maï. — On objecte que *desino* ne s'emploie pas dans le sens de *omittere*; mais il n'est pas nécessaire de le prendre dans ce sens. *Omitto,* j'omets les grands hommes qui ont vécu récemment; *desino,* je cesse de mentionner tous ces grands hommes en général, *eos commemorare.*
9. La nature a fait de la vertu une *nécessité* pour le genre humain.
10. Un art, lors même que vous ne l'appliquez pas, peut vous appartenir par la théorie; mais la vertu est toute entière dans la pratique. — Platon avait soutenu que la science et la vertu sont identiques. Aristote, au contraire, établit une grande différence entre *connaître* le bien et *pratiquer* le bien. Platon fait d'ailleurs l'éloge de la vertu politique (qui se confond pour lui avec la science politique). Aristote dit à son tour : Μόνον ἀνδρὸς τὸν πρακτικὸν εἶναι βίον καὶ πολιτικόν... *Pol.,* VII, II. « Il y a une certaine vie, dit-il encore, qui est l'œuvre propre de l'homme; à savoir l'activité et l'énergie de l'âme dirigée par la raison. » *Morale à Nicomaque,* I, VII.

usus autem ejus est maximus civitatis gubernatio et earum ipsarum rerum[1], quas isti in angulis personant, reapse, non oratione perfectio[2]. Nihil enim dicitur a philosophis, quod quidem recto honesteque dicatur, quin ab his partum confirmatumque sit, a quibus civitatibus jura descripta sunt[3]. Unde enim pietas aut a quibus religio? unde jus aut gentium aut hoc ipsum civile quod dicitur? unde justitia[4], fides, æquitas? unde pudor, continentia, fuga turpitudinis, appetentia laudis et honestatis? unde in laboribus et periculis fortitudo? nempe ab his, qui hæc disciplinis informata, alia moribus confirmarunt, sanxerunt autem alia legibus.

Quin etiam Xenocratem[5] ferunt, nobilem imprimis philosophum, quum quæreretur ex eo quid assequerentur ejus discipuli, respondisse, ut id sua sponte facerent, quod cogerentur facere legibus. Ergo ille civis, qui id cogit omnes imperio legumque pœna, quod vix paucis persuadere oratione philosophi possunt, etiam his, qui illa disputant, ipsis est præferendus dictoribus[6]. Quæ est enim istorum oratio tam exquisita quæ sit anteponenda bene constitutæ civitati publico jure et moribus? Equidem quemadmodum

... urbes magnas atque imperiosas,

1. Les *principes* philosophiques.
2. L'*application*, la *pratique*.
3. Pensée inexacte. Ce sont les philosophes, et non les législateurs, qui ont posé les fondements rationnels du droit. La jurisprudence relève de la philosophie. Les jurisconsultes romains se sont inspirés des moralistes grecs.
4. Phrases qui sentent trop le rhéteur. La *justice* ne vient pas de la législation; mais au contraire la législation repose sur la justice naturelle, comme le dira plus tard Cicéron lui-même. — La pudeur n'a pas non plus son origine dans es conventions sociales.
5. Xénocrate, chef de l'Académie après Speusippe. On sait que les successeurs de Platon revinrent peu à peu au pythagorisme. Platon, au-dessus des objets sensibles et des nombres abstraits, admettait des principes intelligibles et réels tout ensemble : les *idées* (c'est-à-dire les perfections de l'essence divine participables par la matière). Speusippe rejette entièrement les idées, et fait provenir le monde d'un germe inconscient. Xénocrate confond entièrement les *idées* avec les *nombres* mathématiques, appelés par Platon *intermédiaires* entre le sensible et l'intelligible (τὰ μεταξύ, τὰ μαθηματικά). — Xénocrate, dont les théories métaphysiques sont très-peu remarquables, est célèbre par la pureté de ses doctrines morales et de sa vie.
6. Cicéron n'est pas juste envers les philosophes. La spéculation est la condition de la pratique même. Les lois ont d'abord été des idées avant d'être des faits. (Voir les observations critiques sur le premier livre.) Aristote, plus profond que Cicéron, place la politique au premier rang des sciences pratiques, subordonnées elles-mêmes aux sciences spéculatives et principalement à la philosophie.

ut appellat Ennius, viculis et castellis præferendas puto, sic eos, qui his urbibus consilio atque auctoritate præsunt, his qui omnis negotii publici expertes sunt, longe duco sapientia ipsa esse anteponendos. Et quoniam maxime rapimur ad opes augendas generis humani studemusque nostris consiliis et laboribus tutiorem et opulentiorem vitam hominum reddere [1], et ad hanc voluptatem ipsius naturæ stimulis incitamur, teneamus eum cursum, qui semper fuit optimi cujusque, neque ea signa audiamus, quæ receptui canunt, ut eos etiam revocent, qui jam processerint.

III. Réponse aux objections. — Il faut s'exposer à la mort et à l'ingratitude dans l'intérêt de la patrie.

III. His rationibus tam certis tamque illustribus opponuntur ab his, qui contra disputant, primum labores, qui sint republica defendenda sustinendi : leve sane impedimentum vigilanti et industrio, neque solum in tantis rebus, sed etiam in mediocribus vel studiis, vel officiis, vel vero etiam negotiis contemnendum. Adjunguntur pericula vitæ turpisque ab his formido mortis fortibus viris opponitur, quibus magis id miserum videri solet, natura se consumi et senectute quam sibi dari tempus, ut possint eam vitam, quæ tamen esset reddenda naturæ, pro patria potissimum reddere. Illo vero se loco copiosos et disertos putant, quum calamitates clarissimorum virorum injuriasque iis ab ingratis impositas civibus colligunt. Hinc enim illa et apud Græcos exempla, Miltiadem victorem domitoremque Persarum nondum sanatis vulneribus iis, quæ corpore adverso in clarissima victoria accepisset, vitam ex hostium telis servatam in civium vinclis profudisse, et Themistoclem patria, quam liberavisset, pulsum atque proterritum non in Græciæ portus per se servatos, sed in barbariæ sinus confugisse, quam afflixerat. Nec vero levitatis Atheniensium crudelitatisque in amplissimos cives exempla deficiunt, quæ nata et frequentata

---

1. « On trouve rarement, chez les anciens, cette espérance de perfectionnement et surtout ce vœu du perfectionnement général de l'espèce humaine. Sous ce double rapport, ce passage de Cicéron est fort remarquable. » *Villemain*. — *De officiis*, III, vi; *De legibus*, I, xxiii. C'est dans Cicéron qu'on trouve pour la première fois l'expression de *caritas humani generis*, charité, amour du genre humain. Mais l'idée appartient aux platoniciens et surtout aux stoïciens.

apud illos etiam in gravissimam civitatem nostram dicuntur redundasse [1]. Nam vel exsilium Camilli, vel offensio commemoratur Ahalæ [2], vel invidia Nasicæ [3], vel expulsio Lænatis [4], vel Opimii damnatio [5], vel fuga Metelli, vel acerbissima C. Marii clades, principum cædes, vel eorum multorum pestes, quæ paullo post secutæ sunt. Nec vero jam meo nomine abstinent, et, credo, quia nostro consilio ac periculo sese in illa vita atque otio conservatos putant, gravius etiam de nobis queruntur et amantius [6]. Sed haud facile dixerim cur, quum ipsi discendi aut visendi causa maria tramittant [7]....

IV. Cicéron, malgré les dangers qu'il a courus, est heureux d'avoir pu sauver la république. — Nous appartenons à notre patrie.

IV [8] .... salvam esse consulatu abiens in concione, populo romano idem jurante, juravissem, facile injuriarum omnium compensarem curam et molestiam. Quanquam nostri casus plus honoris habuerunt quam laboris, neque tantum molestiæ quantum gloriæ, majoremque lætitiam ex desiderio bonorum percepimus quam ex lætitia improborum dolorem. Sed si aliter, ut dixi, accidisset, qui possem queri? quum mihi nihil improviso nec gravius quam exspectavissem pro tantis meis factis evenisset. Is enim fueram, cui [9] quum liceret aut majores ex otio fructus capere quam ceteris propter variam suavitatem studiorum, in quibus a pueritia vixeram, aut si quid accideret acerbius universis, non præcipuam, sed parem cum ceteris fortunæ conditionem subire, non dubitaverim me

---

1. Redundasse. Pensée inexacte. Athènes n'est pour rien dans l'ingratitude de Rome.
2. Servilius Ahala, maître de la cavalerie sous Cincinnatus, exilé pour avoir tué Sp. Méilus.
3. Nasica, meurtrier de Tib. Gracchus. — On sait que Cicéron n'est pas partisan des Gracques, auxquels il ne rend point justice.
4. Popilius Lænas, consul, adversaire de C. Gracchus.
5. Opimius, adversaire de C. Gracchus. — Il fut exilé pour s'être laissé corrompre par Jugurtha.
6. Allusion de Cicéron à son ami Atticus et à son frère Quintus. *Gravius*, avec exagération; *amantius*, par excès d'amitié pour moi.
7. Ceux que la curiosité et l'étude entraîne au delà des mers ne doivent pas s'étonner que d'autres aient bravé de plus grands périls pour servir la patrie.
8. Lacune d'environ douze lignes.
9. *Cui quum*, pour : *qui, quum mihi liceret*.

gravissimis tempestatibus ac pæne fulminibus ipsis obvium ferre, conservandorum civium causa meæque propriis periculis parere commune reliquis otium. Neque enim hac nos patria lege genuit aut educavit, ut nulla quasi alimenta [1] exspectaret a nobis, ac tantummodo nostris ipsa commodis serviens, tutum perfugium otio nostro suppeditaret et tranquillum ad quietem locum; sed ut plurimas et maximas nostri animi, ingenii, consilii partes ipsa sibi ad utilitatem suam pigneraretur [2], tantumque nobis in nostrum privatum usum, quantum ipsi superesse posset, remitteret [3].

V. On se trouve, dans les fonctions publiques, mêlé à des hommes pervers, qu'on ne peut imiter sans honte ni contredire sans danger. — Mais c'est une nouvelle raison pour ne pas s'abstenir, et ne pas laisser le sort de toute une nation à la discrétion des méchants.

V. Jam illa perfugia, quæ sumunt sibi ad excusationem, quo facilius otio perfruantur, certe minime sunt audienda, quum ita dicunt, accedere ad rempublicam plerumque homines, nulla re bona dignos, cum quibus comparari sordidum, confligere autem, multitudine præsertim incitata, miserum et periculosum sit. Quamobrem neque sapientis esse accipere habenas, quum insanos atque indomitos impetus vulgi cohibere non possit; neque liberalis cum impuris atque immanibus adversariis decertantem vel contumeliarum verbera subire, vel exspectare sapienti non ferendas injurias, proinde quasi bonis et fortibus et magno animo præditis ulla sit ad rempublicam adeundi causa justior, quam ne pareant improbis, neve ab iisdem lacerari rempublicam patiantur, quum ipsi auxilium ferre, si cupiant, non queant [4].

1. Τροφεία, salaire.
2. Τὰ μέρη τῆς ψυχῆς. Platon. — Platon admettait trois parties de l'âme: l'appétit, τὸ ἐπιθυμητικόν; l'énergie, ὁ θυμός et la raison, ὁ νοῦς. Animus, dans Cicéron, désigne le cœur; ingenium, l'intelligence, consilium, la volonté réfléchie.
3. Cf. De officiis, I, VII; De finibus, II, XIV. « Atque ut ad Archytam scripsit Plato, non sibi se soli natum meminerit, sed patriæ, sed suis, ut perexigua pars ipsi relinquatur. »
4. Cf. Platon, Rép., I, XIX. « Τῆς ζημίας μεγίστη τὸ ὑπὸ πονηροτέρου ἄρχεσθαι, ἐὰν μὴ αὐτὸς (ὁ ἀγαθός) ἐθέλῃ ἄρχειν. » — Cf. Zeno. ap. Diog. Laert : « Πολιτεύεσθαι δεῖ τὸν σοφὸν καὶ γὰρ κακίαν ἐφέξειν, καὶ ἐπ' ἀρετὴν παρορμῆσαι, κακὸς ἔσται. » — Cf. Philon : « διὰ τὸ κρεῖττον ἄρχειν, τὸ δὲ χεῖρον ἄρχεσθαι δεῖ. »

VI. Réfutation de ceux qui prétendent qu'on ne doit s'occuper des affaires publiques que dans les cas d'absolue nécessité.

VI. Illa autem exceptio cui probari tandem potest, quod negant sapientem suscepturum ullam reipublicæ partem, extra quam si eum tempus et necessitas coegerit? quasi vero major cuiquam necessitas accidere possit quam accidit nobis, in qua quid facere potuissem, nisi tum consul fuissem? Consul autem esse qui potui, nisi eum vitæ cursum tenuissem a pueritia, per quem, equestri loco natus, pervenirem ad honorem amplissimum? Non igitur potestas est ex tempore aut quum velis opitulandi reipublicæ, quamvis ea prematur periculis, nisi eo loco sis, ut tibi id facere liceat. Maximeque hoc in hominum doctorum oratione mihi mirum videri solet, quod qui tranquillo mari gubernare se negent posse, quod nec didicerint nec unquam scire curaverint, iidem ad gubernacula se accessuros profiteantur excitatis maximis fluctibus[1]. Isti enim palam dicere atque in eo multum etiam gloriari solent, se de rationibus rerum publicarum aut constituendarum aut tuendarum nihil nec didicisse unquam nec docere, earumque rerum scientiam non doctis hominibus ac sapientibus, sed in illo genere exercitatis concedendam putant. Quare qui convenit polliceri operam suam reipublicæ tum denique, si necessitate cogantur? quum, quod est multo proclivius, nulla necessitate premente rempublicam regere nesciant. Equidem, ut verum esset[2] sua voluntate sapientem descendere ad rationes civitatis non solere : sin autem temporibus cogeretur, tum id munus denique non recusare, tamen arbitrarer hanc rerum civilium minime negligendam scientiam sapienti, propterea quod omnia essent ei præparanda, quibus nesciret an aliquando uti necesse esset.

VII. Les plus grands philosophes ne sont point demeurés indifférents aux affaires publiques.

VII. Hæc plurimis a me verbis dicta sunt ob eam causam, quod his libris erat instituta et suscepta mihi de republica

---

1. Comparaison empruntée à Platon. Voy. à la fin de ce volume.
2. En admettant qu'il fût vrai que....

disputatio, quæ ne frustra haberetur, dubitationem ad rempublicam adeundi imprimis debui tollere. Ac tamen si qui sunt qui philosophorum auctoritate moveantur, dent operam parumper atque audiant eos, quorum summa est auctoritas apud doctissimos homines et gloria : quos ego existimo, etiam si qui ipsi rempublicam non gesserint, tamen, quoniam de republica multa quæsierint et scripserint, functos esse aliquo reipublicæ munere. Eos vero septem, quos Græci sapientes nominaverunt, omnes pæne video in media republica esse versatos. Neque enim est ulla res, in qua propius ad deorum numen virtus accedat humana quam civitates aut condere novas, aut conservare jam conditas.

VIII. Cicéron, à la fois philosophe et homme d'État, a la confiance de pouvoir laisser un livre utile. — Il se bornera d'ailleurs à reproduire l'entretien de plusieurs hommes illustres.

VIII. Quibus de rebus[1], quoniam nobis contigit ut iidem et in gerenda republica aliquid essemus memoria dignum consecuti, et in explicandis rationibus rerum civilium quamdam facultatem, non modo usu, sed etiam studio discendi et docendi essemus auctores; quum superiores alii fuissent in disputationibus perpoliti, quorum res gestæ nullæ invenirentur, alii in gerendo probabiles, in disserendo rudes : nec vero nostra quædam est instituenda nova et a nobis inventa ratio, sed unius ætatis clarissimorum ac sapientissimorum nostræ civitatis virorum disputatio repetenda memoria est, quæ mihi tibique quondam adolescentulo est a P. Rutilio Rufo[2], Smyrnæ quum simul essemus complures dies, exposita, in qua nihil fere quod magno opere ad rationes omnium rerum pertineret prætermissum puto.

IX. Tubéron propose à Scipion d'employer leur loisir à une conversation instructive.

IX. Nam quum P. Africanus hic, Paulli filius[3], feriis Latinis, Tuditano et Aquilio consulibus, constituisset in hortis

---

1. Ce texte, quoique altéré, est cependant intelligible. Moser propose de lire *quanquam* au lieu de *quoniam* et *adepti* au lieu de *auctores*,—corrections inutiles.
2. Rutilius Rufus, un des adversaires de Saturninus.
3. Le second Africain, célèbre par son goût pour les lettres.

esse, familiarissimique ejus ad eum frequenter [1] per eos dies
ventitaturos se esse dixissent, Latinis ipsis [2] mane ad eum
primus sororis filius venit Q. Tubero [3], quem quum comiter
Scipio appellavisset libenterque vidisset : Quid tu, inquit, tam
mane, Tubero? Dabant enim hæ feriæ tibi opportunam sane
facultatem ad explicandas [4] tuas litteras. Tum ille : Mihi vero
omne tempus est ad meos libros vacuum : nunquam enim
sunt illi occupati, te autem permagnum est nancisci otiosum,
hoc præsertim motu reipublicæ [5]. Tum Scipio : Atqui nactus es,
sed mehercule otiosiorem opera quam animo. Et ille : At tu
vero animum quoque relaxes oportet : sumus enim multi, ut
constituimus, parati, si tuo commodo fieri potest, abuti [6] tecum hoc otio. — *Scipio.* Libente me vero, ut aliquid aliquando de doctrinæ studiis admoneamur.

X. *L'entretien s'engage à propos d'un phénomène astronomique.*

X. Tum ille : Visne igitur, quoniam et me quodammodo
invitas et tui spem das [7], hoc primum, Africane, videamus,
antequam veniunt alii, quidnam sit de isto altero sole [8] quod
nuntiatum est in senatu? neque enim pauci neque leves sunt,
qui se duo soles vidisse dicant, ut non tam fides non habenda
quam ratio quærenda sit. Hic Scipio : Quam vellem Panæ-
tium [9] nostrum nobiscum haberemus! qui quum cetera tum
hæc cœlestia vel studiosissime solet quærere. Sed ego, Tubero (nam tecum aperte quod sentio loquar), non nimis assen-

---

1. *Frequenter,* en grand nombre.
2. *Latinis ipsis.* Le premier jour des féries latines. Ces fêtes, instituées par Tarquin en mémoire de son alliance avec les Latins, duraient quatre jours.
3. Tubéron, fils d'Œmilia, sœur de l'Africain. Il était partisan de la philosophie stoïcienne.
4. *Explicare,* développer, feuilleter.
5. Les troubles causés par les Gracques.
6. *Abuti,* user largement.
7. *Tui spem,* l'espoir de t'entendre.
8. Quelque temps avant la mort de Scipion se produisit un phénomène météo-rologique assez rare, le parhélie, ou apparition d'une ou deux images du soleil. Ce phénomène s'explique par la réfraction de la lumière.
9. Panætius, né à Rhodes (IIe siècle avant J.-C.). Ce philosophe stoïcien est l'auteur d'un traité *du Devoir* imité par Cicéron. V. *De off.*, I. — Panætius fut l'ami de Scipion et de Lælius. Il eut pour élève l'augure Scævola, Tubéron, Rutilius, etc.

tior in omni isto genere nostro illi familiari, qui, quæ vix conjectura qualia sint possumus suspicari, sic affirmat, ut oculis ea cernere videatur aut tractare plane manu. Quo etiam sapientiorem Socratem soleo judicare, qui omnem ejus modi curam deposuerit, eaque, quæ de natura quærerentur, aut majora, quam hominum ratio consequi posset, aut nihil omnino ad vitam hominum attinere dixerit. Dein Tubero : Nescio, Africane, cur ita memoriæ proditum sit, Socratem omnem istam disputationem rejecisse et tantum de vita et de moribus solitum esse quærere. Quem enim auctorem de illo locupletiorem Platone laudare possumus? cujus in libris multis locis ita loquitur Socrates, ut etiam quum de moribus, de virtutibus, denique de republica disputet, numeros tamen et geometriam et harmoniam studeat Pythagoræ more conjungere. Tum Scipio : Sunt ista, ut dicis, sed audisse te credo, Tubero, Platonem Socrate mortuo primum in Ægyptum discendi causa, post in Italiam et in Siciliam contendisse, ut Pythagoræ inventa perdisceret, eumque et cum Archyta Tarentino [1] et cum Timæo Locro [2] multum fuisse, et Philolai [3] commentarios [4] esse nactum ; quumque eo tempore in his locis Pythagoræ nomen vigeret, illum se et hominibus Pythagoreis et studiis illis dedisse. Itaque quum Socratem unice dilexisset eique omnia tribuere voluisset, leporem socraticum subtilitatemque sermonis cum obscuritate Pythagoræ et cum illa plurimarum artium gravitate contexuit.

1. Archytas de Tarente (vᵉ siècle avant J.-C.), philosophe pythagoricien. Platon le rencontra en Italie et en Sicile. Archytas mourut dans un naufrage sur les côtes d'Italie. V. Horace, *Odes*, I, xxviii.

2. Timée de Locres. Il vivait à l'époque de Socrate. On lui attribue un livre intitulé : *De l'âme, du monde et de la nature*, dont nul écrivain de l'antiquité n'a fait mention avant Proclus ; ce livre n'est qu'un résumé du *Timée* de Platon.

3. Philolaüs, né dans la grande Grèce (vᵉ siècle). Ses théories métaphysiques et astronomiques sont très-remarquables. Il explique toutes choses par le mélange de la limite (τὸ πέρας) et de l'illimité (τὸ ἄπειρον). La limite est l'unité ; l'illimité ou indéfini est l'intervalle qui sépare les limites (διάστημα). — Cette théorie se retrouve dans le *Philèbe* de Platon. — En astronomie, Philolaüs a soupçonné le véritable système du monde et la lecture de ses ouvrages a inspiré Copernic.

4. Platon acheta, dit-on, cent mines un seul des ouvrages de Philolaüs.

XI. De nouveaux interlocuteurs arrivent : S. Furius et Rutilius.

XI. Hæc Scipio quum dixisset, S. Furium[1] repente venientem adspexit, eumque ut salutavit, amicissime apprehendit et in lecto suo collocavit. Et quum simul P. Rutilius venisset, qui est nobis lautus[2] sermonis auctor, eum quoque ut salutavit, propter Tuberonem jussit assidere. Tum Furius : Quid vos agitis ? num sermonem vestrum aliquem diremit noster interventus ? — Minime vero, Africanus : soles enim tu hæc studiose investigare, quæ sunt in hoc genere, de quo instituerat paulo ante Tubero quærere. Rutilius quidem noster etiam sub ipsis Numantiæ mœnibus solebat mecum interdum ejusmodi aliquid conquirere. — Quæ res tandem inciderat ? inquit Philus. — Tum ille : De solibus istis duobus, de quo studeo, Phile, ex te audire quid sentias.

XII. Arrivée de Lælius, Sp. Mummius, C. Fannius, Scævola et Manilius.

XII. Dixerat hoc ille, quum puer nuntiavit venire ad eum Lælium domoque jam exisse. Tum Scipio calceis et vestimentis sumptis e cubiculo est egressus, et quum paululum inambulavisset in porticu, Lælium advenientem salutavit et eos, qui una venerant, Spurium Mummium[3], quem imprimis diligebat, et C. Fannium[4], et Quintum Scævolam[5], generos Lælii, doctos adolescentes, jam ætate quæstorios : quos quum omnes salutavisset, convertit se in porticu et conjecit in medium Lælium : fuit enim hoc in amicitia quasi quoddam jus inter illos, ut militiæ propter eximiam belli gloriam Africanum ut deum coleret Lælius; domi vicissim Lælium, quod ætate antecedebat, observaret in parentis loco Scipio. Dein quum essent perpauca

---

1. Furius Philus, orateur et savant en astronomie. Consul en 136.
2. Le texte porte *lautus*. Certains éditeurs lisent *hujus*, d'autres *laudatus*. « Celui qui nous a heureusement conservé cet entretien. » Villemain.
3. Frère du Mummius qui prit Corinthe. Il avait écrit beaucoup de harangues politiques.
4. Fannius, élève de Panætius. Il avait composé des annales dont Brutus fit un abrégé.
5. Q. M. Scævola, augure et jurisconsulte; le même dont Cicéron parle dans le traité *de l'Amitié*. Presque tous les personnages placés ici par Cicéron figurent déjà dans ce traité.

inter se uno aut altero spatio [1] collocuti, Scipionique eorum adventus perjucundus et pergratus fuisset [2], placitum est ut in aprico maxime pratuli loco, quod erat hibernum tempus anni [3], considerent : quod quum facere vellent, intervenit vir prudens omnibusque illis et jucundus et carus M. Manilius [4], qui a Scipione ceterisque amicissime consalutatus assedit proximus Lælio.

XIII. Répugnance de Lælius pour le sujet de l'entretien.

XIII. Tum Philus : Non mihi videtur, inquit, quod hi venerunt, alius nobis sermo esse quærendus, sed agendum accuratius et dicendum dignum aliquid horum auribus. Hic Lælius : Quid tandem agebatis aut cui sermoni nos intervenimus? — *Philus.* Quæsierat ex me Scipio quidnam sentirem de hoc, quod duo soles visos esse constaret. — *Lælius.* Ain' vero, Phile, jam explorata nobis sunt ea, quæ ad domos nostras quæque ad rempublicam pertineant, siquidem, quid agatur in cœlo, quærimus? — Et ille : An tu ad domos nostras non censes pertinere scire quid agatur et quid fiat domi? quæ non ea est, quam parietes nostri cingunt, sed mundus hic totus, quod domicilium quamque patriam di nobis communem secum dederunt, quum præsertim, si hæc ignoremus, multa nobis et magna ignoranda sint. Ac me quidem, ut hercule etiam te ipsum, Læli, omnesque avidos sapientiæ cognitio ipsa rerum consideratioque delectat. Tum Lælius : Non impedio, præsertim quoniam feriati sumus; sed possumus audire aliquid, an serius venimus? — *Philus.* Nihil est adhuc disputatum, et quoniam est integrum, libenter tibi, Læli, ut de eo disseras, equidem concessero. — *Lælius.* Immo vero te audiamus, nisi forte Manilius interdictum aliquod inter duos soles putat esse componendum, ut ita cœlum possideant, ut uterque possederit [5]. Tum Manilius : Pergisne eam, Læli, artem illudere, in qua

---

1. Un ou deux tours de promenade.
2. Scipion que... Scipion, que flattait et charmait leur présence.
3. Les féries latines se célébraient d'ordinaire au commencement de l'hiver.
4. Manilius, jurisconsulte.
5. Ordonner de part et d'autre le maintien du possessoire. Allusion à la formule du préteur : *Uti nunc possidetis, quominus ita possidetis, vim fieri veto.* C'est ce qu'on appelait l'*interdictum*.

primum excellis ipse, deinde sine qua scire nemo potest quid sit suum, quid alienum? Sed ista mox : nunc audiamus Philum, quem video majoribus jam de rebus quam me aut quam P. Mucium consuli.

XIV. La sphère d'Archimède.

XIV. Tum Philus : Nihil novi vobis afferam neque quod a me sit cogitatum aut inventum : nam memoria teneo C. Sulpicium Gallum [1], doctissimum, ut scitis, hominem, quum idem hoc visum diceretur et esset casu apud M. Marcellum, qui cum eo consul fuerat, sphæram [2], quam M. Marcelli avus captis Syracusis ex urbe locupletissima atque ornatissima sustulisset, quum aliud nihil ex tanta præda domum suam deportavisset, jussisse proferri : cujus ego sphæræ quum persæpe propter Archimedi gloriam nomen audissem, speciem ipsam non sum tantopere admiratus : erat enim illa venustior et nobilior in vulgus, quam ab eodem Archimede factam posuerat in templo Virtutis Marcellus idem. Sed postea quam cœpit rationem hujus operis scientissime Gallus exponere, plus in illo Siculo ingenii quam videretur natura humana ferre potuisse judicabam fuisse. Dicebat enim Gallus sphæræ illius alterius solidæ atque plenæ vetus esse inventum, et eam a Thalete Milesio primum esse tornatam, post autem ab Eudoxo Cnidio [3], discipulo, ut ferebat, Platonis, eamdem illam astris cœlo inhærentibus esse descriptam, cujus omnem ornatum et descriptionem sumptam ab Eudoxo multis annis post non astrologiæ scientia, sed poetica quadam facultate, versibus Aratum [4] extulisse. Hoc autem sphæræ genus, in quo solis et lunæ motus inessent et earum quinque stellarum, quæ errantes et quasi vagæ nominarentur [5], in illa sphæra solida non po-

---

1. Gallus, passionné pour l'astronomie, au témoignage de Cicéron et de Pline (liv. II, ch. xix).
2. La sphère d'Archimède, analogue à celle de l'Anglais *Orery*. Tous les mouvements du ciel y étaient imités par un mécanisme.
3. Eudoxe, disciple de Platon. Le platonisme devint entre ses mains une sorte de matérialisme géométrique. — Eudoxe s'occupa surtout d'astronomie.
4. Aratus (IIIe siècle avant J.-C.), auteur du poème des *Phénomènes*, dont Cicéron fit la traduction.
5. Vénus, Mercure, Mars, Jupiter et Saturne.

tuisse finiri ¹, atque in eo admirandum esse inventum Archimedi, quod excogitasset quemadmodum in dissimillimis motibus inæquabiles et varios cursus servaret una conversio. Hanc sphæram Gallus quum moveret, fiebat ut soli luna totidem conversionibus in ære illo, quot diebus in ipso cœlo, succederet, ex quo, ut in cœlo, in sphæra solis fieret eadem illa defectio, et incideret luna tum in eam metam, quæ esset umbra terræ, quum sol e regione. . . . ²

XV. Sulpicius Gallus rassure une armée épouvantée par une éclipse de lune.

XV. . . . . . fuit, quod et ipse hominem ³ diligebam et imprimis patri meo Paulo probatum et carum fuisse cognoveram. Memini me admodum adolescentulo, quum pater in Macedonia ⁴ consul esset, et essemus in castris, perturbari exercitum nostrum religione et metu, quod serena nocte subito candens et plena luna defecisset. Tum ille, quum legatus noster esset anno fere ante, quam consul est declaratus, haud dubitavit postridie palam in castris docere nullum esse prodigium, idque et tum factum esse et certis temporibus semper futurum, quum sol ita locatus fuisset, ut lunam suo lumine non posset attingere. — Ain' tandem? inquit Tubero: docere hoc poterat ille homines pœne agrestes et apud imperitos audebat hæc dicere? — *Scipio.* Ille vero et magna quidem cum ⁵. . . . Neque insolens ostentatio neque oratio abhorrens a persona hominis gravissimi: rem enim magnam assecutus, quod hominibus perturbatis inanem religionem timoremque dejecerat.

XVI. Service analogue rendu par Périclès aux Athéniens.

XVI. Atque ejus modi quiddam etiam bello illo maximo, quod Athenienses et Lacedæmonii summa inter se contentione gesserunt. Pericles ille et auctoritate et eloquentia et consilio

1. *Finiri*, être accompli.
2. Lacune de huit pages dans le manuscrit.
3. Gallus.
4. La guerre de Macédoine, qui eut lieu en 168.
5. On peut suppléer: cum exercitus nostri salute.

princeps civitatis suæ, quum obscurato sole tenebræ factæ
essent repente, Atheniensiumque animos summus timor occu-
pavisset, docuisse cives suos dicitur, id quod ipse ab Anaxagora [1],
cujus auditor fuerat, acceperat, certo illud tempore fieri et
necessario, quum tota se luna sub orbem solis subjecisset :
itaque, etsi non omni intermenstruo, tamen id fieri non posse
nisi certo intermenstruo tempore. Quod quum disputando
rationibusque docuisset, populum liberavit metu : erat enim
tunc hæc nova et ignota ratio, solem lunæ oppositu solere
deficere, quod Thaletem Milesium primum vidisse dicunt. Id
autem postea ne nostrum quidem Ennium fugit. Qui ut scribit [2], anno quinquagesimo CCC fere post Romam conditam

. . . nonis Junis soli luna obstitit et nox.

Atque hac in re tanta inest ratio atque solertia, ut ex hoc die,
quem apud Ennium et in maximis annalibus [3] consignatum
videmus, superiores solis defectiones reputatæ sint usque
ad illam, quæ Nonis Quinctilibus fuit regnante Romulo :
quibus quidem Romulum tenebris, etiam si natura ad humanum exitum abripuit, virtus tamen in cœlum dicitur sustu-
lisse.

XVII. Utilité pratique et morale des spéculations sur les choses célestes.

XVII. Tum Tubero : Videsne, Africane, quod paulo ante
secus tibi videbatur, doc [4] . . . . . iis, quæ videant ceteri.
Quid porro aut præclarum putet in rebus humanis [5], qui hæc
deorum regna perspexerit, aut diuturnum, qui cognoverit
quid sit æternum, aut gloriosum, qui viderit quam parva sit
terra, primum universa, deinde ea pars ejus, quam homines
incolant; quamque nos, in exigua ejus parte affixi, plurimis

1. Anaxagore, philosophe de l'école ionienne, s'éleva le premier au-dessus du
matérialisme de cette école en proclamant la nécessité d'une intelligence ordonnatrice. « Ὁμοῦ πάντα χρήματα ἦν, ὁ δὲ νοῦς ἦλθεν διεκόσμησε πάντα. »
2. Il suffit pour rendre intelligible cette phrase, qui a embarrassé tous les
commentateurs, de mettre un point, et non une virgule avant qui.
3. Les grandes annales, gravées sur des tables de marbre ou d'airain, conte-
naient les noms des principaux magistrats, et des indications astronomiques.
4. Deux pages manquent dans le manuscrit.
5. C'est Scipion qui parle.

ignotissimi gentibus, speremus tamen nostrum nomen volitare et vagari latissime? Agros vero et ædificia et pecudes, et immensum argenti pondus atque auri, qui bona nec putare nec appellare soleat, quod earum rerum videatur ei levis fructus, exiguus usus, incertus dominatus, sæpe etiam teterrimorum hominum immensa possessio, quam est hic fortunatus putandus! cui soli vere liceat omnia non Quiritium, sed sapientium jure pro suis vindicare! nec civili nexo [1], sed communi lege naturæ, quæ vetat ullam rem esse cujusquam, nisi ejus, qui tractare et uti sciat; qui imperia consulatusque nostros in necessariis, non in expertendis rebus, muneris fungendi gratia subeundos, non præmiorum aut gloriæ causa appetendos putet [2]; qui denique, ut Africanum avum meum scribit Cato solitum esse dicere, possit, idem de se prædicare, nunquam se plus agere quam nihil quum ageret, nunquam minus solum esse quam quum solus esset. Quis enim putare vere potest plus egisse Dionysium tum, quum omnia moliendo eripuerit civibus suis libertatem, quam ejus civem Archimedem, quum istam ipsam sphæram de qua modo dicebatur nihil quum agere videretur, effecerit? Quis autem non magis solos esse, qui in foro turbaque quicum colloqui libeat non habeant, quam qui nullo arbitro vel secum ipsi loquantur, vel quasi doctissimorum hominum in concilio adsint, quum eorum inventis scriptisque se oblectent? Quis vero divitiorem quemquam putet quam eum, cui nihil desit quod quidem natura desideret; aut potentiorem quam illum, qui omnia quæ expetat consequatur; aut beatiorem quam qui sit omni perturbatione animi liberatus; aut firmiore fortuna, quam qui ea possideat, quæ secum, ut aiunt, vel e naufragio possit efferre [3]? Quod autem imperium, qui magistratus, quod regnum potest esse præstantius, quam despicientem omnia humana, et inferiora sapientia ducentem, nihil unquam nisi sempiternum et divinum animo volutare? cui persuasum sit appellari ceteros homines, esse solos eos [4], qui essent politi propriis humanitatis artibus? Ut mihi Platonis

---

1. Le lien du droit civil.

2. Imité de Platon : « Les hommes de bien ne veulent point commander par amour des richesses ou des honneurs; car ils ne sont point ambitieux. La nécessité seule les pousse aux charges publiques. » *Rép.*, I.

3. Allusion à Bias.

4. Les autres sont appelés hommes; ceux-là seuls le sont réellement.

illud, seu quis dixit alius, perelegans esse videatur, quem quum ex alto ignotas ad terras tempestas et in desertum littus detulisset, timentibus ceteris propter ignorationem locorum, animadvertisse dicunt in arena geometricas formas quasdam esse descriptas; quas ut vidisset, exclamavisse ut bono essent animo : videre enim se hominum vestigia : quæ videlicet ille non ex agri consitura, quam cernebat, sed ex doctrinæ indiciis interpretabatur. Quamobrem, Tubero, semper mihi et doctrina et eruditi homines et tua ista studia placuerunt [1].

XVIII. *Lælius préfère les recherches d'une utilité plus pratique, qui intéressent la science des mœurs ou celle du gouvernement.*

XVIII. Tum Lælius : Non audeo quidem, inquit, ad ista, Scipio, dicere, neque tam te aut Philum aut Manilium [2].... In ipsius paterno genere fuit noster ille amicus dignus huic ad imitandum,

Egregie cordatus homo, catus Ælu' Sextus [3],

qui egregie cordatus et catus fuit et ab Ennio dictus est, non quod ea quærebat, quæ nunquam inveniret, sed quod ea respondebat, quæ eos, qui quæsissent, et cura et negotio solverent : cuique contra Galli studia disputanti in ore semper erant illa de Iphigenia [4] Achillis :

Astrologorum signa, in cœlo quid sit observat, Jovis
Quum capra aut nepa, aut exoritur nomen aliquod belluæ.
Quod est ante pedes nemo spectat; cœli scrutantur plagas.

Atque idem (multum enim illum audiebam et libenter), Zethum [5] illum Pacuvii nimis inimicum doctrinæ esse dicebat: magis eum delectabat Neoptolemus Ennii, qui se ait philosophari velle, sed paucis : nam omnino haud placere [6]. Quod si

---

1. Ce préambule correspond à l'épilogue du *Songe de Scipion*, où les sphères célestes sont décrites.
2. Lacune d'environ huit lignes.
3. Jurisconsulte. On appelait *jus œlianum* son recueil de formules juridiques.
4. *De Iphigenia*, tirés de l'*Iphigénie* (d'Ennius).
5. Zéthus, personnage de l'*Antiope* de Pacuvius.
6. Il veut de la philosophie, mais sobrement et sans s'y livrer tout entier.

studia Græcorum vos tantopere delectant, sunt alia liberiora et transfusa latius, quæ vel ad usum vitæ vel etiam ad ipsam rempublicam conferre possumus. Istæ quidem artes, si modo aliquid, valent ut paulum acuant et tanquam irritent ingenia puerorum, quo facilius possint majora discere.

XIX. La politique, selon Lælius, est beaucoup plus utile que l'astronomie.

XIX. Tum Tubero : Non dissentio a te, Læli, sed quæro quæ tu esse majora intelligas. — *Lælius*. Dicam mehercule et contemnar a te fortasse, quum tu ista cœlestia de Scipione quæsieris, ego autem hæc, quæ videntur ante oculos esse, magis putem quærenda. Quid enim mihi L. Paulli nepos, hoc avunculo, nobilissima in familia atque in hac tam clara republica, quærit quomodo duo soles visi sint, non quærit cur in una republica duo senatus et duo pæne jam populi sint? Nam, ut videtis, mors Tiberii Gracchi, et jam ante tota illius ratio tribunatus divisit populum unum in duas partes; obtrectatores autem et invidi Scipionis, initiis a P. Crasso et Appio Claudio, tenent nihilominus, illis mortuis, senatus alteram partem dissidentem a nobis, auctore Metello et P. Mucio; neque hunc, qui unus potest, concitatis sociis et nomine latino, fœderibus violatis, triumviris seditiosissimis aliquid quotidie novi molientibus, bonis viris locupletibus perturbatis, his tam periculosis rebus subvenire patiuntur. Quamobrem, si me audietis, adolescentes, solem alterum ne metueritis : aut enim nullus esse potest; aut sit sane, ut visus est, modo ne sit molestus; aut scire istarum rerum nihil, aut, etiam si maxime sciemus, nec meliores ob eam scientiam nec beatiores esse possumus : senatum vero et populum ut unum habeamus et fieri potest, et permolestum est, nisi fit; et secus esse scimus, et videmus, si id effectum sit, et melius nos esse victuros et beatius.

XX. Lælius demande à Scipion d'exposer ses idées sur le meilleur gouvernement.

XX. Tum Mucius : Quid esse igitur censes, Læli, discendum nobis, ut istud efficere possimus ipsum, quod postulas? —

Lælius. Eas artes, quæ efficiant ut usui civitati simus : id enim esse præclarissimum sapientiæ munus maximumque virtutis vel documentum vel officium puto. Quamobrem ut hæ feriæ nobis ad utilissimos reipublicæ sermones potissimum conferantur, Scipionem rogemus, ut explicet quem existimet esse optimum statum civitatis. Deinde alia quæremus : quibus cognitis spero nos ad hæc ipsa[1] via perventuros earumque rerum rationem, quæ nunc instant[2], explicaturos.

XXI. Scipion est plus capable que tout autre d'instruire ses auditeurs.

XXI. Quum id et Philus et Manilius et Mummius admodum approbavissent. . . .

Nullum est exemplum, quasi alius assimulare rempublicam[3]. . . .

[4] Qua re, si placet, deduc orationem tuam de cœlo ad hæc citima. . . . non solum ob eam causam fieri volui, quod erat æquum de republica potissimum principem reipublicæ dicere, sed etiam quod memineram persæpe te cum Panætio disserere solitum coram Polybio, duobus Græcis vel peritissimis rerum civilium, multaque colligere ac docere, optimum longe statum civitatis esse eum, quem majores nostri nobis reliquissent. Qua in disputatione quoniam tu paratior es, feceris, ut etiam pro his dicam, si de republica quid sentias explicaris, nobis gratum omnibus.

XXII. Scipion déclare qu'il n'est pas entièrement satisfait des travaux des moralistes grecs.

XXII. Tum ille : Non possum equidem dicere me ulla in cogitatione acrius aut diligentius solere versari quam in ista ipsa, quæ mihi, Læli, a te proponitur. Etenim quum in suo quemque opere artificem, qui quidem excellat, nihil aliud co-

1. *Ad hæc ipsa,* au sujet du moment.
2. *Earum rerum,* les dangers qui nous menacent aujourd'hui.
3. Lacune d'environ huit lignes. A. Maï y insère ce fragment tiré de Diomède, grammairien du ve siècle (*De oratione et partibus oratoriis*); et le suivant, qui est de Nonius.
4. Extrait de Nonius, grammairien du IIIe siècle (*De proprietate sermonum*).

gitare, meditari, curare videam, nisi quo sit in illo genere melior; ego, quum mihi sit unum opus hoc a parentibus majoribusque meis relictum, procuratio atque administratio reipublicæ, non me inertiorem esse confitear quam opificem quemquam, si minus in maxima arte, quam illi in minimis, operæ consumpserim? Sed neque his contentus sum, quæ de ista consultatione scripta nobis summi ex Græcia sapientissimique homines reliquerunt, neque ea, quæ mihi videntur, anteferre illis audeo. Quamobrem peto a vobis, ut me sic audiatis, neque ut omnino expertem græcarum rerum, neque ut eas nostris in hoc præsertim genere anteponentem, sed ut unum e togatis [1] patris diligentia non illiberaliter institutum, studioque discendi a pueritia incensum, usu tamen et domesticis præceptis multo magis eruditum quam litteris.

XXIII. *Philus croit que les idées d'un homme d'État tel que Scipion seront plus fécondes que les spéculations des Grecs.*

XXIII. Hic Philus : Non hercule, inquit, Scipio, dubito quin tibi ingenio præstiterit nemo, usu quidem in republica rerum maximarum facile omnes viceris : quibus autem studiis semper fueris tenemus. Quamobrem si, ut dicis, animum quoque contulisti in istam rationem et quasi artem, habeo maximam gratiam Lælio : spero enim multo uberiora fore, quæ a te dicentur, quam illa, quæ a Græcis nobis scripta sunt omnia. Tum ille : Permagnam tu quidem exspectationem, quod onus est ei, qui magnis de rebus dicturus est, gravissimum, imponis orationi meæ. Et Philus : Quamvis sit magna, tamen eam vinces, ut soles : neque enim est periculum ne te de republica disserentem deficiat oratio [2].

XXIV. *Méthode à suivre. Nécessité de définir d'abord l'État.*

XXIV. Hic Scipio : Faciam quod vultis ut potero, et ingrediar in disputationem ea lege, qua credo omnibus in rebus

---

1. Un de ceux qui portent la toge, un Romain.
2. Ici finit le prologue, dont on aura remarqué la longueur excessive. Cicéron a voulu imiter les digressions socratiques qu'on trouve dans Platon; mais il est resté bien au-dessous de son modèle.

disserendis utendum esse, si errorem velis tollere, ut ejus rei, de qua quæritur, si nomen quod sit conveniat, explicetur quid declaretur eo nomine : quod si convenerit, tum demum decebit ingredi in sermonem : nunquam enim quale sit illud, de quo disputabitur, intelligi poterit, nisi quid sit fuerit intellectum prius. Quare quoniam de republica quærimus, hoc primum videamus, quid sit id ipsum quod quærimus. Quum approbavisset Lælius : Nec vero, inquit Africanus, ita disseram de re tam illustri tamque nota, ut ad illa elementa revolvar, quibus uti docti homines his in rebus solent[1], ut a prima congressione maris et feminæ, deinde a progenie et cognatione ordiar, verbisque, quid sit et quot modis quidque dicatur, definiam sæpius : apud prudentes enim homines, et in maxima republica summa cum gloria belli domique versatos, quum loquar, non committam ut sit illustrior illa ipsa res, de qua disputem, quam oratio mea : nec enim hoc suscepi, ut tanquam magister persequerer omnia, neque hoc polliceor me effecturum, ut ne qua particula in hoc sermone prætermissa sit. Tum Lælius : Ego vero istud ipsum genus orationis, quod polliceris, exspecto.

XXV. Définition de l'État. — La chose publique est la chose du peuple.
Origine de l'État. — La société est naturelle.

XXV. Est igitur, inquit Africanus, respublica res populi; populus autem non omnis hominum cœtus quoquo modo congregatus, sed cœtus multitudinis juris consensu et utilitatis communione sociatus. Ejus autem prima causa coeundi est non tam imbecillitas, quam naturalis quædam hominum quasi congregatio : non est enim singulare nec solivagum genus hoc, sed ita generatum, ut ne in omnium quidem rerum affluen[2]...
[Urbis condendæ originem atque causam non unam intulerunt, sed alii eos homines, qui sint ex terra primitus nati, quum per silvas et campos erraticam degerent vitam nec ullo inter se sermonis aut juris vinculo cohærerent, sed frondes et herbam pro cubilibus, speluncas et antra pro domibus habe-

---

1. Allusion au début de la *Politique* d'Aristote.
2. *Affluentia.* On peut suppléer : *solitudo placeat.* Voir à la fin de ce volume l'opinion d'Aristote sur l'origine de l'État.

rent, bestiis et fortioribus animalibus prædæ fuisse commemorant. Tum eos, qui aut laniati effugerant aut laniari proximos viderant, admonitos periculi sui ad alios homines decurrisse, præsidium implorasse et primo nutibus voluntatem suam significasse, deinde sermonis initia temptasse ac singulis quibusque rebus nomina imponendo paulatim loquendi perfecisse rationem. Quum autem nec multitudinem ipsam viderent contra bestias esse tutam, oppida etiam cœpisse munire, vel ut quietem noctis tutam sibi facerent vel ut incursiones atque impetus bestiarum non pugnando, sed objectis aggeribus arcerent. Hæc aliis delira visa sunt dixeruntque non ferarum laniatus causam fuisse coeundi, sed ipsam potius humanitatem : itaque inter se congregatos, quod natura hominum solitudinis fugiens et communionis ac societatis appetens esset[1]. . . .]

[Quid est respublica nisi res populi? res ergo communis, res utique civitatis. Quid est autem civitas nisi multitudo hominum in quoddam vinculum redacta concordiæ? Apud eos enim ita legitur : Brevi multitudo dispersa atque vaga concordia civitas facta erat[2].]

XXVI. Conditions de l'État. — Nécessité du gouvernement. — Diverses formes de gouvernement : Monarchie, aristocratie et démocratie.

XXVI. . . . . quædam quasi semina, neque reliquarum virtutum nec ipsius reipublicæ reperiatur ulla institutio. Hi cœtus igitur, hac, de qua exposui, causa instituti, sedem primum certo loco domiciliorum causa constituerunt; quam quum locis manuque sepsissent, ejus modi conjunctionem tectorum oppidum vel urbem appellaverunt, delubris distinctam spatiisque communibus. Omnis ergo populus, qui est talis cœtus multitudinis, qualem exposui, omnis civitas, quæ est constitutio populi, omnis respublica, quæ, ut dixi, populi res est, consilio quodam regenda est, ut diuturna sit. Id autem consilium primum semper ad eam causam referendum est, quæ causa genuit civitatem. Deinde aut uni tribuendum est aut delectis quibusdam aut suscipiendum est multitudini atque

---

1. Fragment de Lactance (*Inst.*, VI, x). C'est une imitation de Cicéron.
2. Fragment de saint Augustin. Épître 188e, 10.

omnibus. Quare quum penes unum est omnium summa rerum, regem illum unum vocamus et regnum ejus reipublicæ statum. Quum autem est penes delectos, tum illa civitas optimatium arbitrio regi dicitur. Illa autem est civitas popularis (sic enim appellant), in qua in populo sunt omnia. Atque horum trium generum quodvis, si teneat illud vinclum, quod primum homines inter se reipublicæ societate devinxit, non perfectum illud quidem neque mea sententia optimum, sed tolerabile tamen; ut aliud alio possit esse præstantius. Nam vel rex æquus ac sapiens, vel delecti ac principes cives, vel ipse populus, quanquam id est minime probandum [1], tamen nullis interjectis iniquitatibus aut cupiditatibus, posse videtur aliquo esse non incerto statu.

XXVII. Inconvénients des trois formes de gouvernement.

XXVII. Sed et in regnis nimis expertes [2] sunt ceteri communis juris et consilii; et in optimatium dominatu vix particeps libertatis potest esse multitudo, quum omni consilio communi ac potestate careat; et quum omnia per populum gerantur, quamvis justum atque moderatum, tamen ipsa æquabilitas est iniqua, quum habet nullos gradus dignitatis [3]. Itaque si Cyrus ille Perses justissimus fuit sapientissimusque rex, tamen mihi populi res (ea enim est, ut dixi antea, publica) non maxime expetenda fuisse illa videtur, quum regeretur unius nutu. Ac modo si Massilienses, nostri clientes, per delectos et principes cives summa justitia reguntur, inest tamen in ea conditione populi similitudo quædam servitutis. Si Athenienses quibusdam temporibus, sublato Areopago, nihil nisi populi scitis ac decretis agebant, quoniam distinctos dignitatis gradus non habebant, non tenebat ornatum suum civitas.

1. Scipion, chef du parti aristocratique, ne pouvait approuver l'État populaire.
2. « Le citoyen, dit Aristote, est celui qui participe au pouvoir. » *Polit.*, III, 1.
3. En effet, la véritable égalité consiste à traiter également ceux qui ont un égal mérite, inégalement ceux dont le mérite est inégal. C'est ce qu'oublient les partisans du communisme égalitaire. Mais la démocratie n'est nullement incompatible avec la véritable égalité.

XXVIII. Germe de corruption contenu dans les trois formes simples de gouvernement.

XXVIII. Atque hoc loquor de tribus his generibus rerum publicarum non turbatis atque permixtis, sed suum statum tenentibus. Quæ genera primum sunt in iis singula vitiis, quæ ante dixi; deinde habent perniciosa alia vitia : nullum est enim genus illarum rerum publicarum quod non habeat iter ad finitimum quoddam malum præceps ac lubricum. Nam illi regi, ut eum potissimum nominem, tolerabili, aut, si vultis, etiam amabili Cyro, subest [1] ad immutandi animi licentiam crudelissimus ille Phalaris, cujus in similitudinem dominatus unius proclivi cursu et facile delabitur. Illi autem Massiliensium paucorum et principum administrationi civitatis finitimus est, qui fuit quodam tempore apud Athenienses, triginta virorum consensus et factio. Jam Atheniensium populi potestatem omnium rerum ipsi, ne alios requiramus, ad furorem multitudinis licentiamque conversam pesti [2] ......

XXIX. Nécessité d'un gouvernement mixte.

XXIX. ..... teterrimus et ex hac, vel optimatium, vel factiosa tyrannica illa, vel regia, vel etiam persæpe popularis; itemque ex ea genus aliquod efflorescere ex illis, quæ ante dixi, solet, mirique sunt orbes et quasi circumitus in rebus publicis commutationum et vicissitudinum : quos quum cognosse sapientis est, tum vero prospicere impendentes in gubernanda republica moderantem cursum, atque in sua potestate retinentem, magni cujusdam civis et divini pæne est viri. Itaque quartum quoddam genus reipublicæ maxime probandum esse sentio, quod est ex his, quæ prima dixi, moderatum et permixtum tribus.

1. *Subest*, succède dans notre esprit.
2. Lacune de huit lignes.

XXX. Quel est le meilleur des gouvernements simples?

XXX. Hic Lælius : Scio tibi ita placere, Africane : sæpe enim ex te audivi ; sed tamen, nisi molestum est, ex tribus istis modis rerum publicarum velim scire quod optimum judices. Nam vel profuerit aliquid ad cog[1] .....

XXXI. Arguments des partisans de la démocratie. — La liberté et l'égalité, conditions d'un bon gouvernement.

XXXI. ..... et talis est quæque respublica, qualis ejus aut natura aut voluntas, qui illam regit. Itaque nulla alia in civitate, nisi in qua populi potestas summa est, ullum domicilium libertas habet : qua quidem certe nihil potest esse dulcius, et quæ si æqua non est, ne libertas quidem est. Qui autem æqua potest esse ? omitto dicere in regno, ubi ne obscura quidem est aut dubia servitus, sed in istis civitatibus, in quibus verbo sunt liberi omnes : ferunt enim suffragia, mandant imperia, magistratus ; ambiuntur, rogantur ; sed ea dant magis, quæ etiam si nolint, danda sint, et quæ ipsi non habent, unde alii petunt[2] : sunt enim expertes imperii, consilii publici, judicii delectorum judicum, quæ familiarum vetustatibus aut pecuniis ponderantur. In libero autem populo, ut Rhodi, ut Athenis, nemo est civium qui[3] .....

XXXII. La vraie république est celle où le peuple est souverain. — L'abus de la liberté n'en doit point faire proscrire l'usage. — Les révolutions ne sont pas plus essentielles à la démocratie qu'aux autres formes de gouvernement. — Égalité nécessaire des droits.

XXXII. ..... (populo) aliquis unus pluresve divitiores opulentioresque exstitissent, tum ex eorum fastidio et superbia nata esse commemorant[4], cedentibus ignavis et imbecillis, et arrogantiæ divitum succumbentibus. Si vero jus suum populi

---

1. Lacune de deux pages dans le manuscrit.
2. *Unde alii petunt*, que n'ont pas ceux mêmes à qui les autres les demandent.
3. Lacune de deux pages (7 lignes de cette édition). — Suppléez : Il n'est point de citoyen qui ne puisse arriver aux honneurs.
4. *Commemorant*. Les partisans de la démocratie.

teneant, negant quicquam esse præstantius, liberius, beatius quippe qui domini sint legum, judiciorum, belli, pacis, fœderum, capitis uniuscujusque, pecuniæ. Hanc unam rite rempublicam, id est rem populi, appellari putant. Itaque et a regum et a patrum dominatione solere in libertatem rem populi vindicari, non ex liberis populis reges requiri aut potestatem atque opes optimatium. Et vero negant oportere indomiti populi vitio genus hoc totum liberi populi repudiari; concordi populo et omnia referenti ad incolumitatem et ad libertatem suam nihil esse immutabilius, nihil firmius; facillimam autem in ea republica esse concordiam, in qua idem conducat omnibus : ex utilitatis varietatibus, quum aliis aliud expediat, nasci discordias. Itaque quum patres rerum potirentur, nunquam constitisse civitatis statum. Multo jam id in regnis minus, quorum, ut ait Ennius,

Nulla regni sancta societas nec fides est.

Quare quum lex sit civilis societatis vinculum, jus autem legis æquale, quo jure societas civium teneri potest, quum par non sit conditio civium? Si enim pecunias æquari non placet, si ingenia omnium paria esse non possunt, jura certe paria debent esse eorum inter se, qui sunt cives in eadem republica. Quid est enim civitas nisi juris societas?.....

XXXIII. La royauté et l'aristocratie ne méritent pas même leurs noms.

XXXIII. Ceteras vero respublicas ne appellandas quidem putant iis nominibus, quibus illæ sese appellari velint. Cur enim regem appellem, Jovis optimi nomine, hominem dominandi cupidum aut imperii singularis, populo oppresso dominantem, non tyrannum potius? tam enim esse clemens tyrannus quam rex importunus potest; ut hoc populorum intersit, utrum comi domino an aspero serviant : quin serviant quidem, fieri non potest. Quo autem modo assequi poterat Lacedæmon illa tum, quum præstare putabatur disciplina reipublicæ, ut bonis uteretur justisque regibus, quum esset habendus rex quicumque genere regio natus esset? Nam optimates quidem quis ferat, qui non populi concessu, sed suis comitiis hoc sibi nomen arrogaverunt? Qui enim judicatur iste optimus doctrina, artibus, studiis? Audio quando.....

XXXIV. — Arguments des partisans de l'aristocratie. Les *meilleurs* ne sont pas les plus riches ou les plus nobles, mais les plus vertueux.

XXXIV. ..... si fortuito id faciet, tam cito evertetur quam navis, si e vectoribus sorte ductus ad gubernacula accesserit[1]. Quod si liber populus deliget quibus se committat, deligetque, si modo salvus esse vult, optimum quemque, certe in optimorum consiliis posita est civitatum salus, præsertim quum hoc natura tulerit, non solum ut summi virtute et animo præessent imbecillioribus, sed ut hi etiam parere summis velint. Verum hunc optimum statum pravis hominum opinionibus eversum esse dicunt; qui ignoratione virtutis, quæ quum in paucis est, tum in paucis judicatur et cernitur, opulentos homines et copiosos, tum genere nobili natos, esse optimos putant. Hoc errore vulgi quum rempublicam opes paucorum, non virtutes, tenere cœperunt, nomen illi principes optimatum mordicus tenent, re autem carent eo nomine. Nam divitiæ, nomen, opes vacuæ consilio et vivendi atque aliis imperandi modo, dedecoris plenæ sunt et insolentis superbiæ; nec ulla deformior species est civitatis quam illa, in qua opulentissimi optimi putantur. Virtute vero gubernante rempublicam, quid potest esse præclarius? quum is, qui imperat aliis, servit ipse nulli cupiditati; quum, quas ad res cives instituit et vocat, eas omnes complexus est, sine ulla cupiditate ipse nec leges imponit populo, quibus ipse non pareat, sed suam vitam ut legem præfert suis civibus. Qui si unus satis omnia consequi posset, nihil opus esset pluribus; si universi videre optimum et in eo consentire possent, nemo delectos principes quæreret. Difficultas ineundi consilii rem a rege ad plures, error et temeritas populorum a multitudine ad paucos transtulit. Sic inter infirmitatem unius temeritatemque multorum medium optimates possederunt locum, quo nihil potest esse moderatius: quibus rempublicam tuentibus beatissimos esse populos necesse est, vacuos omni cura et

---

1. Pensée empruntée à Socrate (*Mémorables* de Xénophon).

cogitatione, aliis permisso otio suo, quibus id tuendum est [1]; neque committendum ut sua commoda populus negligi a principibus putet. Nam æquabilitas quidem juris, quam amplexantur liberi populi, neque servari potest : ipsi enim populi, quamvis soluti effrenatique sint, præcipue multis multa tribuunt, et est in ipsis magnus delectus hominum et dignitatum ; eaque, quæ appellatur æquabilitas, iniquissima est. Quum enim par habetur honos summis et infimis, qui sint in omni populo, necesse est ipsa æquitas iniquissima sit [2]: quod in iis civitatibus, quæ ab optimis reguntur, accidere non potest. Hæc fere, Læli, et quædam ejusdem generis ab iis, qui eam formam reipublicæ maxime laudant, disputari solent.

XXXV. Principes des trois gouvernements simples. — Scipion préfère la royauté.

XXXV. Tum Lælius : Quid tu, inquit, Scipio ? e tribus istis quid maxime probas ? — *Scipio.* Recte quæris, quid maxime e tribus, quoniam eorum nullum ipsum per se separatum probo; anteponoque singulis illud, quod conflatum fuerit ex omnibus. Sed si unum ac simplex probandum *sit* [3], regium *probem atque imprimis laudem.* In *primo autem genere, quod* hoc loco appellatur, occurrit nomen quasi patrium regis, ut ex se natis [4], ita consulentis suis civibus, et eos conservantis studiosius quam *redigentis in servitutem, ut sane utilius sit facultatibus et mente exiguos* sustentari unius optimi et summi viri diligentia. Adsunt optimates qui se melius hoc idem facere profiteantur plusque fore dicant in pluribus consilii quam in uno et eamdem tamen æquitatem et fidem. Ecce autem maxima voce clamat populus neque se uni neque paucis velle parere ; libertate ne feris quidem quicquam esse dulcius; hac omnes carere, sive regi sive optimatibus serviant.

---

1. Dans ce système, on traite le peuple comme un troupeau, qui doit être satisfait quand on lui donne sa nourriture et qu'il est délivré de toute *pensée, omni cogitatione.*

2. Sans doute une telle égalité serait injuste. Mais c'est l'égalité des *droits,* non celle des rangs ou des fortunes, que réclament avec raison les partisans de la démocratie.

3. Les mots en italiques sont des conjectures de Maï, parfois assez peu probables.

4. *Ex se natis.* Il veille sur ses concitoyens comme sur ses enfants.

Ita caritate nos capiunt reges, consilio optimates, libertate populi[1], ut in comparando difficile ad eligendum sit quid maxime velis. — *Lælius.* Credo, inquit, sed expediri quæ restant vix poterunt, si hoc inchoatum reliqueris.

XXXVI. Scipion assimile la royauté à la divinité.

XXXVI. *Scipio.* Imitabor ergo Aratum, qui magnis de rebus dicere exordiens a Jove incipiendum putat. — *Lælius.* Quo Jove? aut quid habet illius carminis simile hæc oratio? — *Scipio.* Tantum, inquit, ut rite ab eo dicendi principia capiamus, quem unum omnium deorum et hominum regem esse omnes docti indoctique consentiunt. — Quid? inquit Lælius. — Et ille : Quid censes, nisi quod est ante oculos[2]? Sive hæc ad utilitatem vitæ constituta sint a principibus rerumpublicarum, ut rex putaretur unus esse in cœlo, qui nutu, ut ait Homerus, totum Olympum converteret, idemque et rex et pater haberetur omnium; magna auctoritas est multique testes, si quidem omnes multos appellari placet, ita consensisse gentes, decretis videlicet principum, nihil esse rege melius, quoniam deos omnes censent unius regi numine[3]. Si hæc in errore imperitorum posita esse et fabularum similia didicimus, audiamus communes quasi doctores eruditorum hominum, qui tanquam oculis illa viderunt, quæ nos vix audiendo cognoscimus. — Quinam, inquit Lælius, isti sunt? —

1. On reconnaît les trois facultés de l'âme. La royauté, en effet, pour être supportable, devrait reposer sur l'amour du prince pour ses sujets et des sujets pour le prince; de même que le pouvoir paternel repose sur l'amour réciproque. Mais, nous l'avons vu, cette assimilation de la société politique, fondée sur le droit, à la société domestique, fondée sur le sentiment, est tout à fait inexacte. Les citoyens ne sont pas des enfants condamnés à une éternelle minorité, mais des êtres raisonnables et libres. — L'aristocratie a pour principe la raison ou intelligence, *consilium*. C'est le gouvernement des plus sages. Mais qui sera juge de cette sagesse? — Ce ne peut être que le peuple tout entier; et alors cette prétendue aristocratie n'est autre chose que la véritable démocratie. — Le troisième principe, la liberté, est celui du gouvernement démocratique. Or, la société civile est une société de *droits*, et par conséquent un équilibre de *libertés*. C'est donc sur le principe de la liberté que repose réellement l'État. L'homme est naturellement une *personne libre*; il est donc naturellement *citoyen*. C'est ce que les peuples modernes ont compris.

2. *Ante oculos.* La raison saute aux yeux.

3. Ces considérations mythologiques ne prouvent rien.

Et ille : Qui natura omnium rerum pervestiganda senserunt omnem hunc mundum mente [1].....

[..... Plato monarchiam asserit, unum deum dicens, a quo sit mundus instructus et mirabili ratione perfectus. Aristoteles, auditor ejus, unam esse mentem quæ mundo præsideat confitetur; Antisthenes unum esse dicit naturalem deum, totius summæ gubernatorem. Longum est recensere quæ de summo deo vel Thales vel Pythagoras et Anaximenes antea, vel postmodum Stoici, Cleanthes et Chrysippus et Zeno, prædicaverint, quum hi omnes a deo solo regi mundum affirmaverint. Hermes, qui ob virtutem multarumque artium scientiam Trismegistus meruit nominari, qui et doctrinæ vetustate philosophos antecessit, quique apud Ægyptios ut deus colitur, majestatem dei singularis infinitis asserens laudibus, dominum et patrem nuncupat [2].]

XXXVII. Les premiers Romains, qui ne méritent point, dit Scipion, le nom de barbares, eurent des rois.

XXXVII. ..... Sed si vis, Læli, dabo tibi testes nec nimis antiquos nec ullo modo barbaros. — *Lælius.* Istos, inquit, volo. — *Scipio.* Videsne igitur minus quadringentorum annorum esse hanc urbem, ut sine regibus sit [3] ? — *Lælius.* Vero minus. — *Scipio.* Quid ergo ? hæc quadringentorum annorum ætas, ut urbis et civitatis, num valde longa est ? — *Lælius.* Ista vero, inquit, adulta vix. — *Scipio.* Ergo his annis quadringentis Romæ rex erat ? — *Lælius.* Et superbus quidem. — *Scipio.* Quid supra ? — *Lælius.* Justissimus, et deinceps retro usque ad Romulum, qui ab hoc tempore anno sexcentesimo rex erat. — *Scipio.* Ergo ne iste quidem pervetus ? — *Lælius.* Minime, ac prope senescente jam Græcia. — *Scipio.* Cedo, num barbarorum Romulus rex fuit ? — *Lælius.* Si, ut Græci dicunt omnes aut Graios esse aut barbaros, vereor ne barba-

---

1. Suppléez : *una regi*. Il n'y a en effet qu'un seul Dieu, parce qu'il n'y a qu'un être parfait. Mais comme un roi n'est pas plus parfait que ses sujets, il est absurde de le comparer à Dieu. — Les théories de Scipion rappellent celles de Bossuet sur le caractère *divin* de la royauté absolue.

2. Ce fragment n'est point de Cicéron, comme le style l'indique assez, mais de Lactance, épître IV. A. Maï l'intercale à cet endroit.

3. Il y a moins de quatre cents ans que...

rorum rex fuerit : sin id nomen moribus dandum est, non linguis, non Græcos minus barbaros quam Romanos puto. — Et Scipio ; Atqui ad hoc, de quo agitur, non quærimus gentem, ingenia quærimus. Si enim et prudentes homines et non veteres reges habere voluerunt, utor neque perantiquis neque inhumanis ac feris testibus [1].

XXXVIII. Une âme bien réglée est l'image de la monarchie.

XXXVIII. Tum Lælius : Video te, Scipio, testimoniis satis instructum, sed apud me ut apud bonum judicem argumenta plus quam testes valent. Tum Scipio : Utere igitur argumento, Læli, tute ipse sensus tui [2]. — Cujus, inquit ille, sensus? — *Scipio.* Si quando, si forte, tibi visus es irasci alicui. — *Lælius.* Ego vero sæpius quam vellem. — *Scipio.* Quid ? tum, quum tu es iratus, permittis illi iracundiæ dominatum animi tui ? — *Lælius.* Non mehercule, inquit ; sed imitor Archytam illum Tarentinum, qui quum ad villam venisset, et omnia aliter offendisset ac jusserat : Te, te infelicem, inquit villico, quem necassem jam verberibus, nisi iratus essem. Optime, inquit Scipio. Ergo Archytas iracundiam, videlicet dissidentem a ratione [3], seditionem quamdam animi esse ducebat ; eam consilio sedari volebat. Adde avaritiam, adde imperii, adde gloriæ cupiditatem, adde libidines ; et illud vides, in animis hominum regale si imperium sit, unius fore dominatum, consilii scilicet (ea est enim animi pars optima) ; consilio autem dominante nullum esse libidinibus, nullum iræ, nullum temeritati locum. — *Lælius.* Sic, inquit, est. — *Scipio.* Probas igitur animum ita affectum? — *Lælius.* Nihil vero, inquit, magis. — *Scipio.* Ergo non profecto probares, si consilio pulso libidines, quæ sunt innumerabiles, iracundiæve tenerent omnia. — *Lælius.* Ego vero nihil isto animo, nihil ita animato homine miserius ducerem. — *Scipio.* Sub regno igitur tibi esse placet omnes animi partes, et eas regi consilio? — *Læ-*

1. Les premiers Romains, beaucoup plus barbares que Scipion ne le croit, ne sont point une autorité suffisante.
2. *Sensus tui.* Une preuve tirée de toi-même et de ta propre expérience.
3. *Videlicet...* Quand toutefois elle est en désaccord avec la raison. Le θυμός dans Platon, est souvent l'auxiliaire du λόγος.

lius. Mihi vero sic placet. — *Scipio.* Cur igitur dubitas quid de republica sentias ? In qua, si in plures translata res sit, intelligi jam licet nullum fore quod præsit imperium, quod quidem, nisi unum sit, esse nullum potest [1].

XXXIX. Les esclaves obéissent à un même maître, les enfants à un même père.

XXXIX. Tum Lælius : Quid, quæso, interest inter unum et plures, si justitia est in pluribus ? — Et Scipio : Quoniam testibus meis intellexi, Læll, te non valde moveri, non desinam te uti teste, ut hoc quod dico, probem. Me, inquit ille, quonam modo? — *Scipio.* Quia animum adverti nuper, quum essemus in Formiano, te familiæ valde interdicere [2] ut uni dicto audiens esset. — *Lælius.* Quippe villico. — *Scipio.* Quid domi? pluresne præsunt negotiis tuis? — *Lælius.* Immo vero unus, inquit. — *Scipio.* Quid? totam domum num quis alter præter te regit? — *Lælius.* Minime vero. — *Scipio.* Quin tu igitur concedis item in republica singulorum dominatus, si modo justi sint, esse optimos? — *Lælius.* Adducor igitur et propemodum assentior [3].

XL. Arguments tirés de l'histoire. — Désordres qui ont suivi l'expulsion des rois.

XL. Et Scipio : Tum magis assentiare, Læll, si, ut omittam similitudines, uni gubernatori, uni medico, si digni modo sint iis artibus, rectius esse alteri navem committere, ægrum alteri, quam multis, ad majora pervenero. — *Lælius.* Quænam ista sunt? — *Scipio.* Quid? tu non vides unius importunitate

---

1. On reconnaît la méthode psychologique appliquée par Platon à la politique. Mais l'assimilation des *citoyens*, hommes raisonnables et libres, aux *passions* déraisonnables et fatales, ne peut être admise.

2. *Interdicere,* ordonner; terme de droit.

3. L'exemple du maître et des esclaves est assez mal choisi pour inspirer le goût de la royauté. Quant à l'autorité paternelle, elle diffère essentiellement, comme le remarque Aristote, de l'autorité civile. La première repose sur le sentiment, la seconde sur le droit; l'une s'exerce sur des enfants, l'autre sur des hommes; l'une est temporaire, l'autre doit toujours durer. Si l'exemple du père, dit Aristote, semble favorable à la royauté, l'exemple des frères qui se partagent le pouvoir après la mort du père, semble favorable au gouvernement de plusieurs. Toutes ces comparaisons ne sont pas des raisons.

et superbia Tarquinii, nomen huic populo in odium venisse regium? — *Lælius.* Video vero, inquit. — *Scipio.* Ergo etiam illud vides, de quo progrediente oratione multa me dicturum puto; Tarquinio exacto, mira quadam exsultasse populum insolentia libertatis : tum exacti in exsilium innocentes, tum bona direpta multorum, tum annui consules, tum demissi populo fasces, tum provocationes omnium rerum, tum secessio plebis, tum prorsus ita acta pleraque, ut in populo essent omnia. — *Lælius.* Est, inquit, ut dicis. — Est vero, inquit Scipio, in pace et otio : licet enim lascivire, dum nihil metuas, ut in navi ac sæpe etiam in morbo levi. Sed ut ille, qui navigat, quum subito mare cœpit horrescere, et ille æger ingravescente morbo unius opem implorat ; sic noster populus in pace et domi imperat et ipsis magistratibus minatur, recusat, appellat, provocat ; in bello sic paret ut regi : valet enim salus plus quam libido. Gravioribus vero bellis etiam sine collega omne imperium nostri penes singulos esse voluerunt, quorum ipsum nomen vim suæ potestatis indicat. Nam dictator[1] quidem ab eo appellatur, quia dicitur, sed in nostris libris vides eum, Læli, magistrum populi appellari. — *Lælius.* Video, inquit. — Et Scipio : Sapienter igitur illi veteres.....[2]

XLI. Le peuple a regretté Romulus.

XLI......... justo quidem rege quum est populus orbatus,

. , . . . pectora dura tenet desiderium,

sicut ait Q. Ennius, post optimi regis obitum :

. . . . . , ... Simul inter
Sese sic memorant : o Romule die,
Qualem te patriæ custodem di genuerunt!
O pater, o genitor, o sanguen dis oriundum!

Non heros nec dominos appellabant eos, quibus juste paruerunt : denique ne reges quidem, sed patriæ custodes, sed patres et deos. Nec sine causa. Quid enim adjungunt?

Tu produxisti nos intra luminis oras.

---

1. Étymologie contestable. *Dictator* vient de *dictare.*
2. Lacune d'environ huit lignes.

Vitam, honorem, decus sibi datum esse justitia regis existimabant. Mansisset eadem voluntas in eorum posteris, si regum similitudo permansisset, sed vides unius injustitia concidisse genus illud totum reipublicæ. — *Lælius*. Video vero, inquit, et studeo cursus istos mutationum non magis in nostra quam in omni republica noscere.

XLII. Comment se corrompent les gouvernements simples. — Corruption de la monarchie et de l'aristocratie.

XLII. Et Scipio : Est omnino, quum de illo genere reipublicæ, quod maxime probo, quæ sentio dixero, accuratius mihi dicendum de commutationibus rerum publicarum, etsi minime facile eas in ea republica futuras puto. Sed hujus regiæ prima et certissima est illa mutatio. Quum rex injustus esse cœpit, perit illud illico genus, et est idem ille tyrannus, deterrimum genus et finitimum optimo : quem si optimates oppresserunt, quod ferme evenit, habet statum respublica de tribus secundarium : est enim quasi regium, id est, patrium, consilium populo bene consulentium principum : sin per se populus interfecit aut ejecit tyrannum, est moderatior, quoad sentit et sapit, et sua re gesta lætatur tuerique vult per se constitutam rempublicam. Si quando aut regi justo vim populus attulit regnove eum spoliavit aut etiam, id quod evenit sæpius, optimatum sanguinem gustavit[1] ac totam rempublicam substravit libidini suæ ; cave putes autem mare ullum aut flammam esse tantam quam non facilius sit sedare quam effrenatam insolentia multitudinem.

XLIII. Corruption de la démocratie.

XLIII. Tum fit illud, quod apud Platonem[2] est luculente dictum, si modo id exprimere latine potuero : nam difficile factu est, sed conabor tamen. Quum enim, inquit, inexplebiles populi fauces exaruerunt libertatis siti, malisque usus ille ministris, non modice temperatam, sed nimis meracam

---

1. Expression de Platon. Ὁ γευσάμενος τοῦ ἀνθρωπίνου σπλάγχνου. *Rép.*, VIII, vi.
2. Voir à la fin de ce volume l'extrait de Platon.

libertatem sitiens hausit, tum magistratus et principes, nisi valde lenes et remissi sint et large sibi libertatem ministrent, insequitur, insimulat, arguit, præpotentes, reges, tyrannos vocat. Puto enim tibi hæc esse nota. — *Lælius*. Vero mihi, inquit ille, notissima. — *Scipio*. Ergo illa sequuntur : eos, qui pareant principibus, agitari ab eo populo et servos voluntarios appellari : eos autem, qui in magistratu privatorum similes esse velint, eosque privatos, qui efficiant, ne quid inter privatum et magistratum differat, ferunt laudibus et mactant honoribus, ut necesse sit in ejus modi republica plena libertatis esse omnia ; ut et privata domus omnis vacet dominatione, et hoc malum usque ad bestias parveniat; denique ut pater filium metuat, filius patrem negligat, absit omnis pudor, ut plane liberi sint ; nihil intersit civis sit an peregrinus, magister ut discipulos metuat, et iis blandiatur, spernantque discipuli magistros ; adolescentes ut senum sibi pondus assumant, senes autem ad ludum adolescentium descendant, ne sint iis odiosi et graves : ex quo fit ut etiam servi se liberius gerant[1], uxores eodem jure sint quo viri ; inque tanta libertate canes etiam et equi, aselli denique liberi sic incurrant, ut iis de via decedendum sit. Ergo ex hac infinita, inquit, licencia hæc summa cogitur, ut ita fastidiosæ mollesque mentes evadant civium, ut, si minima vis adhibeatur imperii, irascantur et perferre nequeant; ex quo leges quoque incipiunt negligere, ut plane sine ullo domino sint.

XLIV. Comment l'anarchie engendre le despotisme, et le despotisme l'anarchie.

XLIV. Tum Lællus : Prorsus, inquit, expressa sunt a te quæ dicta sunt ab illo. — *Scipio*. Atque, ut jam ad sermonis mei morem revertar, ex hac nimia licentia, quam illi solam libertatem putant, ait ille ut ex stirpe quadam exsistere et quasi nasci tyrannum. Nam ut ex nimia potentia principum oritur interitus principum, sic hunc nimis liberum populum libertas ipsa servitute afficit. Sic omnia nimia, quum vel in tempestate, vel in agris, vel in corporibus lætiora fuerunt,

---

1. Le texte de Platon est ici affaibli et corrigé. Cicéron semble entrevoir l'injustice de l'esclavage.

in contraria fere convertuntur, maximeque id in rebus publicis evenit ; nimiaque illa libertas et populis et privatis in nimiam servitutem cadit. Itaque ex hac maxima libertate tyrannus gignitur et illa injustissima et durissima servitus. Ex hoc enim populo indomito vel potius immani deligitur aliqui plerumque dux contra illos principes, afflictos jam et depulsos loco ; audax, impurus, consectans proterve bene sæpe de republica meritos, populo gratificans et aliena et sua : cui quia privato sunt oppositi timores, dantur imperia et ea continuantur[1], præsidiis etiam, ut Athenis Pisistratus sepiuntur ; postremo, a quibus producti sunt, exsistunt eorum ipsorum tyranni : quos si boni oppresserunt, ut sæpe fit, recreatur civitas : sin audaces, fit illa factio genus aliud tyrannorum, eademque oritur etiam ex illo sæpe optimatum præclaro statu, quum ipsos principes aliqua pravitas de via deflexit. Sic tanquam pilam rapiunt inter se reipublicæ statum tyranni ab regibus, ab iis autem aut principes aut populi, a quibus aut factiones aut tyranni, nec diutius unquam tenetur idem reipublicæ modus.

XLV. Supériorité du gouvernement mixte sur les gouvernements simples.

XLV. Quod ita quum sit, e tribus primis generibus longe præstat mea sententia regium ; regio autem ipsi præstabit id, quod erit æquatum et temperatum ex tribus optimis rerumpublicarum modis. Placet enim esse quiddam in republica præstans et regale, esse aliud auctoritati principum partitum ac tributum, esse quasdam res servatas judicio voluntatique multitudinis. Hæc constitutio primum habet æquabilitatem quamdam magnam, qua carere diutius vix possunt liberi, deinde firmitudinem, quod et illa prima facile in contraria vitia convertuntur ; ut exsistat ex rege dominus, ex optimatibus factio, ex populo turba et confusio ; quodque ipsa genera generibus sæpe commutantur novis : hoc in hac juncta moderateque permixta conformatione reipublicæ non ferme sine magnis principum vitiis evenit. Non est enim causa conver-

---

1. Allusion à César.

sionis, ubi in suo quisque est gradu firmiter collocatus et non subest quo præcipitet ac decidat¹.

XLVI. La constitution romaine est un exemple du gouvernement mixte.

XLVI. Sed vereor, Lælī, vosque homines amicissimi ac prudentissimi, ne, si diutius in hoc genere verser, quasi præcipientis cujusdam et docentis, et non vobiscum simul considerantis, esse videatur oratio mea. Quamobrem ingrediar in ea, quæ nota sunt omnibus, quæsita autem a nobis jam diu. Sic enim decerno, sic sentio, sic affirmo, nullam omnium rerumpublicarum aut constitutione aut descriptione aut disciplina conferendam esse cum ea, quam patres nostri nobis acceptam jam inde a majoribus reliquerunt. Quam, si placet, quoniam ea, quæ tenebatis ipsi, etiam ex me audire voluistis, simul, et qualis sit, et optimam esse, ostendam; expositaque ad exemplum nostra republica, accommodabo ad eam, si potero, omnem illam orationem, quæ est mihi habenda de optimo civitatis statu. Quod si tenere et consequi potuero, cumulate munus hoc, cui me Lælius præposuit, ut opinio mea fert, effecero.

XLVII. Nul n'est plus capable que Scipion d'entreprendre l'étude de la constitution romaine.

XLVII. Tum Lælius : Tuum vero, inquit, Scipio, ac tuum quidem munus. Quis enim te potius aut de majorum dixerit institutis, quum sis clarissimis ipse majoribus ; aut de optimo statu civitatis, quem si habemus, etsi ne nunc quidem, tum vero quis te possit esse florentior? aut de consiliis in posterum providendis, quum tu duobus hujus urbis terroribus depulsis in omne tempus prospexeris?.....

FRAGMENTA INCERTÆ SEDIS.

..... [Sed quoniam plura beneficia continet patria et est antiquior parens quam is qui creavit, major ei profecto quam parenti debetur gratia².....]

1. Imitation de Polybe, VI, x, 7.
2. Lactance, épître IV.

..... Nec tantum Carthago habuisset opum sexcentos fere annos sine consiliis et disciplina[1].....

..... Cognoscere me hercle, consuetudinem istam et studium sermonis[2].....

..... Profecto omnis istorum disputatio, quanquam uberrimos fontes virtutis et scientiæ contineat, tamen collata cum horum actis perfectisque rebus, vereor ne non tantum videatur attulisse negotiis hominum utilitatis quantam oblectationem quamdam otii [3].....

1. Nonius, au mot *antiquus*.
2. Ib., *De doctrina indaganda*.
3. Nonius, au mot *cognoscere*.

ARGUMENT ANALYTIQUE

DU LIVRE DEUXIÈME.

I. La constitution romaine n'est pas due au génie d'un seul homme, mais à l'expérience d'une longue suite de générations. De là sa supériorité.
II. Origines de Rome. Romulus.
III. Prévoyance avec laquelle Romulus choisit l'emplacement de Rome.
IV. Inconvénient du voisinage de la mer.
V. Romulus semble avoir deviné les destinées de Rome.
VI. Défense naturelle de Rome.
VII. Enlèvement des Sabines.
VIII. Institution du sénat. Division du peuple en tribus et curies.
IX. Autres institutions de Romulus.
X. Romulus mis au rang des dieux.
XI. Lælius félicite Scipion de la méthode qu'il suit, et de la manière dont il concilie l'idéal et le réel.
XII. Suite des origines de Rome. Les Romains veulent un souverain. Scipion rejette l'hérédité de la monarchie et n'admet qu'un pouvoir électif.
XIII. Élection de Numa.
XIV. Règne pacifique de Numa. La religion et la clémence.
XV. Numa n'a point connu Pythagore et ne lui doit rien.
XVI. Rome doit à elle-même sa grandeur.
XVII. Règne de Tullus Hostilius.
XVIII. Règne d'Ancus Martius.
XIX. Le Corinthien Démarate vient s'établir à Tarquinies. Commencement de l'influence grecque à Rome.
XX. Règne de Tarquin l'Ancien.
XXI. Règne de Servius Tullius.
XXII. Division du peuple en cinq classes.
XXIII. Caractère de la monarchie sous les rois.
XXIV. Avénement du second Tarquin.
XXV. Corruption de la monarchie. Chute de Tarquin.
XXVI. Le pouvoir absolu dégénère nécessairement en tyrannie.
XXVII. Aversion des Romains pour le nom de roi.
XXVIII. Fragilité de tout gouvernement qui repose sur la volonté et le génie d'un seul homme.
XXIX. Différence du roi et du tyran.
XXX. Avantages de la méthode historique en politique.
XXXI. Exil de Collatin. Politique de Valerius.
XXXII. La constitution romaine était alors une aristocratie tempérée par le consulat et la dictature.

XXXIII. Nécessité d'un équilibre entre les trois pouvoirs. Création du tribunat.
XXXIV. Le tribunat amoindrit l'autorité du sénat.
XXXV. Ambition de Sp. Cassius.
XXXVI. Les décemvirs.
XXXVII. Usurpation des décemvirs.
XXXVIII. Nécessité de considérations plus générales et plus théoriques sur le meilleur gouvernement.
XXXIX. Réponse de Scipion à l'objection de Tubéron.
XL. Difficulté des devoirs de l'homme d'État.
XLI. Fragments.
XLII. L'homme d'État doit être juste.
XLIII. Fragments.
XLIV. La justice seule rend un gouvernement durable.

LIVRE DEUXIÈME.

ÉTUDE ET HISTOIRE DE LA CONSTITUTION ROMAINE.

I. La constitution romaine n'est pas due au génie d'un seul homme, mais à l'expérience d'une longue suite de générations. De là sa supériorité.

I. *Ut omnes igitur vidit incensos cupiditate audiendi,* ingressus est sic loqui Scipio : Catonis hoc senis est, quem, ut scitis, unice dilexi maximeque sum admiratus, cuique vel patris utriusque judicio vel etiam meo studio me totum ab adolescentia dedidi ; cujus me nunquam satiare potuit oratio ; tantus erat in homine usus reipublicæ quam et domi et militiæ quum optime tum etiam diutissime gesserat, et modus in dicendo, et gravitate mixtus lepos, et summum vel discendi studium vel docendi, et orationi vita admodum congruens. Is dicere solebat ob hanc causam præstare nostræ civitatis statum ceteris civitatibus, quod in illis singuli fuissent fere qui suam quisque rempublicam constituissent legibus atque institutis suis ; ut Cretum Minos, Lacedæmoniorum Lycurgus, Atheniensium, quæ persæpe commutata esset, tum Theseus, tum Draco, tum Solo, tum Clisthenes, tum multi alii, postremo exsanguem jam et jacentem doctus vir Phalereus sustentasset Demetrius ; nostra autem res publica non unius esset ingenio, sed multorum, nec una hominis vita, sed aliquot constituta sæculis et ætatibus. Nam neque ullum ingenium tantum exstitisse dicebat, ut, quem res nulla fugeret, quisquam aliquando fuisset, neque cuncta ingenia collata in unum tantum posse uno tempore providere, ut omnia complecterentur sine rerum usu ac vetustate[1]. Quamobrem, ut ille solebat, ita nunc mea

---

1. Cette théorie est très-exacte. La législation, en effet, n'est pas une œuvre d'art, mais de science et d'expérience. Aussi ne peut-on admettre cette opinion de Descartes : « Si Sparte a été autrefois très-florissante, ce n'a pas été à cause

repetet oratio populi originem : libenter enim etiam verbo utor Catonis. Facilius autem quod est propositum consequar, si nostram rem publicam vobis et nascentem et crescentem et adultam et jam firmam atque robustam ostendero, quam si mihi aliquam, ut apud Platonem Socrates, ipse finxero.

II. Origines de Rome. Romulus.

II. Hoc quum omnes approbavissent : Quod habemus igitur institutæ reipublicæ tam clarum ac tam omnibus notum exordium, quam hujus urbis condendæ principium profectum a Romulo? qui patre Marte natus, — concedamus enim famæ hominum, præsertim non inveteratæ solum, sed etiam sapienter a majoribus proditæ, bene meriti de rebus communibus ut genere etiam putarentur, non solum esse ingenio divino ; — is igitur, ut natus sit, cum Remo fratre dicitur ab Amulio rege Albano, ob labefactandi regni timorem, ad Tiberim exponi jussus esse : quo in loco quum esset silvestris belluæ sustentatus uberibus, pastoresque eum sustulissent et in agresti cultu laboreque aluissent, perhibetur, ut adoleverit, et corporis viribus et animi ferocitate tantum ceteris præstitisse, ut omnes qui tum eos agros, ubi hodie est hæc urbs, incolebant, æquo animo illi libenterque parerent. Quorum copiis quum se ducem præbuisset, ut jam a fabulis ad facta veniamus, oppressisse Longam Albam, validam urbem et potentem temporibus illis, Amuliumque regem interemisse fertur.

III. Prévoyance avec laquelle Romulus choisit l'emplacement de Rome.

III. Qua gloria parta, urbem auspicato condere et firmare dicitur primum cogitavisse rem publicam. Urbi autem locum,

---

de la bonté de chacune de ses lois,... mais à cause que, n'ayant été inventées que par un seul, elles tendent toutes à une même fin. » (*Discours de la Méthode*, II.) Descartes prétend de même que la philosophie aurait plus d'unité et de vérité, si elle était l'œuvre d'un seul homme. C'est confondre l'art avec la science. Dans l'œuvre d'art, l'unité vient de l'inspiration d'un seul et même artiste; dans l'œuvre de science, elle vient de l'objet même et du lien qui unit toutes les vérités, quel que soit celui qui les découvre. Les Allemands appelleraient la première sorte d'unité, *subjective*; la seconde, *objective*. La législation n'a besoin que de cette dernière.

quod est ei, qui diuturnam rempublicam serere conatur, diligentissime providendum, incredibili opportunitate delegit. Neque enim ad mare admovit, quod ei fuit illa manu copiisque facillimum, ut in agrum Rutulorum Aboriginumve procederet; aut in ostio Tiberino, quem in locum multis post annis rex Ancus coloniam[1] deduxit, urbem ipse conderet; sed hoc vir excellenti providentia sensit ac vidit, non esse opportunissimos situs maritimos urbibus eis, quæ ad spem diuturnitatis conderentur atque imperii. Primum quod essent urbes maritimæ non solum multis periculis oppositæ, sed etiam cæcis. Nam terra continens adventus hostium non modo exspectatos, sed etiam repentinos multis indiciis et quasi fragore quodam et sonitu ipso ante denuntiat. Neque vero quisquam potest hostis advolare terra, quin eum non modo adesse, sed etiam quis et unde sit scire possumus. Maritimus vero ille et navalis hostis ante adesse potest quam quisquam venturum esse suspicari queat. Nec vero, quum venit, præ se fert aut qui sit aut unde veniat aut etiam quid velit; denique ne nota quidem ulla, pacatus an hostis sit, discerni ac judicari potest.

IV. Inconvénients du voisinage de la mer.

IV. Est autem maritimis urbibus etiam quædam corruptela ac demutatio morum : admiscentur enim novis sermonibus ac disciplinis, et importantur non merces solum adventitiæ, sed etiam mores, ut nihil possit in patriis institutis manere integrum. Jam qui incolunt eas urbes, non hærent in suis sedibus, sed volucri semper spe et cogitatione rapiuntur a domo longius, atque etiam quum manent corpore, animo tamen excursant et vagantur. Nec vero ulla res magis labefactatam diu et Carthaginem et Corinthum pervertit aliquando, quam hic error ac dissipatio civium, quod mercandi cupiditate et navigandi et agrorum et armorum cultum reliquerant. Multa etiam ad luxuriam invitamenta perniciosa civitatibus suppeditantur mari : quæ vel capiuntur[2] vel importantur[3], atque habet

---

1. *Coloniam,* Ostie.
2. *Capiuntur,* sont pris à la guerre.
3. *Importantur,* sont importés par le commerce.

etiam amœnitas ipsa vel sumptuosas vel desidiosas illecebras multas cupiditatum. Et quod de Corintho dixi, id haud scio an liceat de cuncta Græcia verissime dicere. Nam et ipsa Peloponnesus fere tota in mari est, nec præter Phliasios ulli sunt, quorum agri non contingant mare, et extra Peloponnesum Ænianes et Dores et Dolopes soli absunt a mari. Quid dicam insulas Græciæ? quæ fluctibus cinctæ natant pæne ipsæ simul cum civitatum institutis et moribus. Atque hæc quidem, ut supra dixi, veteris sunt Græciæ. Coloniarum vero quæ est deducta a Graiis in Asiam, Thraciam, Italiam, Siciliam, Africam, præter unam Magnesiam, quam unda non alluat? Ita barbarorum agris quasi attexta quædam videtur ora esse Græciæ. Nam e barbaris quidem ipsis nulli erant antea maritimi præter Etruscos et Pœnos : alteri mercandi causa, latrocinandi alteri. Quæ causa perspicua est malorum commutationumque Græciæ propter ea vitia maritimarum urbium, quæ ante paulo perbreviter attigi. Sed tamen in iis vitiis inest illa magna commoditas, et, quod ubique gentium est, ut ad eam urbem, quam incolas, possit adnare, et rursus, ut id, quod agri efferant sui, quascunque velint in terras portare possint ac mittere [1].

V. Romulus semble avoir deviné les destinées de Rome.

V. Qui potuit igitur divinius et utilitates complecti maritimas Romulus et vitia vitare? quam quod urbem perennis amnis et æquabilis et in mare late influentis posuit in ripa, quo posset urbs et accipere ex mari quo egeret et reddere quo redundaret, eodemque ut flumine res ad victum cultumque maxime necessarias non solum mari absorberet, sed etiam invectas acciperet ex terra; ut mihi jam tum divinasse ille videatur hanc urbem sedem aliquando et domum summo esse imperio præbituram : nam hanc rerum tantam potentiam non ferme facilius ulla in parte Italiæ posita urbs tenere potuisset.

1. Cf. Aristote, *Politique*, VII, v; Platon, *les Lois*, IV, 1. Platon place sa ville à quatre vingts stades au moins de la mer.

VI. Défenses naturelles de Rome.

VI. Urbis autem ipsius nativa præsidia quis est tam negligens qui non habeat animo notata planeque cognita ? cujus is est tractus ductusque muri quum Romuli tum etiam reliquorum regum sapientia definitus ex omni parte arduis prœruptisque montibus, ut unus aditus, qui esset inter Esquilinum Quirinalemque montem, maximo aggere objecto fossa cingeretur vastissima, atque ut ita munita arx circumjectu arduo et quasi circumciso saxo niteretur, ut etiam in illa tempestate horribili gallici adventus incolumis atque intacta permanserit. Locumque delegit et fontibus abundantem et in regione pestilenti salubrem : colles enim sunt, qui, quum perflantur ipsi, tum afferunt umbram vallibus.

VII. Enlèvement des Sabines.

VII. Atque hæc quidem perceleriter confecit : nam et urbem constituit, quam e suo nomine Romam jussit nominari ; et ad firmandam novam civitatem novum quoddam et subagreste consilium, sed ad muniendas opes regni ac populi sui magni hominis et jam tum longe providentis, secutus est, quum sabinas honesto loco ortas virgines, quæ Romam ludorum gratia venissent, quos tum primum anniversarios in circo facere instituisset, Consualibus [1] rapi jussit easque in familiarum amplissimarum matrimoniis collocavit. Qua ex causa quum bellum Romanis Sabini intulissent prœliique certamen varium atque anceps fuisset, cum T. Tatio rege Sabinorum fœdus icit, matronis ipsis, quæ raptæ erant, orantibus ; quo fœdere et Sabinos in civitatem adscivit, sacris communicatis, et regnum suum cum illorum rege sociavit.

VIII. Institution du sénat. — Division du peuple en tribus et curies.

VIII. Post interitum autem Tatii quum ad eum potentatus omnis recidisset, quanquam cum Tatio in regium consilium

---

[1]. Fêtes de Consus, Neptune équestre, dieu des conseils secrets.

delegerat principes, qui appellati sunt propter caritatem patres[1], populumque et suo et Tatii nomine et Lucumonis, qui Romuli socius in sabino prælio occiderat, in tribus tres curiasque triginta descripserat, quas curias earum nominibus nuncupavit, quæ ex Sabinis virgines raptæ postea fuerant oratrices pacis et fœderis, sed quanquam ea Tatio sic erant descripta vivo, tamen eo interfecto multo etiam magis Romulus patrum auctoritate consilioque regnavit.

IX. Autres institutions de Romulus.

IX. Quo facto primum vidit judicavitque idem, quod Spartæ Lycurgus paulo ante viderat, singulari imperio et potestate regia tum melius gubernari et regi civitates, si esset optimi cujusque ad illam vim dominationis adjuncta auctoritas. Itaque hoc consilio et quasi[2] senatu fultus et munitus, et bella cum finitimis felicissime multa gessit et, quum ipse nihil ex præda domum suam reportaret, locupletare cives non destitit. Tunc, id quod retinemus hodie magna cum salute reipublicæ, auspiciis plurimum obsecutus est Romulus[3]. Nam et ipse, quod principium reipublicæ fuit, urbem condidit auspicato, et omnibus publicis rebus instituendis, qui sibi essent in auspiciis, ex singulis tribubus singulos cooptavit augures, et habuit plebem in clientelas principum descriptam, quod quantæ fuerit utilitati post videro; mulctæque dictione ovium et boum, — quod tum erat res in pecore et locorum possessionibus, ex quo pecuniosi et locupletes vocabantur, — non vi et suppliciis coercebat.

X. Romulus mis au rang des dieux.

X. Ac Romulus quum septem et triginta regnavisset annos, et hæc egregia duo firmamenta reipublicæ peperisset, auspi-

---

1. Le terme de *pater* désignait le chef d'une famille. Chaque réunion de famille, ou *gens*, déléguait au sénat un de ses *pères* de famille. Telle est la véritable origine de l'expression *patres*.

2. Le sénat, en effet, ne contenait pas seulement des vieillards, comme son nom semble l'indiquer.

3. On sait que Cicéron lui-même fut augure.

cia et senatum, tantum est consecutus, ut, quum subito sole obscurato non comparuisset, deorum in numero collocatus putaretur : quam opinionem nemo unquam mortalis assequi potuit sine eximia virtutis gloria. Atque hoc eo magis est in Romulo admirandum, quod ceteri, qui dii ex hominibus facti esse dicuntur, minus eruditis hominum sæculis fuerunt, ut fingendi proclivis esset ratio, quum imperiti facile ad credendum impellerentur. Romuli autem ætatem minus his sexcentis annis, jam inveteratis litteris atque doctrinis, omnique illo antiquo ex inculta hominum vita errore sublato, fuisse cernimus. Nam si, id quod Græcorum investigatur annalibus, Roma condita est secundo anno Olympiadis septimæ, in id sæculum Romuli cecidit ætas, quum jam plena Græcia poetarum et musicorum esset minorque fabulis nisi de veteribus rebus haberetur fides [1]. Nam centum et octo annis, postquam Lycurgus leges scribere instituit, prima posita est Olympias, quam quidam nominis errore ab eodem Lycurgo constitutam putant. Homerum autem, qui minimum dicunt, Lycurgi ætati triginta annis anteponunt fere [2].

Ex quo intelligi potest permultis annis ante Homerum fuisse quam Romulum, ut jam doctis hominibus ac temporibus ipsis eruditis ad fingendum vix quicquam esset loci. Antiquitas enim recepit fabulas fictas etiam nonnunquam incondite ; hæc ætas autem jam exculta, præsertim eludens omne, quod fieri non potest, respuit [3].

..... *eodem nomine alius nepos* ejus, ut *dixerunt* quidam, ex filia, *quoniam ille mortuus eodem est anno, natus Simonides Olympiade sexta et quinquagesima : quo facilius intelligi possit tum de Romuli* [4] *immortalitate creditr* ., quum jam inveterata vita hominum ac tractata esset et cognita. Sed profecto tanta fuit in eo vis ingenii atque virtutis, ut id de Romulo Proculo Julio [5] homini agresti crederetur, quod multis jam ante

---

1. Le sens critique manque à Cicéron. Les compagnons de Romulus ne peuvent être comparés aux Grecs d'alors.
2. Ce n'est pas une raison.
3. On reconnaît dans ces chapitres le rhéteur habitué à tirer argument de toutes choses. Cicéron affecte une crédulité qu'il n'avait point.
4. Conjectures de Mai et de Niebuhr. Le texte est déchiré en cet endroit.
5. Au premier livre des *Lois*, Cicéron se moque de ce témoignage de Proculus.

sæculis nullo alio de mortali homines credidissent : qui impulsu patrum, quo illi a se invidiam interitus Romuli pellerent, in concione dixisse fertur a se visum esse in eo colle Romulum, qui nunc Quirinalis vocatur : eum sibi mandasse ut populum rogaret ut sibi eo in colle delubrum fieret : se deum esse et Quirinum vocari.

XI. Lælius félicite Scipion de la méthode qu'il suit, et de la manière dont il concilie l'idéal et le réel.

XI. Videtisne igitur unius viri consilio non solum ortum novum populum, neque ut in cunabulis vagientem relictum, sed adultum jam et pæne puberem ? Tum Lælius : Nos vero videmus, et te quidem ingressum ratione ad disputandum nova, quæ nusquam est in Græcorum libris. Nam princeps ille, quo nemo in scribendo præstantior fuit, aream sibi sumpsit, in qua civitatem exstrueret arbitratu suo; præclaram ille quidem fortasse, sed a vita hominum abhorrentem et a moribus [1]. Reliqui disseruerunt sine ullo certo exemplari formaque reipublicæ de generibus et de rationibus civitatum [2]. Tu mihi videris utrumque facturus : es enim ita ingressus, ut, quæ ipse reperias, tribuere aliis malis, quam, ut facit apud Platonem Socrates, ipse fingere; et illa de urbis situ revoces ad rationem, quæ a Romulo casu aut necessitate facta sunt, et disputes non vaganti oratione, sed defixa in una republica. Quare perge ut instituisti : prospicere enim jam videor te reliquos reges persequentem quasi perfectam rem publicam.

XII. Suites des origines de Rome. — Les Romains veulent un souverain.

XII. Ergo, inquit Scipio, quum ille Romuli senatus, qui constabat ex optimatibus, quibus ipse rex tantum tribuisset, ut eos patres vellet nominari, patriciosque eorum liberos, tentaret, post Romuli excessum, ut ipse gereret sine rege rem

---

1. Allusion à Platon.
2. Allusion à Aristote, qui ne mérite pas cette critique. La *Politique* d'Aristote est bien supérieure, sous tous les points de vue, à la *République* de Cicéron.

publicam, populus id non tulit; desiderioque Romuli postea regem flagitare non destitit : quum prudenter illi principes novam et inauditam ceteris gentibus interregni ineundi rationem excogitaverunt, ut, quoad certus rex declaratus esset, nec sine rege civitas, nec diuturno rege esset uno, nec committeretur ut quisquam inveterata potestate aut ad deponendum imperium tardior esset, aut ad obtinendum [1] munitior. Quo quidem tempore novus ille populus vidit tamen, id quod fugit Lacedæmonium Lycurgum, qui regem non deligendum duxit; si modo hoc in Lycurgi potestate potuit esse; sed habendum, qualiscunque is foret, qui modo esset Herculis stirpe generatus. Nostri illi etiam tum agrestes viderunt, virtutem et sapientiam regalem, non progeniem quæri oportere [2].

XIII. Élection de Numa.

XIII. Quibus quum esse præstantem Numam Pompilium fama ferret, prætermissis suis civibus, regem alienigenam, patribus auctoribus, sibi ipse populus adscivit; eumque ad regnandum sabinum hominem Romam Curibus accivit. Qui ut huc venit, quanquam populus curiatis eum comitiis regem esse jusserat, tamen ipse de suo imperio curiatam legem tulit, hominesque romanos instituto Romuli bellicis studiis ut vidit incensos, existimavit eos paulum ab illa consuetudine esse revocandos.

XIV. Règne pacifique de Numa. — La religion et la clémence.

XIV. Ac primum agros, quos bello Romulus ceperat, divisit viritim civibus, docuitque sine depopulatione atque præda posse eos colendis agris abundare commodis omnibus; amoremque eis otii et pacis injecit, in quibus facillime justitia et fides convalescit, et quorum patrocinio maxime cultus agrorum perceptioque frugum defenditur. Idemque Pompilius et, auspiciis majoribus inventis, ad pristinum numerum duo augures addidit, et sacris e principum numero pontifices quinque

---

1. *Ad obtinendum,* pour le conserver.
2. Scipion rejette l'hérédité de la monarchie.

præfecit, et animos, propositis legibus his, quas in monumentis habemus, ardentes consuetudine et cupiditate bellandi religionum cærimoniis mitigavit; adjunxitque præterea flamines, Salios virginesque Vestales; omnesque partes religionis statuit sanctissime. Sacrorum autem ipsorum diligentiam difficilem, apparatum perfacilem esse voluit. Nam quæ perdiscenda quæque observanda essent multa constituit, sed ea sine impensa. Sic religionibus colendis operam addidit, sumptum removit, idemque mercatus, ludos, omnesque conveniendi causas et celebritates invenit. Quibus rebus institutis, ad humanitatem atque mansuetudinem revocavit animos hominum studiis bellandi jam immanes ac feros. Sic ille quum undequadraginta annos summa in pace concordiaque regnavisset (sequamur enim potissimum Polybium nostrum, quo nemo fuit in exquirendis temporibus diligentior), excessit e vita, duabus præclarissimis ad diuturnitatem reipublicæ rebus confirmatis, religione atque clementia.

XV. Numa n'a point connu Pythagore.

XV. Quæ quum Scipio dixisset: Verene, inquit Manilius, hoc memoriæ proditum est, Africane, regem istum Numam Pythagoræ ipsius discipulum aut certe Pythagoreum fuisse? Sæpe enim hoc de majoribus natu audivimus, et ita intelligimus vulgo existimari; neque vero satis id annalium publicorum auctoritate declaratum videmus. Tum Scipio: Falsum est enim, Manili, inquit, id totum, neque solum fictum, sed etiam imperite absurdeque fictum: ea sunt enim demum non ferenda in mendacio, quæ non solum facta esse, sed ne fieri quidem potuisse cernimus. Nam quartum jam annum regnante Lucio Tarquinio Superbo, Sybarim et Crotonem et in eas Italiæ partes Pythagoras venisse reperitur. Olympias enim secunda et sexagesima eadem Superbi regni initium et Pythagoræ declarat adventum. Ex quo intelligi, regiis annis dinumeratis, potest, anno fere centesimo et quadragesimo post mortem Numæ primum Italiam Pythagoram attigisse: neque hoc inter eos, qui diligentissime persecuti sunt temporum annales, ulla est unquam in dubitatione versatum [1]. Di

---

1. Voici les causes de cette erreur: 1º A l'époque de Numa, un certain

immortales, inquit Manilius, quantus iste est hominum et quam inveteratus error! Ac tamen facile patior non esse nos transmarinis nec importatis artibus eruditos, sed genuinis domesticisque virtutibus.

XVI. Rome doit à elle-même sa grandeur.

XVI. Atqui multo id facilius cognosces, inquit Africanus, si progredientem rem publicam atque in optimum statum naturali quodam itinere et cursu venientem videris : quin hoc ipso sapientiam majorum statues esse laudandam, quod multa intelliges etiam aliunde sumpta meliora apud nos multo esse facta, quam ibi fuissent, unde huc translata essent atque ubi primum exstitissent, intelligesque non fortuito populum romanum, sed consilio et disciplina confirmatum esse, nec tamen adversante fortuna[1].

XVII. Règne de Tullus Hostilius.

XVII. Mortuo rege Pompilio Tullum Hostilium populus regem, interrege rogante, comitiis curiatis creavit; isque de imperio suo exemplo Pompilii populum consuluit curiatim[2]. Cujus excellens in re militari gloria magnæque exstiterunt res bellicæ. Fecitque idem et sepsit de manubiis comitium[3] et curiam[4], constituitque jus, quo bella indicerentur, quod per se justissime inventum sanxit feciali[5] religione, ut omne bellum, quod denuntiatum indictumque non esset, id injustum esse atque impium judicaretur. Et ut advertatis animum, quam

---

Pythagos Laco fut vainqueur aux jeux olympiques; 2° Pythagore habita l'Italie; 3° les lois de Numa ressemblent aux institutions pythagoriciennes. Cicéron réfute cette fable en d'autres endroits de ses ouvrages : *De orat.*, II, xxxvi; *Tusc.*, I, xvi; IV, 1. Cf. Livius, I, xviii; Plutarque, *Numa*, I.

1. Comparer avec Bossuet (*Disc. sur l'hist. univer.*) et Montesquieu (*Grandeur et décadence des Romains*).

2. *Curiatim.* Dans le vote par curies, le suffrage était personnel.

3. *Comitium.* Place où se tenaient les comices.

4. *Curia,* salle où se réunissaient les curies. Cicéron désigne ici la *curia hostilia.*

5. Les féciaux étaient des hérauts, qui déclaraient la guerre en lançant un javelot sur le territoire ennemi.

sapienter jam reges hoc nostri viderint, tribuenda quædam esse populo; multa enim nobis de eo genere dicenda sunt; ne insignibus quidem regiis Tullus, nisi jussu populi, est ausus uti. Nam ut sibi duodecim lictores cum fascibus anteire liceret[1]. . . .

[Propterea et istum non creditum inter deos receptum tali morte, quia fortasse, quod erat in Romulo probatum, Romani vulgare noluerunt, si hoc et alteri facile tribueretur.] *Augustinus*[2].

XVIII. Règne d'Ancus Martius.

XVIII. . . . *neque* enim serpit, sed volat in optimum statum instituto tuo sermone res publica. — *Scipio*. Post eum Numæ Pompilii nepos ex filia rex a populo est Ancus Marcius constitutus, itemque de imperio suo legem curiatam[3] tulit. Qui quum Latinos bello devicisset, adscivit eos in civitatem. Atque idem Aventinum et Cælium montem adjunxit urbi, quosque agros ceperat divisit, et silvas maritimas omnes publicavit quas ceperat, et ad ostium Tiberis urbem condidit colonisque firmavit. Atque ita, quum tres et viginti regnavisset annos, est mortuus. Tum Lælius : Laudandus etiam iste rex, sed obscura est historia romana, si quidem istius regis matrem habemus, ignoramus patrem. — *Scipio*. Ita est, inquit : sed temporum illorum tantum fere regum illustrata sunt nomina.

XIX. Le Corinthien Démarate vient s'établir à Tarquinies. — Commencement de l'influence grecque à Rome.

XIX. Sed hoc loco primum videtur insitiva quadam disciplina doctior facta esse civitas. Influxit enim non tenuis quidam e Græcia rivulus in hanc urbem, sed abundantissimus amnis illarum disciplinarum et artium. Fuisse enim quemdam ferunt Demaratum Corinthium, et honore et auctoritate et fortunis facile civitatis suæ principem, qui, quum Corinthiorum tyrannum Cypselum ferre non potuisset, fugisse cum

---

1. Lacune de sept lignes.
2. *Cité de Dieu*, III, xv.
3. *Legem curiatam*, loi des curies, ou de l'élection populaire.

magna pecunia dicitur, ac se contulisse Tarquinios, in urbem Etruriæ florentissimam. Quumque audiret dominationem Cypseli confirmari, defugit patriam vir liber ac fortis, et adscitus est civis a Tarquiniensibus, atque in ea civitate domicilium et sedes collocavit. Ubi quum de matre familias Tarquiniensi duo filios procreavisset, omnibus eos artibus ad Græcorum disciplinam erudiit. . . .

XX. Règne de Tarquin l'Ancien.

XX. . . . facile in civitatem receptus esset; propter humanitatem atque doctrinam Anco regi familiaris est factus, usque eo ut consiliorum omnium particeps et socius pœne regni putaretur. Erat in eo præterea summa comitas, summa in omnes cives opis, auxilii, defensionis, largiendi etiam benignitas. Itaque mortuo Marcio cunctis populi suffragiis rex est creatus Lucius Tarquinius; sic enim suum nomen ex græco[1] nomine inflexerat, ut in omni genere hujus populi consuetudinem videretur imitatus. Isque ut de suo imperio legem tulit, principio duplicavit illum pristinum patrum numerum; et antiquos patres majorum gentium appellavit, quos priores sententiam rogabat; a se adscitos, minorum. Deinde equitatum ad hunc morem constituit, qui usque adhuc est retentus : nec potuit Titiensium et Rhamnensium et Lucerum[2] mutare, quum cuperet, nomina, quod auctor ei summa augur gloria Attius Navius non erat[3]. Atque etiam Corinthios video publicis equis assignandis et alendis, orborum et viduarum tributis, fuisse quondam diligentes. Sed tamen prioribus equitum partibus secundis additis ∞ ac cc fecit equites[4], numerumque duplicavit, postquam bello subegit Æquorum magnam gentem et ferocem et rebus populi romani imminentem. Idemque Sabinos, quum a mœnibus urbis repulisset,

1. Plutôt *ex etrusco* ; car *Lucumon* n'est pas un nom grec.
2. *Titiensium*, etc. C'était le nom des trois tribus dont la fusion composa la population primitive de Rome. On ne sait d'où vient le nom des *Titiens* ou *Tatiens*, ni celui des *Luceres*. Quant au mot *Rhamnenses, Ramnes,* ou *Ramniens*, dans lequel plusieurs savants croient qu'il faut chercher le nom originaire de Rome, Alexandre Mommsenn lui donne le sens d'*hommes de la forêt*. D'autres dérivent *Roma* de *Ruma, mamelon, colline*, vieux mot de la langue osque.
3. *Auctor non erat*, l'en dissuadait.
4. *Mille ac ducentos*, douze cents, au lieu de trois cents.

equitatu fudit belloque devicit. Atque eumdem primum ludos maximos, qui Romani dicti sunt, fecisse accepimus, ædemque in Capitolio Jovi optimo maximo bello sabino in ipsa pugna vovisse faciendam, mortuumque esse, quum duodequadraginta regnavisset annos.

XXI. Règne de Servius Tullius.

XXI. Tum Lælius : Nunc fit illud Catonis certius, nec temporis unius nec hominis esse constitutionem reipublicæ : perspicuum est enim quanta in singulos reges rerum bonarum et utilium fiat accessio. Sed sequitur is, qui mihi videtur ex omnibus in republica vidisse plurimum. Ita est, inquit Scipio. Nam post eum Servius Sulpicius [1] primus injussu populi regnavisse traditur; quem ferunt ex serva tarquiniensi natum, quum esset ex quodam regis cliente conceptus. Qui quum famulorum numero educatus ad epulas regis assisteret, non latuit scintilla ingenii, quæ jam tum elucebat in puero : sic erat in omni vel officio vel sermone solers! Itaque Tarquinius, qui admodum parvos tum haberet liberos, sic Servium diligebat, ut is ejus vulgo haberetur filius, atque eum summo studio omnibus iis artibus, quas ipse didicerat, ad exquisitissimam consuetudinem Græcorum erudiit. Sed quum Tarquinius insidiis Anci filiorum interisset, Serviusque, ut ante dixi, regnare cœpisset non jussu, sed voluntate atque concessu civium; quod, quum Tarquinius ex vulnere æger fuisse et vivere falso diceretur, ille regio ornatu jus dixisset, obæratosque pecunia sua liberavisset, multaque comitate usus, jussu Tarquinii se jus dicere probavisset, non commisit se patribus, sed, Tarquinio sepulto, populum de se ipse consuluit [2]; jussusque regnare, legem de imperio suo curiatam tulit et primum Etruscorum injurias bello est ultus : ex quo quum ma [3]....

---

1. Le manuscrit porte *Lulpicius*. Il faut probablement lire *Tullius*.
2. Cicéron est ici en désaccord avec Tite-Live, I, XLI.
3. Lacune de sept lignes.

XXII. — Division du peuple en cinq classes.

XXII. .... *scripsit centurias equitum* duodeviginti censu maximo. Deinde equitum magno numero ex omni populi summa separato, reliquum populum distribuit in quinque classes, senioresque a junioribus divisit; eosque ita disparavit ut suffragia non in multitudinis, sed in locupletium potestate essent, curavitque, quod semper in republica tenendum est, ne plurimum valeant plurimi. Quæ descriptio si esset ignota vobis, explicaretur a me. Nunc rationem videtis esse talem, ut equitum centuriæ cum sex suffragiis, et prima classis, addita centuria quæ ad summum usum urbis fabris tignariis est data, novem et octoginta centurias habeat : quibus ex centum quatuor centuriis, tot enim reliquæ sunt, octo solæ si accesserunt, confecta est vis populi universa : reliquaque multo major multitudo sex et nonaginta centuriarum neque excluderetur suffragiis, ne superbum esset ; nec valeret nimis, ne esset periculosum [1]. In quo etiam verbis ac nominibus ipsis fuit diligens, qui, quum locupletes assiduos appellasset ab asse dando [2], eos, qui aut non plus mille quingentum æris aut omnino nihil in suum censum præter caput attulissent, proletarios nominavit, ut ex iis quasi proles, id est quasi pro-

---

1. Passage très-controversé. Voici la traduction de M. Villemain : « Les centuries des chevaliers, augmentées de six nouvelles centuries, et la première classe, en y ajoutant une centurie de charpentiers, admis à cause de leur extrême utilité, formaient quatre-vingt-neuf centuries. Réunissez-y seulement huit centuries sur les cent quatre centuries restantes, vous avez la force entière du peuple romain (c'est-à-dire, vous obtenez la majorité); et la multitude bien plus nombreuse qui est répartie dans les quatre-vingt-seize dernières centuries ne se trouvera ni éloignée du droit de suffrage, par une méprisante exclusion, ni en état d'exercer une dangereuse prépondérance. » En d'autres termes, il suffira de huit centuries populaires pour donner la majorité à la première classe et aux chevaliers.

Servius Tullius, dit Montesquieu, suivit dans la composition de ses classes l'esprit de l'aristocratie... Il avait divisé le peuple de Rome en quatre-vingt-treize centuries, qui formaient six classes ; et mettant les riches, mais en plus petit nombre, dans les premières centuries ; les moins riches, mais en plus grand nombre, dans les suivantes, il jeta toute la foule des indigents dans la dernière ; et chaque centurie n'ayant qu'une voix, c'étaient les moyens et les richesses qui donnaient le suffrage plutôt que les personnes. » *Esprit des Lois.*

2. Les anciens s'entendaient fort peu en étymologies. *Assiduus* semble venir plutôt de *assidere*.

gentes civitatis exspectari videretur[1]. Illarum autem sex et nonaginta centuriarum in una centuria tum quidem plures censebantur, quam pæne in prima classe tota. Ita nec prohibebatur quisquam jure suffragii, et is valebat in suffragio plurimum, cujus plurimum intererat esse in optimo statu civitatem. Quin etiam accensis velatis[2], liticinibus[3], cornicinibus[4], proletariis[5]. . . .

XXIII. Caractère de la monarchie sous les rois.

XXIII. [. . . statu esse optimo constitutam rem publicam, quæ ex tribus generibus illis, regali et optimati et populari, confusa modice, nec puniendo irritet animum immanem ac ferum.] *Nonius*[6].

. . . . *Quinque et* sexaginta annis antiquior, quod erat novem et triginta ante primam Olympiadem condita. Et antiquissimus ille Lycurgus eadem vidit fere. Itaque ista æquabilitas atque hoc triplex rerum publicarum genus videtur mihi commune nobis cum illis populis fuisse. Sed quod proprium est in nostra re publica, quo nihil possit esse præclarius, id persequar, si potero, subtilius; quod erit ejus modi, nihil ut tale ulla in re publica reperiatur. Hæc enim, quæ adhuc exposui, ita mixta fuerunt et in hac civitate et in Lacedæmoniorum et in Carthaginiensium, ut temperata nullo fuerint modo. Nam in qua re publica est unus aliquis perpetua potestate, præsertim regia, quamvis in ea sit et senatus, ut tum fuit Romæ, quum erant reges; ut Spartæ Lycurgi legibus; et ut sit aliquod etiam populi jus[7], ut fuit apud nostros reges; tamen illud excellit regium nomen, neque potest ejus modi res publica non regnum et esse et vocari. Ea autem forma civitatis mutabilis maxime est hanc ob causam, quod unius vitio præcipitata in perniciosissimam partem facillime decidit. Nam

---

1. On leur demandait seulement de donner des enfants et une postérité à l'État.
2. *Velati*, soldats revêtus d'une simple tunique, qui combattaient, dit Varron, à coups de poing et à coups de pierres.
3. *Liticines*, joueurs de clairons.
4. *Cornicines*, joueurs de cor.
5. Lacune de quatorze lignes environ.
6. *Nonius*, au mot *modicum*.
7. *Ut sit*, quand même il y aurait.

ipsum regale genus civitatis non modo non est reprehendendum, sed haud scio an reliquis simplicibus longe anteponendum (si ullum probarem simplex rei publicæ genus): sed ita, quoad statum suum retinet: is est autem status, ut unius perpetua potestate et justitia omnique sapientia regatur salus et æquabilitas et otium civium. Desunt omnino ei populo multa, qui sub rege est, in primisque libertas, quæ non in eo est, ut justo utamur domino, sed ut nullo [1]. . . .

XXIV. Avénement du second Tarquin.

XXIV. . . . Etenim illi injusto domino atque acerbo aliquandiu in rebus gerendis prospere fortuna comitata est. Nam et omne Latium bello devicit, et Suessam Pometiam urbem opulentam refertamque cepit; et maxima auri argentique præda locupletatus votum patris Capitolii ædificatione persolvit, et colonias deduxit, et institutis eorum, a quibus ortus erat, dona magnifica, quasi libamenta prædarum, Delphos ad Apollinem misit.

XXV. Corruption de la monarchie. — Chute de Tarquin.

XXV. Hic ille jam vertetur orbis [2], cujus naturalem motum atque circuitum a primo discite agnoscere. Id enim est caput civilis prudentiæ, in qua omnis hæc nostra versatur oratio, videre itinera flexusque rerum publicarum, ut, quum sciatis quo quæque res inclinet, retinere aut ante possitis occurrere. Nam rex ille, de quo loquor, primum optimi regis cæde maculatus, integra mente non erat; et quum metueret ipse pœnam sceleris sui summam, metui se volebat. Deinde victoriis divitiisque subnixus exsultabat insolentia, neque suos mores regere poterat, neque suorum libidines. Itaque quum major ejus filius Lucretiæ, Tricipitini filiæ, Collatini uxori, vim attulisset, mulierque pudens et nobilis ob illam injuriam sese ipsa morte multavisset, tum vir ingenio et virtute præstans, L. Brutus, depulit a civibus suis injustum illud duræ servitutis jugum:

---

1. Lacune de sept lignes environ.
2. *Orbis*, cercle des révolutions politiques.

qui quum privatus esset, totam rem publicam sustinuit, primusque in hac civitate docuit in conservanda civium libertate esse privatum neminem. Quo auctore et principe concitata civitas et hac recenti querela Lucretiæ patris ac propinquorum, et recordatione superbiæ Tarquinii multarumque injuriarum et ipsius et filiorum, exsulem et regem ipsum et liberos ejus et gentem Tarquiniorum esse jussit.

XXVI. Le pouvoir absolu dégénère nécessairement en tyrannie.

XXVI. Videtisne igitur ut de rege dominus exstiterit, uniusque vitio genus rei publicæ ex bono in deterrimum conversum sit? Hic est enim dominus populi, quem Græci tyrannum vocant : nam regem illum volunt esse, qui consulit ut parens populo, conservatque eos, quibus est præpositus, quam optima in conditione vivendi. Sane bonum, ut dixi, rei publicæ genus, sed tamen inclinatum et quasi pronum ad perniciosissimum statum [1]. Simul atque enim se inflexit hic rex in dominatum injustiorem, fit continuo tyrannus, quo neque tetrius neque fœdius nec diis hominibusque invisius animal ullum cogitari potest : qui quanquam figura est hominis, morum tamen immanitate et feritate vastissimas vincit belluas [2]. Quis enim hunc hominem rite dixerit, qui sibi cum suis civibus, qui denique cum omni hominum genere nullam juris communionem, nullam humanitatis societatem velit? Sed erit hoc de genere nobis alius aptior dicendi locus, quum res ipsa admonuerit ut in eos dicamus, qui etiam liberata jam civitate dominationes appetiverunt.

XXVII. Aversion des Romains pour le nom de roi.

XXVII. Habetis igitur primum ortum tyranni : nam hoc nomen Græci regis injusti esse voluerunt : nostri quidem omnes reges vocitaverunt, qui soli in populos perpetuam potestatem haberent. Itaque et Spurius Cassius et M. Manlius et Spurius

---

1. Cf. Polybe, VI, VII, et sq.
2. Voy. à la fin de ce volume le portrait du tyran dans Platon.

Mælius regnum occupare voluisse dicti sunt, et modo *Tib. Gracchus*[1]. ....

XXVIII. Fragilité de tout gouvernement qui repose sur la volonté et le caractère d'un seul homme.

XXVIII. *Lycurgus* γέροντας *Lacedæmone appellavit, nimis is quidem paucos, octo et viginti, quos penes summam consilii voluit esse, quum imperii summam rex teneret : ex quo nostri idem illud secuti atque interpretati, quos senes ille appellavit, nominaverunt senatum; ut etiam Romulum patribus lectis fecisse diximus; tamen excellit atque eminet vis, potestas nomenque regium. Imperti etiam populo potestatis aliquid, ut et Lycurgus et Romulus; non satiaris eum libertate, sed incenderis cupiditate libertatis, quum tantum modo potestatem gustandi feceris. Ille quidem semper impendebit timor, ne rex, quod plerumque evenit, exsistat injustus. Est igitur fragilis ea fortuna populi, quæ posita est in unius, ut dixi antea, voluntate vel moribus.*

XXIX. Différence du roi et du tyran.

XXIX. *Quare prima sit hæc forma et species et origo tyranni, inventa nobis in ea re publica, quam auspicato Romulus condiderit, non in illa, quam, ut perscripsit Plato, sibi ipse Socrates peripatetico illo in sermone depinxerit*[2] : *ut, quemadmodum Tarquinius, non novam potestatem nactus, sed, quam habebat, usus injuste, totum genus hoc regiæ civitatis everterit : sit huic oppositus alter, bonus et sapiens et peritus utilitatis dignitatisque civilis, quasi tutor et procurator rei publicæ : sic enim appelletur quicumque erit rector et gubernator civitatis. Quem virum facite ut agnoscatis : est enim, qui consilio et opera civitatem tueri potest*[3]. *Quod quoniam nomen minus est adhuc tritum sermone nostro, sæpiusque genus ejus hominis erit in reliqua nobis oratione tractandum*[4]. ....

1. Lacune de sept lignes.
2. *Peripatetico sermone*, entretien auquel on se livre en se promenant; on réserve aujourd'hui ce nom aux disciples d'Aristote.
3. Le consul.
4. Lacune de douze pages du manuscrit (une page et demie de cette édition).

XXX. Avantages de la méthode historique en politique.

XXX. . . . *Plato regionem sedesque civium æquis apprime partibus divisas* requisivit[1], civitatemque optandam magis, quam sperandam; quam minimam posuit, non quæ possit esse, sed in qua ratio rerum civilium perspici posset, effecit. Ego autem quo modo consequi potuero, rationibus eisdem, quas ille vidit, non in umbra et imagine civitatis, sed in amplissima republica enitar, ut cujusque et boni publici et mali causam tanquam virgula videar attingere. Illis enim regiis quadraginta annis et ducentis paulo cum interregnis fere amplius præteritis, expulsoque Tarquinio, tantum odium populum romanum regalis nominis tenuit, quantum tenuerat post obitum vel potius excessum Romuli desiderium. Itaque ut tum carere rege, sic pulso Tarquinio nomen regis audire non poterat. Hic facultatem cum[2]. . . .

XXXI. Exil de Collatin. — Politique de Valerius.

XXXI [Itaque illa præclara constitutio Romuli quum ducentos annos et quadraginta fere firma mansisset.] *Nonius*[3].

[Romani, regalem dominationem non ferentes, annua imperia binosque imperatores sibi fecerunt, qui consules appellati sunt a consulendo, non reges aut domini a regnando atque dominando.] *Augustinus*[4].

. . . . lex illa tota sublata est. Hac mente tum nostri majores et Collatinum innocentem suspicione cognationis expulerunt et reliquos Tarquinios offensione nominis. Eademque mente P. Valerius et fasces primus demitti jussit, quum dicere in concione cœpisset; et ædes suas detulit sub Velliam[5], postea quam, quod in excelsiore loco Velliæ cœpisset ædificare, eo ipso, ubi rex Tullus habitaverat, suspicionem populi sensit moveri. Idemque, in quo fuit Publicola maxime[6], legem ad

---

1. Les mots en italiques sont une conjecture d'A. Mai.
2. Lacune de près de trois pages de cette édition.
3. Nonius, *De doctrina indaganda*.
4. Cité de Dieu, V, xii.
5. *Velliam*, un des sommets du mont Palatin.
6. *Publicola maxime*. Il mérita principalement le surnom de Publicola.

populum tulit eam, quæ centuriatis comitiis prima lata est, ne quis magistratus civem romanum adversus provocationem necaret neve verberaret. Provocationem autem etiam a regibus [1], fuisse declarant pontificii libri, significant nostri etiam augurales; itemque ab omni judicio pœnaque provocari licere indicant xii tabulæ compluribus legibus; ut, quod proditum memoriæ est, decemviros, qui leges scripserint, sine provocatione creatos, satis ostenderit reliquos sine provocatione magistratus non fuisse; Luciique Valerii Potiti et M. Horatii Barbati [2], hominum concordiæ causa sapienter popularium, consularis lex sanxit, ne qui magistratus sine provocatione crearetur. Neque vero leges Porciæ, quæ tres sunt trium Porciorum, ut scitis, quicquam præter sanctionem attulerunt novi. Itaque Publicola, lege illa de provocatione perlata, statim securis de fascibus demi jussit, postridieque sibi collegam Sp. Lucretium subrogavit, suosque ad eum, quod erat major natu, lictores transire jussit, instituitque primus ut singulis consulibus alternis mensibus lictores præirent, ne plura insignia essent imperii in libero populo quam in regno fuissent. Haud mediocris hic, ut ego quidem intelligo, vir fuit, qui modica libertate populo data facilius tenuit auctoritatem principum. Neque ego hæc nunc sine causa tam vetera vobis et tam obsoleta decanto, sed illustribus in personis temporibusque exempla hominum rerumque definio, ad quæ reliqua oratio dirigatur mea.

XXXII. La constitution romaine était alors une aristocratie, tempérée par le consulat et la dictature.

XXXII. Tenuit igitur hoc in statu senatus rem publicam temporibus illis, ut in populo libero pauca per populum, pleraque senatus auctoritate et instituto ac more gererentur, atque uti consules potestatem haberent tempore duntaxat annuam, genere ipso ac jure regiam. Quodque erat ad obtinendam potentiam nobilium vel maximum, vehementer id retinebatur, populi comitia ne essent rata, nisi ea patrum approbavisset

---

1. *Provocationem a regibus.* Droit d'en appeler des rois au peuple.
2. Consuls l'an de Rome 303.

auctoritas. Atque his ipsis temporibus dictator etiam est institutus decem fere annis post primos consules T. Larcius; novumque id genus imperii visum est et proximum similitudini regiæ. Sed tamen omnia summa cum auctoritate a principibus, cedente populo, tenebantur; magnæque res temporibus illis a fortissimis viris summo imperio præditis, dictatoribus atque consulibus, belli gerebantur.

XXXIII. Nécessité d'un équilibre entre les trois pouvoirs. Création du tribunat.

XXXIII. Sed id, quod fieri natura rerum ipsa cogebat, ut plusculum sibi juris populus adsciscerct, liberatus a regibus, non longo intervallo, sexto decimo fere anno, Postumo Cominio, Sp. Cassio consulibus, consecutus est ; in quo defuit fortasse ratio, sed tamen vincit ipsa rerum publicarum natura sæpe rationem. Id enim tenetote, quod initio dixi, nisi æquabilis hæc in civitate compensatio sit et juris et officii et muneris, ut et potestatis satis in magistratibus, et auctoritatis in principum consilio, et libertatis in populo sit, non posse hunc incommutabilem rei publicæ conservari statum. Nam quum esset ex ære alieno commota civitas, plebs montem sacrum prius, deinde Aventinum occupavit. Ac ne Lycurgi quidem disciplina tenuit illos in hominibus Græcis frenos : nam etiam Spartæ, regnante Theopompo, sunt item quinque, quos illi ephoros appellant, in Creta autem decem, qui *cosmoi*[1] vocantur, ut contra consulare imperium tribuni plebis, sic illi contra vim regiam constituti.

XXXIV. Le tribunat amoindrit l'autorité du sénat.

XXXIV. Fuerat fortasse aliqua ratio majoribus nostris in illo ære alieno medendi, quæ neque Solonem Atheniensem non longis temporibus ante fugerat, neque post aliquanto nostrum senatum, quum sunt propter unius libidinem omnia nexa civium liberata, nectierque postea desitum, semperque huic generi[2], quum plebes publica calamitate impendiis debilitata

---

1. Κόσμοι. V. Aristote, *Politique*, II, ix, x.
2. *Generi.* Moser propose *oneri.*

deficeret, salutis omnium causa aliqua sublevatio et medicina quæsita est. Quo tum consilio prætermisso, causa populo nata est, duobus tribunis plebis per seditionem creatis, ut potentia senatus atque auctoritas minueretur : quæ tamen gravis et magna remanebat, sapientissimis et fortissimis et armis et concilio civitatem tuentibus ; quorum auctoritas maxime florebat, quod, quum honore longe antecellerent ceteris, voluptatibus erant inferiores, nec pecuniis ferme superiores ; eoque erat cujusque gratior in re publica virtus, quod in rebus privatis diligentissime singulos cives opera, consilio, re tuebantur.

XXXV. Ambition de Sp. Cassius.

XXXV. Quo in statu rei publicæ Sp. Cassium de occupando regno molientem, summa apud populum gratia florentem, quæstor accusavit, eumque, ut audistis, quum pater in ea culpa esse comperisse se dixisset, cedente populo, morte mactavit. Gratamque etiam illam rem, quarto circiter et quinquagesimo anno post primos consules de mulctæ sacramento[1] Sp. Tarpeius et A. Aternius consules comitiis centuriatis tulerunt. Annis postea viginti ex eo, quod L. Papirius, P. Pinarius censores mulctis dicendis vim armentorum a privatis in publicum averterant, levis æstimatio[2] pecudum in mulcta lege C. Julii P. Papirii consulum constituta est.

XXXVI. Les décemvirs.

XXXVI. Sed aliquot ante annis, quum summa esset auctoritas in senatu, populo patiente atque parente, inita ratio est ut et consules et tribuni plebis magistratu se abdicarent, atque ut decemviri maxima potestate sine provocatione crearentur, qui et summum imperium haberent et leges scriberent. Qui quum decem tabulas summa legum æquitate prudentiaque conscripsissent, in annum posterum decemviros

---

1. *Sacramentum*, somme consignée par un plaideur, et acquise au trésor s'il perdait son procès. La substitution d'une amende au lieu de la détention.
2. *Levis æstimatio*. Modique évaluation pécuniaire.

alios subrogaverunt, quorum non similiter fides nec justitia laudata. Quo tamen e collegio laus est illa eximia C. Julii, qui hominem nobilem L. Sestium, cujus in cubiculo effossum osse, se præsente, mortuum diceret, quum ipse potestatem summam haberet; quod decemvir sine provocatione esset, vades tamen poposcit, quod se legem illam præclaram neglecturum negaret, quæ de capite civis romani, nisi comitiis centuriatis, statui vetaret.

XXXVII. Usurpation des décemvirs.

XXXVII. Tertius est annus decemviralis consecutus, quum iidem essent, nec alios subrogare voluissent. In hoc statu rei publicæ, quem dixi jam sæpe non posse esse diuturnum, quod non esset in omnes ordines civitatis æquabilis, erat penes principes tota res publica, præpositis decemviris nobilissimis, non oppositis tribunis plebis, nullis aliis adjunctis magistratibus, non provocatione ad populum contra necem et verbera relicta. Ergo horum ex injustitia subito exorta est maxima perturbatio et totius commutatio rei publicæ: qui duabus tabulis iniquarum legum additis, quibus, etiam quæ disjunctis populis tribui solent, connubia, hæc illi ut ne plebi cum patribus essent, inhumanissima lege sanxerunt; quæ postea plebiscito Canuleio abrogata est; libidinoseque omni imperio et acerbe et avare populo præfuerunt. Nota scilicet illa res et celebrata monumentis plurimis litterarum, quum Decimus quidam Virginius virginem filiam, propter unius ex illis decemviris intemperiem, in foro sua manu interemisset, ac mœrens ad exercitum, qui tum erat in Algido, confugisset, milites bellum illud, quod erat in manibus, reliquisse; et primum montem Sacrum, sicut erat in simili causa antea factum, deinde Aventinum armatos insedisse.....

. . . .

...[1] *Majores* nostros et probavisse maxime et retinuisse sapientissime judico.

1. Lacune d'une page.

XXXVIII. Nécessité de considérations plus générales et plus théoriques sur le meilleur gouvernement.

XXXVIII. Quum ea Scipio dixisset, silentioque omnium reliqua ejus exspectaretur oratio, tum Tubero : Quoniam nihil ex te, Africane, hi majores natu requirunt, ex me audies quid in oratione tua desiderem. Sane, inquit Scipio, et libenter quidem. Tum ille : Laudavisse mihi videris nostram rem publicam, quum ex te non de nostra, sed omni re publica quaesisset Laelius. Nec tamen didici ex oratione tua, istam ipsam rem publicam, quam laudas, qua disciplina, quibus moribus aut legibus constituere vel conservare possimus.

XXXIX. Réponse de Scipion à l'objection de Tubéron.

XXXIX. Ille Africanus : Puto nobis mox de instituendis et conservandis civitatibus aptiorem, Tubero, fore disserendi locum. De optimo autem statu equidem arbitrabar me satis respondisse ad id, quod quaesierat Laelius. Primum enim numero definieram genera civitatum tria probabilia; perniciosa autem tribus illis totidem contraria, nullumque ex eis unum esse optimum; sed id praestare singulis, quod e tribus primis esset modice temperatum. Quod autem exemplo nostrae civitatis usus sum, non ad definiendum optimum statum valuit : nam id fieri potuit sine exemplo; sed ut civitate maxima reapse cerneretur quale esset id, quod ratio oratioque describeret. Sin autem sine ullius populi exemplo genus ipsum exquiris optimi status, naturae imagine utendum est nobis, quoniam tu hanc imaginem urbis et populi ni [1].....

XL. Difficulté des devoirs de l'homme d'État.

XL..... *Scipio.* Quem jam dudum quaero et ad quem cupio pervenire. — *Laelius.* Prudentem fortasse quaeris? Tum ille : Istum ipsum. — *Laelius.* Est tibi ex eis ipsis, qui adsunt, bella

[1]. Lacune d'une dizaine de pages. A. Mai finit ainsi la phrase : *Nimis circumscriptam esse judicas.* Sans doute, Scipion, après des réflexions générales sur l'origine et la nature du pouvoir, était conduit à dessiner le portrait de l'homme d'État.

copia, vel ut a te ipso ordiare. Tum Scipio : Atque utinam ex omni senatu pro rata parte esset! Sed tamen est ille prudens, qui, ut sæpe in Africa vidimus, immani et vastæ insidens belluæ coercet et regit belluam, quocumque vult, levi admonitu, non actu, inflectit illam feram. — *Lælius.* Novi et, tibi quum essem legatus, sæpe vidi. — *Scipio.* Ergo ille Indus aut Pœnus unam coercet belluam, et eam docilem et humanis moribus assuetam : at vero ea, quæ latet in animis hominum quæque pars animi mens vocatur, non unam aut facilem ad subigendum, frenat et domat, si quando id efficit, quod perraro potest. Namque et illa tenenda est ferox [1].....

XLI. Fragments.

XLI. [..... Quæ sanguine alitur, quæ in omni crudelitate sic exsultat, ut vix hominum acerbis funeribus satietur.] *Nonius* [2].

[Hercules, qui ob virtutem clarissimus et quasi Africanus inter deos habetur..... Quid enim tam magnificum fecit, si leonem aprumque superavit? si aves sagittis dejecit? si regium stabulum egessit? si viraginem vicit cingulumque detraxit? si equos feroces cum domino interemit? Non enim fortior judicandus est qui leonem quam qui violentiam et in se ipso inclusam feram superat iracundiam; aut qui rapacissimas volucres dejicit, quam qui cupiditates avidissimas coercet; aut qui Amazonem bellatricem, quam qui libidinem vincit pudoris ac famæ debellatricem; aut qui fimum de stabulo, quam qui vitia de corde suo egerit, quæ magis sunt perniciosa, quia domestica et propria mala sunt, quam illa, quæ et vitari poterant et caveri. Ex quo fit ut ille solus vir fortis debeat judicari, qui temperans est et moderatus et justus.] *Lactantius* [3].

[Homo qui habet imperium ac potestatem, late nocet per iram, sanguinem fundit, urbes subvertit, populos delet, provincias ad solitudinem redigit.] *Lactantius* [4].

1. Lacune de quatre à huit pages du manuscrit.
2. Nonius, à *exsultare*.
3. *Inst.*, I, xi. — Cette déclamation ne peut guère être de Cicéron.
4. *De la colère de Dieu*, V.

[Tres sunt affectus, qui homines in omnia facinora præcipites agunt, ira, cupiditas, libido. Ira ultionem desiderat, cupiditas opes, libido voluptates.] *Lactantius.*

[Quartaque anxitudo prona ad luctum et mœrens, semperque ipsa se sollicitans.] *Nonius*[1].

[Ut auriga indoctus e curru trahitur, obteritur, eliditur, laniatur.] *Nonius*[2].

[Concitationes animorum juncto currui similes sunt, in quo recte moderando summum rectoris officium est, ut viam noverit : quam si tenebit, quamlibet concitate ierit, non offendet : si autem aberraverit, licet placide ac leniter eat, aut per confragosa vexabitur, aut per præcipitia labetur, aut certe, quo non est opus deferetur.] *Lactantius*[3].

XLII. L'homme d'État doit être juste.

XLII. ..... dici possit. Tum Lælius : Video jam illum, quem exspectabam, virum, cui præficias officio et muneri. Huic scilicet, Africanus, uni pæne : nam in hoc fere uno sunt cetera, ut nunquam a se ipso instituendo contemplandoque discedat ut ad imitationem sui vocet alios; ut sese splendore animi et vitæ suæ sicut speculum præbeat civibus.

Ut enim in fidibus aut tibiis, atque ut in cantu ipso ac vocibus concentus est quidam tenendus ex distinctis sonis, quem immutatum aut discrepantem aures eruditæ ferre non possunt ; isque concentus ex dissimillimarum vocum moderatione concors tamen efficitur et congruens[4], sic ex summis et infimis et mediis et interjectis ordinibus ut sonis moderata ratione civitas [consensu dissimillimorum concinit, et quæ harmonia a musicis dicitur in cantu, ea est in civitate concordia, arctissimum atque optimum in omni re publica

---

1. Au mot *anxitudo.*
2. Au mot *elidere.*
3. *Inst.*, VI, xvii.
4. Cf. Montesquieu : « Ce que l'on appelle union, dans un corps politique, est une chose fort équivoque. La vraie est une union d'harmonie qui fait que toutes les parties, quelque opposées qu'elles nous paraissent, concourent au bien général, comme des dissonances, dans la musique, qui concourent à l'accord total. » (*Grandeur et décadence des Romains*, ch. x.)

vinculum incolumitatis, eaque sine justitia nullo pacto esse potest¹.] *Augustinus.*

XLIII. Fragments.

XLIII. [Ac deinde quum aliquanto latius et uberius disseruisset Scipio, quantum prodesset justitia civitati, quantumque obesset, si abfuisset, suscepit deinde Philus, unus eorum qui disputationi aderant, et poposcit ut haec ipsa quaestio diligentius tractaretur ac de justitia plura dicerentur propter illud, quod jam vulgo ferebatur, rem publicam geri sine injuria non posse.] *Augustinus*².

[Claret ergo quoniam et aequitas imperia confirmet, et justitia dissolvat, quae ne unam quidem privatam potest regere familiam.] S. *Ambrosius*³.

XLIV. La justice seule rend un gouvernement durable.

XLIV. ..... plenam esse justitiae. Tum Scipio : Assentior vero renuntioque vobis, nihil esse quod adhuc de re publica dictum putemus, aut quo possimus longius progredi, nisi erit confirmatum non modo falsum illud esse, sine injuria non posse, sed hoc verissimum esse, sine summa justitia rem publicam geri nullo modo posse. Sed, si placet, in hunc diem hactenus. Reliqua (satis enim multa restant) differamus in crastinum. Quum ita placuisset, finis disputandi in eum diem factus est.

1. Citation probablement textuelle de saint Augustin. *Cité de Dieu*, II, xxi.
2. *Cité de Dieu*, II, xxi.
3. Fragment inséré par Osann, sans raison plausible. Saint Ambroise, *des Devoirs*, II, xix.

ARGUMENT ANALYTIQUE

DU LIVRE TROISIÈME.

Rapports de la justice et de l'utilité sociale, de la morale et de la politique.

I. Faiblesse matérielle de l'homme.
II. Grandeur morale de l'homme. — Il a le privilége de la raison. Le langage, l'écriture, la connaissance des nombres, l'astronomie.
III. La philosophie, la morale, la politique.
IV. Supériorité de l'homme d'État sur le philosophe.
V. Arguments de ceux qui prétendent que l'injustice est nécessaire pour gouverner.
VI. Comment Carnéade soutenait cette thèse. Fragment de Lactance.
VII. Autre fragment de Lactance, relatif à Carnéade.
VIII. Argument tiré de l'impossibilité de définir la justice.
IX. La justice, dit-on, varie d'un peuple à l'autre.
X. La justice varie dans un même peuple.
XI. Il n'y a point de droit naturel, dit-on.
XII. Fragments de Lactance et de Tertullien.
XIII. La justice, ajoute-t-on, est née d'un pacte entre les forts et les faibles.
XIV. Opposition de la justice et de l'intérêt bien entendu.
XV. Un peuple ne peut être juste sans devenir misérable.
XVI. Les arguments des philosophes en faveur de la justice se retournent contre eux.
XVII. L'homme juste persécuté, l'homme injuste honoré. Imitation de Platon.
XVIII. Les peuples, comme les individus, préfèrent l'injustice avec la puissance à la vertu misérable.
XIX. Fragment de Lactance.
XX. Autre fragment de Lactance.
XXI. Fragments d'Aulu-Gelle et de Nonius.
XXII. Réponse de Lælius aux sophismes des partisans de l'injustice. Il y a une *loi naturelle* immuable et absolue, que nous révèle la raison. Passage conservé par Lactance.
XXIII. Fragment de saint Augustin.
XXIV, XXV, XXVI, XXVII, XXVIII. Fragments divers.
XXIX. La justice seule garantie de durée pour les États.

XXX. Scipion félicite Lœllius.
XXXI. Sans la justice, tout pouvoir est nécessairement tyrannique. D'abord la monarchie.
XXXII. Sans la justice, point de *chose publique*. Exemples historiques.
XXXIII. Comme la royauté, la démocratie est tyrannique sans la justice.
XXXIV. L'aristocratie est tyrannique sans la justice, bien qu'elle soit, selon Mummius, le meilleur des gouvernements.
XXXV. Scipion préfère la royauté à l'aristocratie, et trouve dans la démocratie de grands avantages.
XXXVI. Fragment remarquable de saint Augustin. Où il n'y a point de justice, n'y a point de droit.

LIVRE TROISIÈME.

RAPPORTS DE LA JUSTICE ET DE L'UTILITÉ SOCIALE DE LA MORALE ET DE LA POLITIQUE.

I. Faiblesse matérielle de l'homme.

I. [Tullius hominem dicit non ut a matre, sed ut a noverca natura editum in vitam, corpore nudo, fragili et infirmo, animo autem anxio ad molestias, humili ad timores, molli ad labores, prono ad libidines, in quo tamen inesset tanquam obrutus quidam divinus ignis ingenii et mentis.] *Augustinus*[1].

[Homo quum fragilis imbecillisque nascatur, tamen et a mutis omnibus tutus est ; et ea omnia, quæ firmiora nascuntur, etiamsi vim cœli fortiter patiuntur, ab homine tamen tuta esse non possunt. Ita fit ut plus homini conferat ratio quam natura mutis, quoniam in illis nec magnitudo virium neque firmitas corporis efficere potest quominus aut opprimantur a nobis, aut nostræ subjecta sint potestati..... Plato naturæ gratias egit, quod homo natus esset.....] *Lactantius*[2].

II. L'homme a le privilége de la raison. — Le langage, l'écriture, la connaissance des nombres, l'astronomie.

II.....[3] et vehiculis tarditati, eademque quum accepisset homines inconditis vocibus inchoatum quiddam et confusum sonantes, incidit has et distinxit in partes, et ut signa quædam, sic verba rebus impressit, hominesque antea dissociatos jucun-

---

1. *Contra Julianum Pelag.*, IV, xii.
2. *De l'œuvre de Dieu*, III.
3. Lacune d'une page de cette édition. Mal suppléé : *Quadrupedum vi mens consuluit hominum debilitati, et vehiculis....*

dissimo inter se sermonis vinclo colligavit[1]. A simili etiam mente, vocis qui videbantur infiniti soni, paucis notis inventis, sunt omnes signati et expressi ; quibus et colloquia cum absentibus et indicia voluntatum et monumenta rerum præteritarum tenerentur. Accessit eo numerus, res quum ad vitam necessaria, tum una inmutabilis et æterna : quæ prima impulit etiam ut suspiceremus in cœlum, nec frustra siderum motus intueremur dinumerationibusque noctium ac dier*um*[2]...

III. La philosophie, la morale, la politique.

III. Quorum animi altius se extulerunt[3] et aliquid dignum dono, ut ante dixi, deorum aut efficere aut excogitare potuerunt. Qua re sint nobis isti, qui de ratione vivendi disserunt, magni homines, ut sunt ; sint eruditi, sint veritatis et virtutis magistri ; dummodo sit hæc quædam, sive a viris in rerum publicarum varietate versatis inventa, sive etiam in istorum otio ac litteris tractata res, sicut est, minime quidem contemnenda, ratio civilis et disciplina populorum ; quæ perficit in bonis ingeniis, id quod jam persæpe perfecit, ut incredibilis quædam et divina virtus exsisteret. Quod si quis ad ea instrumenta[4] animi, quæ natura quæque civilibus institutis habuit, adjungendam sibi etiam doctrinam et uberiorem rerum cognitionem putavit, ut ii ipsi, qui in horum librorum disputatione versantur, nemo est quin eos anteferre omnibus debeat. Quid enim potest esse præclarius quam quum rerum magnarum tractatio atque usus cum illarum artium studiis et cognitione conjungitur? Aut quid P. Scipione, quid C. Lælio, quid L. Philo perfectius cogitari potest? qui, ne quid prætermitterent quod ad summam laudem clarorum virorum pertineret, ad domesticum majorumque morem etiam hanc a Socrate adventitiam doctrinam adhibuerunt. Qua re qui utrumque voluit et potuit, id est, ut, quum majorum institutis, tum doctrina se instrueret, ad laudem hunc omnia

---

1. Le langage, que Cicéron semble attribuer à la *réflexion, mens,* est le produit d'un instinct naturel à l'homme. Cf. *Tuscul.,* liv. 1er.
2. Lacune d'une page.
3. Les philosophes et les moralistes.
4. *Instrumenta,* facultés naturelles.

consecutum puto. Sin alterutra sit via prudentiæ deligenda, tamen, etiam si cui videbitur illa in optimis studiis et artibus quieta vitæ ratio beatior, hæc civilis laudabilior est certe et illustrior, ex qua vita sic summi viri ornantur, ut vel M'. Curius,

Quem nemo ferro potuit superare nec auro;

vel [1]......

IV. Supériorité de l'homme d'État sur le philosophe.

IV..... fuisse sapientiam, tamen hoc in ratione utriusque generis interfuit, quod illi verbis et artibus aluerunt naturæ principia, hi autem institutis et legibus. Pluris vero hæc tulit una civitas, si minus sapientes, quoniam id nomen illi tam restricte tenent, at certe summa laude dignos, quoniam sapientium præcepta et inventa coluerunt. Atque etiam, quod et sunt laudandæ civitates et fuerunt, quoniam id est in rerum natura longe maximi consilii, constituere eam rem publicam quæ possit esse diuturna ; si singulos numeremus in singulas, quanta jam reperiatur virorum excellentium multitudo! Quod si aut Italiæ Latium, aut ejusdem Sabinam aut Volscam gentem, si Samnium, si Etruriam, si magnam illam Græciam collustrare animo voluerimus ; si deinde Assyrios, si Persas, si Pœnos, si hæc [2]......

V. Arguments de ceux qui prétendent que l'injustice est nécessaire pour gouverner.

V..... *advoc*ati. Et Philus : Præclaram [3] vero causam ad me defertis, quum me improbitatis patrocinium suscipere vultis. Atqui id tibi, inquit Lælius, verendum est, si ea dixeris, quæ contra justitiam dici solent, ne sic etiam sentire videare, quum et ipse sis quasi unicum exemplum antiquæ probitatis et fidei, neque sit ignota consuetudo tua contrarias in partes disserendi, quod ita facillime verum inveniri putes. Et Philus : Eia

---

1. Lacune d'une page.
2. Lacune de deux pages. Tout ce qui précède n'est qu'un préambule.
3. *Præclaram*, ironie.

vero, inquit, geram morem vobis, et me oblinam sciens, quod quoniam, qui aurum quærunt, non putant sibi recusandum, nos, quum justitiam quæramus, rem multo omni auro cariorem, nullam profecto molestiam fugere debemus. Atque utinam, quemadmodum oratione sum usurus aliena, sic mihi ore uti liceret alieno! Nunc ea dicenda sunt L. Furio Philo, quæ Carneades, Græcus homo et consuetus, quod commodum esset verbis [1].....

[Neque ego hercle ex me animi sententia loquar, sed ut Carneadi respondeatis, qui sæpe optimas causas ingenii calumnia ludificari solet [2].....] *Nonius.*

VI. Fragment de Lactance relatif à Carnéade.

VI. [Carneades, Academicæ sectæ philosophus, cujus in disserendo quæ vis fuerit, quæ eloquentia, quod acumen qui nescit, is ex prædicatione Ciceronis intelliget aut Lucilii, apud quem disserens Neptunus de re difficillima ostendit non posse id explicari, nec si Carneadem ipsum orcus remittat. Is quum legatus ab Atheniensibus Romam missus esset, disputavit de justitia copiose, audiente Galba, et Catone Censorio, maximis tunc oratoribus. Sed idem disputationem suam postridie contraria disputatione subvertit et justitiam, quam pridie laudaverat, sustulit, non quidem philosophi gravitate, cujus firma et stabilis debet esse sententia, sed quasi oratorio exercitii genere in utramque partem disserendi. Quod ille facere solebat, ut alios quidlibet asserentes posset refutare. Eam disputationem, qua justitia evertitur, apud Ciceronem L. Philus recordatur, credo, quoniam de re publica disserebat, ut defensionem laudationemque ejus induceret, sine qua putabat regi non posse rem publicam. Carneades autem, ut Aristotelem refelleret ac Platonem, justitiæ patronos, prima illa disputatione collegit ea omnia quæ pro justitia dicebantur, ut posset illa, sicut fecit, evertere.] *Lactantius* [3].

---

1. Carnéade, chef de la nouvelle académie, après Arcesilas. On sait qu'il soutenait le pour et le contre avec la même éloquence. — Il y a ici une lacune d'une demi-page.
2. Au mot *calumnia*.
3. *Instit.*, V, xiv.

VII. Autre fragment de Lactance relatif à Carnéade.

VII. [Plurimi quidem philosophorum, sed maxime Plato et Aristoteles, de justitia multa dixerunt, asserentes et extollentes eam summa laude virtutem, quod suum cuique tribuat, quod æquitatem in omnibus servet ; et quum ceteræ virtutes quasi tacitæ sint et intus inclusæ, solam esse justitiam, quæ nec sibi tantum conciliata sit, nec occulta, sed foras tota promineat et ad bene faciendum prona sit, ut quam plurimis prosit. Quasi vero in judicibus solis, atque in potestate aliqua constitutis, justitia esse debeat, et non in omnibus. Atqui nullus est hominum ne infimorum quidem ac mendicorum, in quem justitia cadere non possit. Sed quia ignorabant quid esset, unde proflueret, quid operis haberet, summam illam virtutem, id est commune omnium bonum, paucis tribuerunt, eamque nullas utilitates proprias aucupari, sed alienis tantum commodis studere dixerunt. Nec immerito exstitit Carneades, homo summo ingenio et acumine, qui refelleret istorum orationem, et justitiam, quæ fundamentum stabile non habebat, everteret, non quia vituperandam esse justitiam sentiebat, sed ut illos defensores ejus ostenderet nihil certi, nihil firmi de justitia disputare.] *Lactantius*[1].

[Justitia foras spectat, et projecta tota est atque eminet.] *Nonius*[2].

[Quæ virtus præter ceteras tota se ad alienas porrigit utilitates atque explicat.] *Nonius*[3].

VIII. Argument tiré de l'impossibilité de définir la justice.

VIII..... et reperiret et tueretur, alter[4] autem de ipsa justitia quatuor implevit sane grandes libros. Nam ab Chrysippo[5] nihil magnum nec magnificum desideravi, qui suo quodam more loquitur, ut omnia verborum momentis, non rerum

---

1. Lactance, *Epitome*, LV.
2. Au mot *projectum*.
3. Au mot *explicare*.
4. *Alter*. Aristote, dans un ouvrage perdu.
5. Chrysippe (né vers 280 avant J.-C.), philosophe stoïcien, adversaire de la nouvelle académie, à laquelle se rattache Cicéron.

ponderibus examinet. Illorum fuit heroum, eam virtutem, quæ est una, si modo est, maxime munifica et liberalis, et quæ omnes magis quam se ipsa diligit, aliis nata potius quam sibi, excitare jacentem, et in illo divino solio non longe a sapientia collocare. Nec vero illis aut voluntas defuit (quæ enim iis scribendi alia causa, aut quod omnino consilium fuit?) aut ingenium, quo omnibus præstiterunt. Sed eorum et voluntatem et copiam causa vicit. Jus enim, de quo quærimus, civile est aliquod, naturale nullum [1] : nam si esset, ut calida et frigida et amara et dulcia, sic essent justa et injusta eadem omnibus.

IX. La justice varie d'un peuple à l'autre.

IX. Nunc autem, si quis, illo Pacuviano invehens « alitum anguium curru, » multas et varias gentes et urbes despicere et oculis collustrare possit, videat primum in illa incorrupta maxume gente Ægyptiorum, quæ plurimorum sæculorum et inventorum memoriam litteris continet, bovem quemdam putari deum, quem Apim Ægyptii nominent; multaque alia portenta apud eosdem et cujusque generis belluas numero consecratas deorum. Deinde Græciæ, sicut apud nos, delubra magnifica humanis consecrata simulacris, quæ Persæ nefaria putaverunt; eamque unam ob causam Xerxes inflammari Atheniensium fana jussisse dicitur, quod deos, quorum domus esset omnis hic mundus, inclusos parietibus contineri nefas esse duceret[2]. Post autem cum Persis et Philippus, qui cogitavit, et Alexander, qui gessit, hanc bellandi causam inferebat, quod vellet Græciæ fana punire : quæ ne reficienda quidem Graii putaverunt, ut esset posteris ante oculos documentum Persarum sceleris sempiternum. Quam multi, ut Tauri in Axino[3], ut rex Ægypti Busiris, ut Galli, ut Pœni, homines immolare et pium et diis immortalibus gratissimum esse duxerunt! Vitæ vero instituta sic distant, ut Cretes et Ætoli latrocinari honestum putent, Lacedæmonii suos omnes agros esse dictitarint, quos spiculo possent attingere. Athenienses

---

1. Imitation du *Gorgias* et de la *République*, où Calliclès et Thrasymaque soutiennent la cause de l'injustice.
2. On connaît la pureté et l'élévation du culte de Zoroastre.
3. *Axinum*, ἄξινον en ionien; Pont-Euxin.

jurare etiam publice solebant omnem suam esse terram quæ oleam frugesve ferret. Galli turpe esse ducunt frumentum manu quærere, itaque armati alienos agros demetunt. Nos vero justissimi homines, qui transalpinas gentes oleam et vitem serere non sinimus, quo pluris sint nostra oliveta nostræque vineæ : quod quum faciamus, prudenter facere dicimur, juste non dicimur, ut intelligatis discrepare ab æquitate sapientiam. Lycurgus autem, ille legum optimarum et æquissimi juris inventor, agros locupletium plebi ut servitio colendos dedit.

X. *La justice varie dans un même peuple.*

X. Genera vero si velim juris, institutorum, morum consuetudinumque describere, non modo in tot gentibus varia, sed in una urbe, vel in hac ipsa millies mutata demonstrem, ut hic juris noster interpres alia nunc Manilius jura dicat esse de mulierum legatis et hereditatibus, alia solitus sit adolescens dicere nondum Voconia[1] lege lata : quæ quidem ipsa lex, utilitatis virorum gratia rogata, in mulieres plena est injuriæ. Cur enim pecuniam non habeat mulier? cur virgini Vestali sit heres, non sit matri suæ? Cur autem, si pecuniæ modus statuendus fuit feminis, P. Crassi filia posset habere, si unica patri esset, æris millies salva lege, mea tricies non posset[2]....

XI. *Il n'y a point de droit naturel.*

XI. ..... sanxisset jura nobis, et omnes iisdem et iidem non aliis aliis uterentur. Quæro autem, si justi hominis et si boni est viri parere legibus, quibus? an quæcunque erunt? At neo inconstantiam virtus recipit, nec varietatem natura patitur, legesque pœna, non justitia nostra comprobantur. Nihil habet igitur naturale jus : ex quo illud efficitur, ne justos quidem esse natura. An vero in legibus varietatem esse dicunt, natura autem viros bonos eam justitiam sequi, quæ sit, non eam,

1. La loi Voconia déclarait les filles incapables d'hériter de leur père.
2. Lacune de sept lignes.

quæ putetur? esse enim hoc boni viri et justi ; tribuere id cuique quod sit quoque dignum. Ecquid ergo primum mutis tribuemus belluis? non enim mediocres viri, sed maximi et docti, Pythagoras et Empedocles, unam omnium animantium conditionem juris esse denuntiant, clamantque inexpiabiles pœnas impendere iis, a quibus violatum sit animal. Scelus est igitur nocere bestiæ, quod scelus qui velit[1]....

XII. Fragments de Lactance et de Tertullien.

XII. [Homo divini juris ignarus, gentis suæ leges tanquam verum jus amplectitur, quas non utique justitia, sed utilitas reperit. Cur enim per omnes populos diversa et varia jura sunt condita, nisi quod unaquæque gens id sibi sanxit, quod putavit rebus suis utile? quantum a justitia recedat utilitas populus ipse romanus docet, qui per feciales bella indicendo, et legitime injurias faciendo, semperque aliena cupiendo atque rapiendo, possessionem sibi totius orbis comparavit.] *Lactantius*[2].

[Ni fallor enim, omne regnum vel imperium bellis quæritur et victoriis propagatur. Porro bella et victoriæ captis et eversis plurimum urbibus constant. Id negotium sine deorum injuria non est : eædem strages mœnium et templorum : pares cædes civium et sacerdotum, nec dissimiles rapinæ sacrarum divitiarum et profanarum. Tot igitur sacrilegia Romanorum quot tropæa, tot de dis quot de gentibus triumphi, tot manubiæ quot manent adhuc simulacra captorum deorum.....] *Tertullianus*[3].

[Carneadis summa disputationis hæc fuit, jura sibi homines pro utilitate sanxisse, scilicet varia pro moribus, et apud eosdem pro temporibus sæpe mutata, jus autem naturale esse nullum. Omnes et homines et alias animantes ad utilitates suas natura ducente ferri, proinde aut nullam esse justitiam, aut, si sit aliqua, summam esse stultitiam, quoniam sibi noceret, alienis commodis consulens.] *Lactantius*[4].

1. Lacune de deux cent quatre-vingt-dix pages sur le manuscrit du Vatican.
2. *Instit. div.*, VI, ix.
3. Tertullien, *Apologétique*, XXV. — Il est peu vraisemblable que Cicéron ait parlé dans ce sens.
4. *Instit. div.*, V, x.

[Quæ sunt patriæ commoda, nisi alterius civitatis aut gentis incommoda? Id est fines propagare aliis violenter ereptos, augere imperium, vectigalia facere meliora..... Itaque hæc bona quisquis patriæ acquisierit, hoc est eversis civitatibus gentibusque deletis ærarium pecunia refserserit, agros ceperit, cives suos locupletiores fecerit, hic laudibus fertur in cœlum, in hoc putatur summa et perfecta esse virtus : qui error non modo populi et imperitorum, sed etiam philosophorum est, qui præcepta quoque dant ad injustitiam.] *Lactantius*[1].

XIII. La justice est née d'un pacte entre les forts et les faibles.

XIII. . . . Sunt enim omnes, qui in populum vitæ necisque potestatem habent, tyranni, sed se Jovis optimi nomine malunt reges vocari. Quum autem certi propter divitias aut genus aut aliquas opes rem publicam tenent, est factio, sed vocantur illi optimates. Si vero populus plurimum potest omniaque ejus arbitrio reguntur, dicitur illa libertas, est vero licentia. Sed quum alius alium timet, et homo hominem et ordo ordinem, tum, quia sibi nemo confidit, quasi pactio fit inter populum et potentes : ex quo existit id quod Scipio laudabat conjunctum civitatis genus. Etenim justitiæ non natura nec voluntas, sed imbecillitas mater est. Nam quum de tribus unum esset optandum, aut facere injuriam nec accipere, aut et facere et accipere, aut neutrum, optimum est facere, impune si possis, secundum nec facere nec pati, miserrimum digladiari semper tum faciendis tum accipiendis injuriis. Ita qui primum illud assequi[2]. . . .

XIV. Opposition de la justice et de l'intérêt bien entendu.

XIV. [Nam quum quæreretur ex eo quo scelere impulsus mare haberet infestum uno myoparone : Eodem, inquit, quo tu orbem terræ.] *Nonius*[3].

. . . . omnibus *quæritote*. Sapientia jubet augere opes, amplificare divitias, proferre fines. Unde enim potuisset

1. *Instit.*, VI, vi.
2. Cf. Discours de Glaucon dans la *République* de Platon.
3. Au mot *myoparo*.

[Alexander] summus ille imperator, qui in *Asia* olim [armis] fines imperii propagavit, nisi aliquid de alieno accessisset, imperare, quam plurimis frui voluptatibus, pollere, regnare, dominari? Justitia autem præcipit parcere omnibus, consulere generi hominum, suum cuique reddere, sacra, publica, [aliena] non [tangere]. Quid igitur efficitur? Si sapientiæ pareas, divitiæ, potestates, opes, honores, imperia, regna vel privatis vel populis. Sed quoniam de re publica loquimur, sunt illustriora quæ publice fiunt, quoniamque eadem est ratio juris in utroque, de populi sapientia dicendum puto.

XV. Un peuple ne peut être juste, sans devenir misérable.

XV. Et jam omittam alios : noster hic populus, quem Africanus hesterno sermone a stirpe repetivit, cujus imperio jam orbis terræ tenetur, justitia an sapientia est e minimo, omnium *maximus factus*[1]? [Omnibus populis, qui florerent imperio, et Romanis quoque ipsis, qui totius orbis potirentur, si justi velint esse, hoc est, si aliena restituant, ad casas est redeundum et in egestate ac miseriis jacendum[2],] præter Arcadas et Athenienses, qui, credo timentes hoc interdictum justitiæ ne quando exsisteret, commenti sunt se de terra, tanquam ex arvis musculos, exstitisse.

XVI. Les arguments des philosophes en faveur de la justice se retournent contre eux.

XVI. Ad hæc illa dici solent primum ab iis, qui minime sunt in disserendo mali, qui in ea causa eo plus auctoritatis habent, quia, quum de viro bono quæritur, quem apertum et simplicem volumus esse, non sunt in disputando vafri, non veteratores, non malitiosi. Negant enim sapientem idcirco virum bonum esse, quod eum sua sponte ac per se bonitas et justitia delectet, sed quod vacua metu, cura, sollicitudine, periculo, vita bonorum virorum sit, contra autem improbis semper aliqui scrupus in animis hæreat, semper iis ante ocu-

---

1. Lacune d'une vingtaine de lignes.
2. Lactance, *Instit.*, V, x.

los judicia et supplicia versentur. Nullum autem emolumentum esse, nullum injustitia partum præmium tantum, semper ut timeas, semper ut adesse, semper ut impendere aliquam pœnam putes, damna[1]. . . .

XVII. L'homme juste persécuté, l'homme injuste honoré.

XVII. Quæro, si duo sint, quorum alter optimus vir, æquissimus, summa justitia, singulari fide, alter insignis scelere et audacia; et si in eo sit errore civitas, ut bonum illum virum sceleratum, facinorosum, nefarium putet, contra autem, qui sit improbissimus, existimet esse summa probitate ac fide, proque hac opinione omnium civium bonus ille vir vexetur, rapiatur, manus ei denique afferantur, effodiantur oculi, damnetur, vinciatur, uratur, exterminetur[2]], egeat, postremo jure etiam optimo omnibus miserrimus esse videatur; contra autem ille improbus laudetur, colatur, ab omnibus diligatur, omnes ad eum honores, omnia imperia, omnes opes, omnes undique copiæ conferantur, vir denique optimus omnium existimatione et dignissimus omni fortuna optima judicetur, quis tandem erit tam demens qui dubitet utrum se esse mallit[3]?

XVIII. Les peuples, comme les individus, préfèrent l'injustice avec la puissance à la vertu misérable.

XVIII. Quod in singulis, id est in populis : nulla est tam stulta civitas quæ non injuste imperare mallt quam servire juste. Nec vero longius abibo. Consul ego quæsivi, quum vos mihi essetis in consilio, de numantino fœdere. Quis ignorabat Q. Pompeium fecisse fœdus, eadem in causa esse Mancinum[4]? Alter vir optimus etiam suasit rogationem, me ex senatus consulto ferente, alter acerrime se defendit. Si pudor quæritur, si probitas, si fides, Mancinus hæc attulit; si ratio, consilium, prudentia, Pompeius antistat. Utrum. . . .

1. Lacune d'une demi-page.
2. Lactance, *Instit.*, V, xii.
3. Imitation de Platon : Le juste mis en croix (*Rép.*, liv. II).
4. Ce fait est également cité au livre III du *De officiis*.

XIX. Fragment de Lactance.

XIX. [Tum omissis communibus ad propria veniebat (Carneades).] Bonus vir, inquit, si habeat servum fugitivum vel domum insalubrem ac pestilentem, quæ vitia solus sciat, et ideo proscribat ut vendat, utrumne profitebitur fugitivum servum vel pestilentem domum se vendere, an celabit emptorem? Si profitebitur, bonus quidem, quia non fallet, sed tamen stultus judicabitur, quia vel parvo vendet, vel omnino non vendet. Si celaverit, erit quidem sapiens, quia rei consulet, sed idem malus, qui fallet. Rursus, si reperiat aliquem qui orichalcum se putet vendere, quum sit illud aurum, aut plumbum, quum sit argentum, tacebitne, ut id parvo emat, an indicabit, ut magno? Stultum plane videtur malle magno. Unde intelligi volebat et eum, qui sit justus ac bonus, stultum esse, et eum, qui sapiens, malum[1].

XX. Fragment de Lactance.

XX. [Transcendebat ergo a majora, in quibus nemo posset sine periculo vitæ justus esse. Dicebat enim : Nempe justitia est hominem non occidere, alienum prorsus non attingere. Quid ergo justus faciet, si forte naufragium fecerit et aliquis imbecillior viribus tabulam ceperit? nonne illum tabula deturbabit ut ipse conscendat eaque nixus evadat, maxime quum sit nullus medio mari testis? Si sapiens est, faciet : ipsi enim pereundum est, nisi fecerit. Si autem mori maluerit quam manus inferre alteri, jam vero justus ille, sed stultus est, qui vitæ suæ non parcat, dum parcit alienæ. Item : Si acie suorum fusa hostes insequi cœperint, et justus ille nactus fuerit aliquem saucium equo insidentem, eine parcet, ut ipse occidatur, an dejiciet ex equo, ut ipse possit hostem effugere? quod si fecerit, sapiens, sed idem malus : si non fecerit, justus, sed idem stultus sit necesse est. Ita ergo justitiam quum in duas partes divisisset, alteram civilem esse dicens, alteram naturalem, utramque subvertit; quod illa civilis sapientia sit quidem, sed justitia non sit; naturalis autem illa justitia sit quidem, sed non sit sapientia. Arguta hæc plane ac venenata

---

1. Lactance, *Instit.*, V, XVI.

sunt et quæ M. Tullius non potuit refellere. Nam quum faciat Lælium Furio respondentem pro justitiaque dicentem, irrefutata hæc tanquam foveam prætergressus est.] *Lactantius*[1].

XXI. Fragments d'Aulu-Gelle et de Nonius.

XXI. [. . . . Non gravarer, Læli, nisi et hos velle putarem et ipse cuperem te quoque aliquam partem hujus nostri sermonis attingere, præsertim quum heri ipse dixeris te nobis etiam superfuturum. Verum id quidem fieri non potest; ne desis, omnes te rogamus.] *Gellius*[2].

[Sed juventuti nostræ minime audiendus : quippe si ita sensit ut loquitur, est homo impurus ; sin aliter, quod malo, oratio est tamen immanis.] *Nonius*[3].

XXII. Réponse de Lælius aux sophismes des partisans de l'injustice. Caractère immuable et absolu de la loi naturelle.

XXII. Est quidem vera lex recta ratio, naturæ congruens, diffusa in omnes, constans, sempiterna, quæ vocet ad officium jubendo, vetando a fraude deterreat; quæ tamen neque probos frustra jubet aut vetat, nec improbos jubendo aut vetando movet. Huic legi nec obrogari fas est, neque derogari ex hac aliquid licet, neque tota abrogari potest, nec vero aut per senatum aut per populum solvi hac lege possumus, neque est quærendus explanator aut interpres ejus alius; nec erit alia lex Romæ, alia Athenis, alia nunc, alia posthac; sed et omnes gentes et omni tempore una lex et sempiterna et immutabilis continebit, unusque erit communis quasi magister et imperator omnium Deus : ille legis hujus inventor, disceptator, lator, cui qui non parebit, ipse se fugiet, ac naturam hominis aspernatus, hoc ipso luet maximas pœnas, etiam si cetera supplicia, quæ putantur, effugerit[4].

1. Lactance, *Instit.*, V, xvi.
2. *Nuits attiques*, I, xxii.
3. Au mot *impurus*. Il s'agit de Carnéade.
4. Ce chapitre se trouve dans Lactance, qui semble l'avoir cité textuellement.

XXIII. Fragment de saint Augustin.

XXIII. [Nullum bellum suscipitur a civitate optima, nisi aut pro fide aut pro salute. Sed his pœnis, quas etiam stultissimi sentiunt, egestate, exsilio, vinculis, verberibus, elabuntur sæpe privati oblata morti sceleritate; civitatibus autem mors ipsa pœna est, quæ videtur a pœna singulos vindicare. Debet enim constituta sic esse civitas, ut æterna sit. Itaque nullus interitus est rei publicæ naturalis ut hominis, in quo mors non modo necessaria est, verum etiam optanda persæpe. Civitas autem quum tollitur, deletur, exstinguitur, simile est quodam modo, ut magnis parva conferamus, ac si omnis hic mundus intereat et concidat.] *Augustinus*[1].

[Illa injusta sunt bella, quæ sine causa suscepta sunt. Nam extra ulciscendi aut propulsandorum hostium causam bellum geri justum nullum potest. Nullum bellum justum habetur nisi denuntiatum, nisi indictum, nisi repetitis rebus.] *Isidorus*[2].

[Noster autem populus sociis defendendis terrarum jam omnium potitus est.] *Nonius*[3].

XXIV. Autre fragment de saint Augustin.

XXIV. [Disputatur certe acerrime atque fortissime in eisdem ipsis de republica libris adversus injustitiam pro justitia. Et quoniam, quum prius ageretur pro injustitiæ partibus contra justitiam, et diceretur nisi per injustitiam rem publicam stare augerique non posse, hoc veluti validissimum positum erat : injustum esse, ut homines hominibus dominantibus serviant, quam tamen injustitiam nisi sequatur imperiosa civitas, cujus est magna res publica, non eam posse provinciis imperare; responsum est a parte justitiæ ideo justum esse, quod talibus hominibus sit utilis servitus, et pro utilitate eorum fieri, quum recte fit, id est quum improbis aufertur injuriarum licentia; et domiti se melius habebunt, quia indomiti deterius se habuerunt, subditumque est, ut ista ratio firma-

---

1. *Cité de Dieu*, XXII, vi.
2. *Orig.*, XVIII, 1.
3. *De numero et casu*.

retur, veluti a natura sumptum nobile exemplum atque dictum est : Cur igitur Deus homini, animus imperat corpori, ratio libidini ceterisque vitiosis animi partibus?] *Augustinus*[1].

XXV. Autre fragment du même auteur.

XXV. [Audi manifestiora quæ dicat Tullius, quum ageret de causa imperandi. An non, inquit, cernimus optimo cuique dominatum ab ipsa natura cum summa utilitate infirmorum datum? Sed et imperandi et serviendi sunt dissimilitudines cognoscendæ. Nam ut animus corpori dicitur imperare, dicitur etiam libidini; sed corpori ut rex civibus suis aut parens liberis, libidini autem ut servis dominus, quod eam coercet et frangit, sic regum, sic imperatorum, sic magistratuum, sic patrum, sic populorum imperia civibus sociisque præsunt, ut corporibus animus, domini autem servos ita fatigant, ut optima pars animi, id est sapientia, ejusdem animi vitiosas imbecillasque partes, ut libidines, ut iracundias, ut perturbationes ceteras.] *Augustinus*[2].

[Est enim genus injustæ servitutis, quum hi sunt alterius, qui sui possunt esse; quum autem hi famulantur, qui sibi moderari nequeunt, nulla injuria est.] *Nonius*[3].

XXVI. Fragment de Cicéron.

XXVI [Si scieris, inquit Carneades, aspidem occulte latere usplam et velle aliquem imprudentem super eam assidere, cujus mors tibi emolumentum futura sit, improbe feceris, nisi monueris ne assideat. Sed impunite tamen : scisse enim te quis coarguere possit? Sed nimis multa. Perspicuum est enim, nisi æquitas, fides, justitia proficiscantur a natura, et si omnia hæc ad utilitatem referantur, virum bonum non posse reperiri[4].]

[Et si, ut nos a te admonemur, recte in illis libris diximus

1. *Cité de Dieu*, XIX, xxi.
2. *Contra Julian. Pelag.*, IV, xii.
3. Au mot *famulantur*.
4. Cicéron, *Des vrais biens et des vrais maux*, II, xviii.

7.

nihil esse bonum nisi quod honestum, nihil malum nisi quod turpe sit¹.]

XXVII. Fragment de Cicéron.

XXVII. [Filiola tua te delectari lætor et probari tibi φυσικὴν esse τὴν πρὸς τὰ τέκνα. Etenim, si hæc non est, nulla potest homini esse ad hominem naturæ adjunctio, qua sublata vitæ societas tollitur. Bene eveniat, inquit Carneades: spurce, sed tamen pudentius quam Lucius noster et Patro : qui quum omnia ad se referant, nunquam quidquam alterius causa fieri putent, et quum ea re bonum virum oportere esse dicant, ne malum habeat, non quo id natura rectum sit, non intelligant se de callido homine loqui, non de bono viro. Sed hæc, opinor, sunt in iis libris, quos tu laudando animos mihi addidisti².]

[In quibus assentior sollicitam et periculosam justitiam non esse sapientis.] *Priscianus*³.

XXVIII. Fragments divers.

XXVIII. Apud Ciceronem idem ille justitiæ defensor Lælius : Vult, inquit, plane virtus honorem, neo est virtutis ulla alia merces, quam tamen illa, inquit, accipit facile, exigit non acerbe. ... Et alio loco idem Lælius : Huic tu viro quas divitias objicies, quæ imperia, quæ regna, qui ista putat humana, sua bona divina judicat? Sed si aut ingrati universi aut invidi multi aut inimici potentes, suis virtutem præmiis spoliant; næ illa se multis solatiis oblectat maximeque suo decore se ipsa sustentat.] *Lactantius*⁴.

[Hercules qui ob virtutem clarissimus et quasi Africanus inter deos habetur.] *Lactantius* ⁵.

[Cicero quum Herculem et Romulum ex hominibus deos

---

1. Lettres à Atticus, X, IV.
2. *Ibid.*, VII, II.
3. Priscianus, XIII, VI.
4. *Instit. div.*, V, XVIII, XXII.
5. *Ibid.*, I, IX.

esse factos adseveraret : Quorum non corpora, inquit, sunt in cœlum elata : neque enim natura pateretur, ut id, quod esset e terra, nisi in terra maneret.] *Augustinus* [1].

[Nunquam viri fortissimi fortitudinis, impigritatis, patientiæ fructu caruerunt.] *Nonius* [2].

[Nisi forte stulte Pyrrhi ridetur largitas a consule, aut Samnitium copiæ Curio defuerunt.] *Nonius* [3].

[Cujus etiam focum Cato ille noster, quum venerat ad se in Sabinos, ut ex ipso audiebamus, visere solebat, apud quem ille sedens Samnitium, quondam hostium, tum jam clientium suorum, dona relegaverat.] *Nonius* [4].

XXIX. La justice, seule garantie de durée pour les États.

XXIX. . . . . Asia Tib. Gracchus, perseveravit in civibus, sociorum nominisque latini jura neglexit ac fœdera. Quæ si consuetudo ac licentia manare cœperit latius imperiumque nostrum ad vim a jure traduxerit, ut, qui adhuc voluntate nobis obediunt, terrore teneantur; etsi nobis, qui id ætatis sumus, evigilatum [5] fere est, tamen de posteris nostris et de illa immortalitate rei publicæ sollicitor, quæ poterat esse perpetua, si patriis viveretur institutis et moribus.

XXX. Scipion félicite Lælius.

XXX. Quæ quum dixisset Lælius, et si omnes, qui aderant, significabant ab eo se esse admodum delectatos, tamen præter ceteros Scipio, quasi quodam gaudio elatus : Multas tu quidem, inquit, Læli, sæpe causas ita defendisti, ut ego non modo tecum Servium Galbam collegam nostrum, quem tu quoad vixit omnibus anteponebas, verum ne atticorum quidem oratorum quemquam aut suavitate [6]. . . . . [duas sibi res, quo minus in

1. *Cité de Dieu*, XXII, iv.
2. Au mot *impigritas*.
3. Au mot *largitas*.
4. Au mot *apud*.
5. Notre veille, notre garde est presque finie.
6. Lacune d'une page et demie de cette édition.

vulgus et in foro diceret, confidentiam, et vocem defuisse...]
Nonius[1].

[Inclusorum hominum gemitu mugiebat taurus.] *Scholiastes*[2].

XXXI. Sans la justice, tout pouvoir est nécessairement tyrannique. D'abord, la monarchie.

XXXI. ..... reportare. Ergo illam rem populi, id est rem publicam, quis diceret tum, quum crudelitate unius oppressi essent universi? neque esset unum vinculum juris nec consensus ac societas cœtus, quod est populus.

Atque hoc idem Syracusis. Urbs illa præclara, quam ait Timæus[3] græcarum maxumam, omnium autem esse pulcherrimam, arx visenda, portus usque in sinus oppidis et ad urbis crepidines infusi, viæ latæ, porticus, templa, muri nihilo magis efficiebant, Dionysio tenente, ut esset illa res publica: nihil enim populi, et unius erat populus ipse. Ergo ubi tyrannus est, ibi non vitiosam, ut heri dicebam, sed, ut nunc ratio cogit, dicendum est plane nullam esse rem publicam.

XXXII. Sans la justice, point de « chose publique. » Exemples historiques.

XXXII. Præclare quidem dicis, Lælius : etenim video jam quo pergat oratio. — *Scipio*. Vides igitur, ne illam quidem, quæ tota sit in factionis potestate, posse vere dici rem publicam. — *Lælius*. Sic plane judico. — *Scipio*. Et rectissime quidem judicas : quæ enim fuit tum Atheniensium res, quum post magnum peloponnesiacum bellum triginta viri illi urbi injustissime præfuerunt? num aut vetus gloria civitatis, aut species præclara oppidi, aut theatrum, gymnasia, porticus, aut propylæa nobilia, aut arx, aut admiranda opera Phidiæ, aut Piræus ille magnificus, rem publicam efficiebat? Minime vero, inquit Lælius; quoniam quidem populi res non erat. — *Scipio*. Quid, quum decemviri Romæ sine provocatione fuerunt, ter-

---

1. Au mot *confidentiam*. Il s'agit probablement de Lælius, ou d'Isocrate.
2. Scholiaste de Juvénal.
3. Auteur d'une histoire de la Sicile dont il reste quelques fragments. Ne pas le confondre avec le pythagoricien Timée de Locres.

tio illo anno, quum vindicias amisisset ipsa libertas? — *Lælius.* Populi nulla res erat, immo vero id populus egit, ut rem suam recuperaret.

XXXIII. Comme la royauté, la démocratie est tyrannique sans la justice.

XXXIII. — *Scipio.* Venio nunc ad tertium genus illud, id quo esse videbuntur fortasse angustiæ, quum per populum agi dicuntur et esse in populi potestate omnia; quum, de quocunque vult, supplicium sumit multitudo; quum agunt, rapiunt, tenent, dissipant quæ volunt; potesne tum, Læli, negare rem esse illam publicam, quum populi sint omnia, quoniam quidem populi esse rem volumus rem publicam? Tum Lælius: Ac nullam quidem citius negaverim *esse* rem publicam *quam quæ* tota *sit in multitudinis potestate; plane ut* nobis non placebat Syracusis fuisse rem publicam neque Agrigenti neque Athenis, quum essent tyranni; nec hic quum decemviri; nec video qui magis in multitudinis dominatu rei publicæ nomen appareat: quia primum mihi populus non est, ut tu optime definisti, Scipio, nisi qui consensu juris continetur; sed est tam tyrannus iste conventus, quam si esset unus; hoc etiam tetrior, quia nihil ista, quæ populi speciem et nomen imitatur, immanius bellua est. Nec vero convenit, quum furiosorum bona legibus in agnatorum potestate sint, quod eorum jam. . . .

XXXIV. L'aristocratie est tyrannique sans la justice; bien qu'elle soit, selon Mummius, le meilleur des gouvernements.

XXXIV. . . . . dici possint, cur illa sit res publica resque populi, quæ sunt dicta de regno. Et multo etiam magis, inquit Mummius: nam in regem potius cadit domini similitudo, quod est unus; plures vero boni in qua re publica rerum potientur, nihil poterit esse illa beatius. Sed tamen vel regnum malo quam liberum populum: id enim tibi restat genus vitiosissimæ rei publicæ tertium.

XXXV. Scipion préfère la royauté à l'aristocratie, et trouve dans la démocratie même de grands avantages.

XXXV. Hic Scipio : Agnosco, inquit, tuum morem istum, Spuri, aversum a ratione populari; et quanquam potest id lenius ferri quam tu soles ferre, tamen assentior nullum esse de tribus his generibus quod sit probandum minus. Illud tamen non assentior tibi, præstare regi optimates : si enim sapientia est quæ gubernet rem publicam, quid tandem interest hæc in unone sit, an in pluribus? Sed errore quodam fallimur ita disputando : quum enim optimates appellantur, nihil potest videri præstabilius. Quid enim optimo melius cogitari potest? Quum autem regis est facta mentio, occurrit animis rex etiam injustus : nos autem de injusto rege nihil loquimur nunc, quum de ipsa regali re publica quærimus. Quare cogitato Romulum aut Pompilium aut Tullum regem, forsitan non tam illius te rei publicæ pœnitebit. — *Mummius.* Quam igitur relinquis populari rei publicæ laudem? — Tum ille : Quid? tibi tandem, Spuri, Rhodiorum, apud quos nuper fuimus una, nullane videtur esse res publica? — *Mummius.* Mihi vero videtur, et minime quidem vituperanda. — *Scipio.* Recte dicis : sed, si meministi, omnes erant iidem tum de plebe tum senatores, vicissitudinesque habebant quibus mensibus populari munere fungerentur, quibus senatorio : utrobique autem conventitium accipiebant, et in theatro et in curia res capitales et reliquas omnes judicabant iidem : tantum poterat tantique erat, quanti multitudo, senatus [1].....

Fragmenta incertæ sedis aliunde repetita.

[Est igitur quiddam turbulentum in hominibus singulis, quod vel exsultat voluptate vel molestia frangitur.] *Nonius* [2].
[Pœni primi mercaturis et mercibus suis avaritiam et magnificentiam et inexplebiles cupiditates omnium rerum exportaverunt in Græciam.] *Nonius* [3].

---

1. On ne peut mesurer avec précision la lacune qui se trouve à la fin du troisième livre.
2. Au mot *exsultare*.
3. Au mot *merx*.

[Sardanapalus ille vitiis multo quam nomine ipso deformior.] *Scholiastes* [1].

[Quid ergo illa sibi vult absurda exceptio, nisi si quis Athonem pro monumento vult funditus efficere? Quis enim est Athos aut Olympus tantus?] *Priscianus* [2].

XXXVI. Fragment remarquable de saint Augustin.—Où il n'y a point de justice, il n'y a point de droit.

[..... geri sine justitia non posse rem publicam. Ubi ergo justitia vera non est, nec jus potest esse[3]. Quod enim jure fit, profecto juste fit : quod autem fit injuste, nec jure fieri potest. Non enim jura dicenda sunt vel putanda iniqua hominum constituta : quum illud etiam ipsi jus esse dicant, quod de justitiæ fonte manaverit; falsumque esse, quod a quibusdam non recte sentientibus dici solet, id esse jus, quod ei, qui plus potest, utile est. Quoc'rca, ubi non est vera justitia, juris consensu sociatus cœtus hominum non potest esse, et ideo nec populus, juxta illam Scipionis vel Ciceronis definitionem; et, si non populus, nec res populi, sed qualiscunque multitudinis, quæ populi nomine digna non est. Ac per hoc, si res publica res populi est, et populus non est, qui consensu non sociatus est juris, non est autem jus, ubi nulla justitia est : procul dubio colligitur, ubi justitia non est, non esse rem publicam. Justitia porro ea virtus est, quæ sua cuique distribuit.] *Augustinus*.

1. Juvénal, satire X.
2. Priscianus, VI, XIII.
3. Cette maxime admirable est le fondement de toute jurisprudence.

LIVRE QUATRIÈME.

DES MŒURS QUE DOIVENT AVOIR LES CITOYENS. — DE L'ÉDUCATION.

---

1. Fragments divers.

1[1]. [Tentabo tamen, quoniam corporis et animi facta mentio est, utriusque rationem, quantum pusillitas intelligentiæ meæ pervidet, explicare. Quod officium hac de causa maxime suscipiendum puto, quod M. Tullius, vir ingenii singularis, quum id facere tentasset, materiam late patentem angustis finibus terminavit, leviter summa quæque decerpens. Ac ne ulla esset excusatio cur eum locum non fuerit exsecutus, ipse testatus est nec voluntatem sibi defuisse nec curam. In libro enim de legibus primo, quum hoc idem summatim stringeret, sic ait : Hunc locum satis, ut mihi videtur, in iis libris, quos legistis, expressit Scipio.] *Lactantius* [2].

[Atque ipsa mens, quæ futura videt, præterita meminit.] *Nonius* [3].

[Etenim si nemo est, inquit, quin emori malit, quam converti in aliquam figuram bestiæ, quamvis hominis mentem sit habiturus, quanto est miserius in hominis figura animo esse efferato? Mihi quidem tanto videtur, quanto præstabilior est animus corpore.] *Lactantius* [4].

[Ait Tullius se non putare idem esse arietis et P. Africani bonum.] *Augustinus* [5].

[Eademque objectu suo umbram noctemque efficiat quum ad numerum dierum aptam tum ad laborum quietem.] *Nonius* [6].

1. On n'a que de courts fragments du quatrième livre.
2. *De l'œuvre de Dieu*, I.
3. *De numero et casu*.
4. *Instit.*, V, xi.
5. *Contra Julian. Pelag.*, IV, xi.
6. Au mot *aptam*.

[Quumque autumno terras ad concipiendas fruges patefecerit, hieme ad conficiendas relaxarit, æstiva maturitate alia mitigaverit, alia torruerit.] *Nonius* [1].

II. ... gratiam. Quam commode ordines descripti, ætates, classes, equitatus, in quo suffragia sunt etiam senatus, nimis multis jam stulte hanc utilitatem tolli cupientibus, qui novam largitionem quærunt aliquo plebiscito reddendorum equorum.

III. Considerate nunc cetera quam sint provisa sapienter ad illam civium beate et honeste vivendi societatem; ea est enim prima causa coeundi et id hominibus effici ex re publica debet partim institutis, alia legibus. Principio disciplinam puerilem ingenuis, de qua Græci multum frustra laborarunt, et in qua una Polybius, noster hospes, nostrorum institutorum negligentiam accusat, nullam certam aut destinatam legibus aut publice expositam aut unam omnium esse voluerunt. Nam. . . . .

[Secundum Tullium, qui dicit ad militiam euntibus dari solitos esse custodes a quibus primo anno regantur.] *Servius* [2].

[Non modo ut Spartæ, rapere ubi pueri et cleperediscunt.] *Nonius* [3].

IV. ... Juventutis vero exercitatio quam absurda in gymnasiis, quam levis epheborum illa militia. . .

V. Hic Lælius : Præclare intelligo, Scipio, te in iis Græciæ disciplinis, quas reprehendis, cum populis nobilissimis malle quam cum tuo Platone luctari, quem ne attingis quidem, præsertim quum [Plato in multis ita lapsus sit, ut nemo deterius erraverit, in primis quod in libris civilibus omnia omnibus voluit esse communia. De patrimoniis tolerabile est, licet sit injustum : nec enim aut obesse cuiquam debet, si sua industria plus habet, aut prodesse, si sua culpa minus. Sed, ut dixi, potest aliquo modo ferri. Etiamne conjuges, etiamne liberi communes erunt? Non erit sanguinis ulla distinctio, nec genus certum, nec familiæ nec cognationes nec affinitates, sed sicut in gregibus pecudum confusa et indiscreta omnia, nulla erit in viris continentia, nulla in feminis pudicitia. Quis

---

1. Au mot *mitis*.
2. *Com. Enéide*, V, 519.
3. Au mot *clepere*.

esse in utrisque amor conjugalis potest, in quibus non est certus aut proprius affectus? Quis erit in patrem plus ignorans unde sit natus?..... Quin etiam feminis curiam reservavit, militiam et magistratus et imperia permisit. Quanta erit infelicitas urbis illius, in qua virorum officia mulieres occupabunt!] *Lactantius.*

[Et noster Plato magis etiam quam Lycurgus, omnia qui prorsus jubet esse communia, ne quis civis propriam aut suam rem ullam queat dicere.] *Nonius* [1].

[Ego vero eodem, quo ille Homerum redimitum coronis et delibutum unguentis emittit ex ea urbe, quam sibi ipse fingit.] *Nonius* [2].

VI. [Censoris judicium nihil fere damnato nisi ruborem adfert. Itaque ut omnis ea judicatio versatur tantum modo in nomine, animadversio illa ignominia dicta est.] *Nonius* [3].

[Horum enim severitatem dicitur inhorruisse primum civitas.] *Nonius* [4].

[Nec vero mulieribus præfectus præponatur, qui apud Græcos creari solet, sed sit censor qui viros doceat moderari uxoribus.] *Nonius* [5].

[Ita magnam habet vim disciplina verecundiæ : carent temoto omnes mulieres.] *Nonius* [6].

[Atque etiam si qua erat famosa, ei cognati osculum non ferebant.] *Nonius* [7].

[Itaque a petendo petulantia, a procando, id est poscendo, procacitas nominata est.] *Nonius* [8].

VII. [Nolo enim eumdem populum imperatorem et portitorem esse terrarum. Optimum autem et in privatis familiis et in re publica vectigal duco esse parcimoniam.] *Nonius* [9].

[Fides enim nomen ipsum mihi videtur habere, quum fit quod dicitur.] *Nonius* [10].

---

1. Au mot *proprium.*
2. Au mot *fingere.*
3. Au mot *ignominia.*
4. Au mot *horrendum.*
5. *De numero et casu.*
6. Au mot *temulenta.*
7. Au mot *fama.*
8. Au mot *procacitas.*
9. Au mot *portitores.*
10. Au mot *fides.*

[In cive excelso atque homine nobili blanditiam, assentationem, ambitionem notam esse levitatis.] *Nonius*[1].

[Intuere paullulum ipsos de re publica libros, quod nullus sit patriæ consulendi modus aut finis bonis. Cerne quantis ibi laudibus frugalitas et continentia prædicetur et erga conjugale vinculum fides castique, honesti ac probi mores.] *Augustinus*[2].

VIII. [Admiror nec rerum solum, sed verborum etiam elegantiam. Si jurgant, inquit, benevolorum concertatio, non lis inimicorum, jurgium dicitur. Et in sequenti : Jurgare igitur lex putat inter se vicinos, non litigare.] *Nonius*[3].

[Eosdem terminos hominum curæ atque vitæ, sic pontificio jure sanctitudo sepulturæ.] *Nonius*[4].

[Quod insepultos reliquissent eos, quos e mari propter vim tempestatis excipere non potuissent, innocentes necaverint.] *Nonius*[5].

[Nec in hac dissensione suscepi populi causam, sed bonorum.] *Nonius*[6].

[Non enim facile valenti populo resistitur, si aut nihil impertias juris aut parum.] *Priscianus*[7].

[Cui quidem utinam vere fideliter abunde ante auguraverim.] *Nonius*[8].

IX. [Frustra hoc exclamante Cicerone, qui quum de poetis ageret : Ad quos quum accessit, inquit, clamor et approbatio populi quasi magni cujusdam et sapientis magistri, quas ille obducunt tenebras, quos invehunt metus, quas inflammant cupiditates?] *Augustinus*[9].

[Negat Cicero, si duplicetur sibi ætas, habiturum se tempus quo legat lyricos.] *Seneca*[10].

---

1. Au mot *blandimentum*.
2. Lettre 102.
3. Au mot *jurgium*.
4. Au mot *sanctitudo*.
5. Au mot *excipere*.
6. *De doctr. indag.*
7. Priscianus, XV, IV.
8. Au mot *auguro*.
9. *Cité de Dieu*, II, XIII.
10. Lettre 49.

I. Fragments sur la comédie.

X. [Quum artem ludicram scenamque totam probro ducerent, genus id hominum non modo honore civium reliquorum carere, sed etiam tribu moveri notatione censoria voluerunt.] *Augustinus*[1].

[Nunquam comœdiæ, nisi consuetudo vitæ pateretur, probare sua theatris flagitia potuissent. Et Græci quidem antiquiores vitiosæ suæ opinionis quamdam convenientiam servaverunt, apud quos fuit etiam lege concessum ut, quod vellet comœdia, de quo vellet, nominatim diceret. Itaque sicut in eisdem libris loquitur Africanus : Quem illa non attigit, vel potius quem non vexavit? cui pepercit? Esto, populares homines improbos, in re publica seditiosos, Cleonem, Cleophontem, Hyperbolum læsit. Patiamur, inquit, etsi ejus modi cives a censore melius est quam a poeta notari ; sed Periclem, quum jam suæ civitati maxima auctoritate plurimos annos domi et belli præfuisset, violari versibus et exagitari in scena non plus decuit quam si Plautus, inquit, noster voluisset aut Nævius Publio et Cnæo Scipioni aut Cæcilius Marco Catoni male dicere. Deinde paullo post : Nostræ, inquit, contra, duodecim tabulæ, quum perpaucas res capite sanxissent, in his hanc quoque sanciendam putaverunt, si quis occentavisset, sive carmen condidisset, quod infamiam faceret flagitiumve alteri. Præclare : judiciis enim magistratuum, disceptationibus legitimis, propositam vitam, non poetarum ingeniis, habere debemus, nec probrum audire nisi ea lege, ut respondere liceat et judicio defendere. Hæc ex Ciceronis quarto de re publica libro ad verbum excerpenda arbitratus sum, non nullis propter faciliorem intellectum vel prætermissis vel paullulum commutatis. Dicit deinde alia et sic concludit hunc locum, ut ostendat, veteribus displicuisse Romanis vel laudari quemquam in scena vivum hominem vel vituperari.] *Augustinus*[2].

XI. Comœdiam esse Cicero ait imitationem vitæ, speculum consuetudinis, imaginem veritatis.] *Donat*[3].

[Æschines Atheniensis, vir eloquentissimus, quum ado-

---

1. *Cité de Dieu*, II, xiii.
2. *Ibid.*, II, ix.
3. Donat, *De la comédie*.

lescens tragœdias actitavisset, rem publicam capessivit; et Aristodemum, tragicum item actorem, maximis de rebus pacis et belli legatum ad Philippum Athenienses sæpe miserunt.]
Augustinus [1].

[Majores natu in conviviis ad tibias egregia superiorum opera carmine comprehensa pangebant, quo ad ea imitanda juventutem alacriorem redderent.] *Valerius Maximus*.

1. *Cité de Dieu*, II, ix.

LIVRE CINQUIÈME.

DES MŒURS ET DE L'ÉDUCATION DE L'HOMME POLITIQUE. DES CONNAISSANCES QU'IL DOIT POSSÉDER [1].

I. Fragment sur les mœurs des anciens Romains.

1. [Quando res publica romana non jam pessima ac flagitiosissima, sed omnino nulla erat, secundum istam rationem, quam disputatio de re publica inter magnos ejus tum principes habita patefecit; sicut etiam ipse Tullius, non Scipionis nec cujusquam alterius, sed suo sermone loquens in principio quinti libri, commemorato prius Ennii poetæ versu, quo dixerat:

<blockquote>Moribus antiquis res stat romana virisque,</blockquote>

quem quidem ille versum, inquit, vel brevitate vel veritate tanquam ex oraculo mihi quodam esse effatus videtur. Nam neque viri, nisi ita morata civitas fuisset, neque mores, nisi hi viri præfuissent, aut fundare aut tam diu tenere potuissent tantam et tam juste lateque imperantem rem publicam. Itaque ante nostram memoriam et mos ipse patrius præstantes viros adhibebat, et veterem morem ac majorum instituta retinebant excellentes viri. Nostra vero ætas, quum rem publicam sicut picturam accepisset egregiam, sed jam evanescentem vetustate, non modo eam coloribus iisdem quibus fuerat renovare neglexit, sed ne id quidem curavit, ut formam saltem ejus et extrema tanquam lineamenta servaret. Quid enim manet ex antiquis moribus, quibus ille dixit rem stare romanam? quos

---

[1]. Des lacunes très-nombreuses rendent l'analyse du Ve livre fort difficile, pour ne pas dire impossible. Probablement Cicéron, après avoir traité de l'éducation en général, examinait les connaissances et les talents que doit posséder l'homme politique (par exemple l'éloquence). Il s'est peut-être inspiré du XIe livre des *Lois* de Platon. Voy. plus loin, VII.

ita oblivione obsoletos videmus, ut non modo non colantur, sed etiam ignorentur. Nam de viris quid dicam? Mores enim ipsi interierunt virorum penuria, cujus tanti mali non modo reddenda ratio nobis, sed etiam tanquam reis capitis quodam modo dicenda causa est. Nostris enim vitiis, non casu aliquo, rem publicam verbo retinemus, re ipsa vero jam pridem amisimus. Hæc Cicero fatebatur longe quidem post mortem Africani, quem in suis libris fecit de re publica disputare.] *Augustinus* [1].

[Jus civile, per multa sæcula inter sacra cærimoniasque deorum immortalium abditum solisque pontificibus notum, Cn. Flavius, libertino patre genitus et scriba, cum ingenti nobilitatis indignatione factus ædilis curulis, vulgavit ac fastos pæne toto foro exposuit.] *Valerius Maximus*.

II. *Nihil esse tam* regale quam explanationem æquitatis, in qua juris erat interpretatio, quod jus privati petere solebant a regibus; ob easque causas agri, arvi et arbusti et pascui lati atque uberes definiebantur, qui essent regii quique colerentur sine regum opera et labore; ut eos nulla privati negotii cura a populorum rebus abduceret. Nec vero quisquam privatus erat disceptator aut arbiter litis, sed omnia conficiebantur judiciis regiis. Et mihi quidem videtur Numa noster maxime tenuisse hunc morem veterem Græciæ regum. Nam ceteri, etsi hoc quoque munere fungebantur, magnam tamen partem bella gesserunt et eorum jura coluerunt. Illa autem diuturna pax Numæ mater huic urbi juris et religionis fuit, qui legum etiam scriptor fuisset, quas scitis exstare, quod quidem hujus civis proprium, de quo agimus. . . .

III. [Sed tamen ut bono patrifamilias colendi, ædificandi, ratiocinandi quidam usus opus est] *Nonius* [2].

... *Scipio*...3 radicum seminumque cognoscere, num te offendet? — *Mummius*. Nihil, si modo opus exstabit. — *Scipio*. Num id studium censes esse villici? — *Mummius*. Minime: quippe quum agri cultura sæpissime opera deficiat. — *Scipio*. Ergo, ut villicus naturam agri novit, dispensator litteras scit, uterque autem se a scientiæ delectatione ad efficiendi utilitatem refert : sic noster hic rector studuerit sane juri et legibus

---

1. *Cité de Dieu*, II, xxi.
2. *De numero et casu*.
3. Suppléez : *Si villicus studet naturam radicum*.

cognoscendis, fontes quidem earum utique perspexerit, sed se responsitando et lectitando et scriptitando ne impediat, ut quasi dispensare rem publicam et in ea quodam modo villicare possit, summi juris peritissimus, sine quo justus esse nemo potest, civilis non imperitus, sed ita, ut astrorum gubernator, physicorum medicus ; uterque enim illis ad artem suam utitur, sed se a suo munere non impedit. Illud autem videbit hic vir.....

IV..... civitatibus, in quibus expetunt laudem optimi et decus, ignominiam fugiunt ac dedecus. Nec vero tam metu pœnaque terrentur, quæ est constituta legibus, quam verecundia, quam natura homini dedit quasi quemdam vituperationis non injustæ timorem. Hanc ille rector rerum publicarum auxit opinionibus perfecitque institutis et disciplinis, ut pudor civis non minus a delictis arceret quam metus. Atque hæc quidem ad laudem pertinent, quæ dici latius uberiusque potuerunt.

V. Ad vitam autem usumque vivendi ea descripta ratio est justis nuptiis, legitimis liberis, sanctis penatium deorum Larumque familiarium sedibus, ut omnes et communibus commodis et suis uterentur, nec bene vivi sine bona re publica posset, nec esse quicquam civitate bene constituta beatius. Quocirca permirum mihi videri solet, quæ sit tanta doc.....

VI. [Ut enim gubernatori cursus secundus, medico salus, imperatori victoria, sic huic moderatori rei publicæ beata civium vita proposita est; ut opibus firma, copiis locuples, gloria ampla, virtute honesta sit : hujus enim operis maximi inter homines atque optimi illum esse perfectorem volo.]

[Ut ubi est, quod et vestræ litteræ illum laudant patriæ rectorem, qui populi utilitati magis consulat quam voluntati?] *Augustinus*[1].

VII. [Tullius dissimulare non potuit in iisdem libris, quos de re publica scripsit, ubi loquitur de instituendo principe civitatis, quem dicit alendum esse gloria, et consequenter commemorat majores suos multa mira atque præclara gloriæ cupiditate fecisse.] *Augustinus*[2].

[Tullius in libris de re publica scripsit, scilicet principem civitatis gloria esse alendum et tam diu stare rem publicam,

1. Lettre 104.
2. *Cité de Dieu*, V, xxm.

quam diu ab omnibus honor principi exhiberetur.] *Petrus Pictaviensis*[1].

[Tum virtute, labore, industria quæreretur summi viri indolem, nisi nimis animose ferox natura illum nescio quo.....] *Nonius*[2].

[Quæ virtus fortitudo vocatur, in qua est magnitudo animi, mortis dolorisque magna contemptio.....] *Nonius*[3].

VIII. [Marcellus ut acer et pugnax, Maximus ut consideratus et lentus.....] *Nonius*[4].

[Qui conterit ejus vim et effrenatam illam ferociam.....] *Nonius*[5].

[Quod molestias senectutis suæ vestris familiis impertire posset.....] *Nonius*[6].

IX. [Ut Menelao Laconi quædam fuit suaviloquens jucunditas.....][7].

[Breviloquentiam in dicendo colat.] *Seneca*[8].

Quarum artium sævitate, nefas est religionem decipi judicantis. Ait enim : Quumque nihil tam incorruptum esse debeat in re publica quam suffragium, quam sententia, non intelligo cur qui ea pecunia corruperit pœna dignus sit, qui eloquentia, laudem etiam ferat. Mihi quidem hoc plus mali facere videtur qui oratione quam qui pretio judicem corrumpit, quod pecunia corrumpere prudentem nemo potest, dicendo potest.] *Ammianus Marcellinus*[9].

[Quæ quum Scipio dixisset, admodum probans Mummius : erat enim nimis odio quodam rhetorum imbutus.] *Nonius*[10].

1. *Bibliothèque des Pères de Lyon*, t. XXII, p. 824.
2. Au mot *anima*.
3. Au mot *contemptus*.
4. Au mot *lentum*.
5. Au mot *ferocia*.
6. Au mot *contingere*.
7. Sénèque, apud Aulu Gell., XII, 11.
8. Aulu-Gelle, XII, 11.
9. *Histoire*, XXX, iv.
10. Au mot *imbuere*.

ARGUMENT ANALYTIQUE

DU LIVRE SIXIÈME

I-VIII. Fragments divers.
IX. *Songe de Scipion*. Entrevue de Scipion avec Massinissa.
X. L'aïeul de Scipion lui apparaît en songe.
XI. Prédiction relative à la prise de Carthage et à celle de Numance.
XII. Suite des prédictions de l'Africain.
XIII. Il est dans le ciel un séjour réservé aux grands hommes.
XIV. La vie céleste est la vie véritable.
XV. Mais nous ne devons pas quitter la vie terrestre avant l'heure fixée par les dieux. Condamnation du suicide.
XVI. Tableau de l'univers, que Scipion contemple du haut de la voie lactée.
XVII. Description pythagoricienne et platonicienne des sphères célestes.
XVIII. Harmonie des sphères.
XIX. Petitesse de notre globe.
XX. Vanité de la gloire humaine. Dans quel étroit espace elle est resserrée.
XXI. Le temps lui manque autant que l'espace.
XXII. Depuis les temps les plus lointains, il s'est écoulé à peine une année astronomique.
XXIII. La véritable immortalité n'est point celle de la terre.
XXIV. Le corps seul est mortel.
XXV. Preuve platonicienne de l'immortalité de l'âme, tirée de ce qu'elle est un principe de mouvement.
XXVI. L'âme immortelle sera punie ou récompensée.

LIVRE SIXIÈME.

CONDITIONS DE STABILITÉ POUR LES ÉTATS. RÉCOMPENSES RÉSERVÉES A L'HOMME D'ÉTAT. — SONGE DE SCIPION[1].

---

[1]. On n'a que de rares fragments de tout ce qui précède le songe de Scipion.

I. [Totam igitur exspectas prudentiam hujus rectoris, quæ ipsum nomen hoc nacta est ex providendo.] *Nonius*[1].

[In Politia sua dicit Tullius rei publicæ rectorem summum virum et doctissimum esse debere, ita ut sapiens sit et justus et temperans et eloquens, ut possit facile currente eloquentia animi secreta ad regendam plebem exprimere. Scire etiam debet jus; græcas nosse litteras : quod Catonis facto probatur, qui in summa senectute græcis litteris operam dans indicavit quantum utilitatis haberent.] *Commentarii*[2].

[Quamobrem se comparet hic civis ita necesse est, ut sit, contra hæc quæ statum civitatis permovent, semper armatus.] *Nonius*[3].

Eaque dissensio civium, quod seorsum eunt alii ad alios, seditio dicitur.] *Nonius*[4].

[Et vero in dissensione civili, quum boni plus quam multi valent, expendendos cives, non numerandos puto.] *Nonius*[5].

[Graves enim dominæ cogitationum libidines infinita quædam cogunt atque imperant, quæ quia nec expleri nec satiari ullo modo possunt, ad omne facinus impellunt eos quos illecebris suis incenderunt.] *Nonius*[6].

II. [Quod quidem eo fuit majus, quia, quum causa pari collegæ essent, non modo invidia pari non erant, sed etiam Claudii invidiam Gracchi caritas deprecabatur.] *Gellius*[7].

1. Au mot *prudentia*.
2. Ce fragment semble plutôt résumer le Ve livre.
3, 4, 5. Aux mots *comparare, seditio, explere*.
6. *De doctr. Indag.*
7. *Nuits attiques*, VI, XVI.

[Qui numero optimatum et principum obtulit his vocibus, et gravitatis suæ liquit illum tristem et plenum dignitatis sonum.] *Nonius*[1].

[Ut, quemadmodum scribit ille, quotidiano in forum mille hominum cum palliis conchylio tinctis descenderent.] *Nonius*[2].

[In his, ut meministis, concursu levissime multitudinis et ære congesto funus de subito esset ornatum.] *Nonius*[3].

[Firmiter enim majores nostri stabilita matrimonia esse voluerunt.] *Priscianus*[4].

[Oratio exstat Lælii, quam omnes habemus in manibus,.... quam simpuvia pontificum dis immortalibus grata sint samiæque capedines.] *Nonius*[5].

III. [Imitatione Platonis Cicero de republica scribens, locum etiam de Eris Pamphyli reditu in vitam, qui, ut ait, rogo impositus revixisset, multaque de inferis secreta narrasset, non fabulosa, ut ille, assimilatione commentus est, sed solertis somnii rationabili quadam imaginatione composuit ; videlicet scite significans, hæc quæ de animæ immortalitate dicerentur cœloque, non somniantium philosophorum esse commenta, nec fabulas incredibiles, quas Epicurei derident, sed prudentium conjecturas. Insinuat Scipionem illum, qui Carthagine subjugata cognomen familiæ peperit Africanum, huic Scipioni, Pauli filio, futuras a propinquis insidias et fatalis metæ denuntiare curriculum, quod necessitate numerorum in vitæ perfectæ tempora coarctetur ; ponitque illum ætatis suæ quinquagesimo ac sexto anno, duobus in se coeuntibus numeris, absolutam cœlo animam, unde acceperat, redditurum.....] *Favonius Eulogius*[6].

IV. [Nonnulli nostri, propter quoddam præclarissimum loquendi genus et propter nonnulla, quæ veraciter sensit, amantes Platonem, dicunt eum aliquid simile nobis etiam de mortuorum resurrectione sensisse. Quod quidem sic tangit in libris de republica Tullius, ut eum lusisse potius, quam id quod verum esset, affirmet dicere voluisse. Inducit enim hominem revixisse et narrasse quædam, quæ Platonicis disputationibus congruebant.] *Augustinus*.

V. [In hoc vel maxime operis similitudinem servavit imita-

1, 2, 3, 4, 5. *De doct. Iuday*.
6. *Comm. Somn. Scip.*, I, IV.

tio, quod quum Plato in voluminis (de rep.) conclusione a quodam vitæ reddito, quam reliquisse videbatur, indicari faciat, qui sit exutarum corporibus status animarum, adjecta his quadam sphærarum vel siderum non otiosa descriptione ; rerum facies non dissimilia significans a Tulliano Scipione per quietem sibi ingesta narratur.] *Macrobius*[1].

VI. [Postquam in omni reipublicæ otio ac negotio palmam justitiæ disputando dedit, sacras immortalium animarum et cœlestium arcana regionum in ipso consummati operis sedes, fastigio locavit; indicans, quo his perveniendum sit vel potius revertendum, qui rempublicam cum prudentia, justitia, fortitudine ac moderatione tractaverunt. Sed ille Platonicus secretorum relator Er quidam nomine fuit, natione Pamphylus, miles officio, qui quum vulneribus in prælio acceptis vitam effudisse visus, duodecimo demum die inter ceteros una peremptos ultimo esset honorandus igne, subito seu recepta anima seu retenta, quidquid emensis inter utramque vitam diebus egerat videratve , tanquam publicum professus indicium, humano generi enuntiavit. Hanc fabulam Cicero licet ab indoctis, quasi ipse veri conscius, doleat irrisam, exemplum tamen stolidæ reprehensionis vitans, excitari narraturum, quam reviviscere maluit.] *Macrobius*[2].

VII. [Ac prius quam somnii verba consulamus, enodandum nobis est, a quo genere hominum Tullius memoret vel irrisam Platonis fabulam, vel, ne sibi idem eveniat, non vereri. Nec enim his verbis vult imperitum vulgus intelligi, sed genus hominum veri ignarum sub peritiæ ostentatione : quippe quos et legisse talia, et ad reprehendendum constaret animatos. Dicemus igitur et quos in tantum philosophum referat quamdam censuræ exercuisse levitatem, quisve eorum etiam scriptam reliquerit accusationem, etc. Epicureorum tota factio, æquo semper errore a vero devia, et illa existimans ridenda, quæ nesciat, sacrum volumen et augustissima irrisit naturæ seria. Colotes vero inter Epicuri auditores loquacitate notabilior, etiam in librum retulit, quæ de hoc amarius cavillatus est. Sed cetera, quæ injuria notavit, siquidem ad somnium, de quo hic procedit sermo, non attinent, hoc loco

---

1. *Comm. Somn. Scip.*, I, IV.
2. *Ibid.*

8.

nobis omittenda sunt : illam calumniam persequemur, quæ nisi supplodatur, manebit Ciceroni cum Platone communis. Ait a philosopho fabulam non oportuisse confingi : quoniam nullum figmenti genus veri professoribus conveniret. Cur enim, inquit, si rerum cœlestium notionem, si habitum nos animarum docere voluisti, non simplici et absoluta hoc insinuatione curatum est, sed quæsita persona casusque excogitata novitas, et composita advocati scena figmenti, ipsam quærendi veri januam mendacio polluerunt? Hæc quoniam, dum de Platonico Ere jactantur, etiam quietem Africani nostri somniantis incusant, resistamus urgenti et frustra arguens refellatur.....] *Macrobius*[1].

VIII. [Scipionem hæc occasio ad narrandum somnium provocavit, quod longo tempore se testatus est silentio condidisse. Quum enim Lælius quereretur nullas Nasicæ statuas in publico in interfecti tyranni remunerationem locatas, respondit Scipio post alia in hæc verba : Sed quanquam sapientibus conscientia ipsa factorum egregiorum amplissimum virtutis est præmium, tamen illa divina virtus non statuas plumbo inhærentes, nec triumphos arescentibus laureis, sed stabiliora quædam et viridiora præmiorum genera desiderat. Quæ tandem ista sunt? inquit Lælius. Tum Scipio : Patimini me, quoniam tertium diem jam feriati sumus, et cetera quibus ad narrationem somnii venit, docens illa esse stabiliora et viridiora præmiorum genera, quæ ipse vidisset in cœlo bonis rerum publicarum servata rectoribus.] *Macrobius*[2].

Somnium[3].

IX. Entrevue de Scipion avec Massinissa.

IX. Quum in Africam venissem M'. Manilio consuli ad quartam legionem tribunus, ut scitis, militum, nihil mihi fuit

---

1. *Comm. Somn. Scip.*, I, iv.
2. *Ibid.*
3. Platon a terminé sa *République* par le mythe d'Er l'Arménien qui, revenu à la vie après douze jours, décrit les merveilles de l'autre monde. D'après certains critiques, cet Er pourrait bien être Zoroastre. Cicéron, pour être plus vraisemblable, termine son ouvrage par un songe. On remarquera aussi que l'entretien, qui avait débuté par des considérations astronomiques, se termine par le

potius quam ut Massinissam convenirem regem, familiæ nostræ justis de causis amicissimum[1]. Ad quem ut veni, complexus me senex collacrymavit, aliquantoque post suspexit in cœlum, et : Grates, inquit, tibi ago, summe Sol, vobisque, reliqui cœlites[2], quod ante quam ex hac vita migro, conspicio in meo regno et in his tectis P. Cornelium Scipionem, cujus ego nomine ipso recreor, ita nunquam ex animo meo discedit illius optimi atque invictissimi viri memoria. Deinde ego illum de suo regno, ille me de nostra re publica percontatus est, multisque verbis ultro citroque habitis ille nobis consumptus est dies.

X. L'aïeul de Scipion lui apparaît en songe.

X. Post autem, apparatu regio accepti, sermonem in multam noctem produximus, quum senex nihil nisi de Africano loqueretur omniaque ejus non facta solum, sed etiam dicta meminisset. Deinde, ut cubitum discessimus, me et de via fessum et qui ad multam noctem vigilassem, arctior quam solebat somnus complexus est. Hic mihi (credo equidem ex hoc, quod eramus locuti : fit enim fere ut cogitationes sermonesque nostri pariant aliquid in somno tale, quale de Homero scribit Ennius[3], de quo videlicet sæpissime vigilans solebat cogitare et loqui) Africanus se ostendit ea forma, quæ mihi ex imagine ejus quam ex ipso erat notior[4] ; quem ubi agnovi, equidem cohorrui ; sed ille : Ades, inquit, animo[5], et omitte timorem, Scipio, et quæ dicam trade memoriæ.

spectacle merveilleux des sphères célestes. C'est une réponse indirecte à ceux qui croient les spéculations astronomiques entièrement inutiles.

1. Scipion avait rétabli Massinissa, roi des Massyliens, sur son trône. La capitale de Massinissa était Cirta (Constantine).

2. *Cœlites.* Les astres. Dans le traité *De natura deorum*, Cicéron prête ces paroles au stoïcien Lucilius : « Hanc igitur in stellis constantiam, hanc tantam tam variis cursibus in omni æternitate convenientiam temporum non possum intelligere sine mente, ratione, consilio. Quæ quum sideribus inesse videamus, non possumus ea ipsa non in deorum numero reponere. »

3. Ennius. « In somnis mihi visus Homerus adesse poeta. » Scholiaste.

4. Le second Africain naquit, dit-on, l'année même où mourut l'ancien.

5. *Ades animo,* rassure-toi.

XI. Prédiction relative à la prise de Carthage et à celle de Numance.

XI. Videsne illam urbem, quæ parere populo romano coacta per me, renovat pristina bella, nec potest quiescere (ostendebat autem Carthaginem de excelso, et pleno stellarum[1], illustri et claro quodam loco), ad quam tu oppugnandam nunc venis pæne miles[2]? Hanc hoc biennio consul[3] evertes, eritque cognomen id tibi per te partum, quod habes adhuc a nobis hæreditarium. Quum autem Carthaginem deleveris, triumphum egeris, censorque fueris, et obieris legatus Ægyptum, Syriam, Asiam, Græciam, deligere iterum absens consul[4], bellumque maximum conficies, Numantiam exscindes. Sed quum eris curru Capitolium invectus, offendes rem publicam consiliis perturbatam nepotis mei[5].

XII. Suite des prédictions de l'Africain.

XII. Hic tu, Africane, ostendas oportebit patriæ lumen animi, ingenii consiliique tui. Sed ejus temporis ancipitem video quasi fatorum viam. Nam quum ætas tua septenos octies solis anfractus[6] reditusque[7] converterit, duoque hi numeri, quorum uterque plenus alter altera de causa habetur, circuitu naturali summam tibi fatalem[8] confecerint, in te unum atque in tuum nomen se tota convertet civitas ; te senatus, te omnes

---

1. *Pleno stellarum.* La voie lactée.
2. *Pæne miles.* Scipion n'était encore que tribun militaire.
3. *Consul.* Investi d'un pouvoir consulaire. Scipion n'était pas encore consul quand il renversa Carthago.
4. *Absens,* — absent des comices, — sans que tu brigues le consulat.
5. Caius Gracchus.
6. *Anfractus.* La courbe que décrit le soleil quand il paraît s'éloigner, du solstice d'été au solstice d'hiver.
7. *Reditum,* le retour au même point pendant les six autres mois.
8. *Fatalem,* marquée par le destin. — *Plenus,* en grec τέλειος, nombre plein, parfait. On sait toute l'importance que les pythagoriciens attachaient aux divers caractères des nombres, qui représentaient pour eux les lois essentielles des choses. Le nombre le plus parfait à leurs yeux était la décade, symbole de Dieu même et résumé de tous les autres nombres. Philolaüs célèbre les vertus de la décade, dans les fragments que nous a conservés Stobée. Le nombre sept joue également un grand rôle dans le système pythagoricien. Le nombre huit a moins d'importance. *Alter altera de causa.* L'un est pair, ἄρτιος, l'autre impair, περιττός. Le pair et l'impair sont l'emblème du fini et de l'infini. — Cf. *Timée,* p. 89. Ἔστι δ'ὅμως οὐδὲν ἧττον κατανοῆσαι δυνατόν, ὡς γε τέλειος ἀριθμὸς χρόνου τὸν τέλειον ἐνιαυτὸν πληροῖ τότε, ὅταν ἁπασῶν τῶν ὀκτὼ περιόδων, etc.

boni, te socii, te Latini intuebuntur : tu eris unus, in quo nitatur civitatis salus; ac, ne multa, dictator rem publicam constituas oportet, si impias propinquorum manus effugeris. Hic quum exclamasset Lælius, ingemuissentque ceteri vehementius, leniter arridens Scipio : Quæso, inquit, ne me e somno excitetis ; parumper audite cetera[1].

XIII. Il est dans le ciel un séjour réservé aux grands hommes.

XIII. Sed quo sis, Africane, alacrior ad tutandam rem publicam, sic habeto : omnibus, qui patriam conservaverint, adjuverint, auxerint, certum esse in cœlo ac definitum locum, ubi beati ævo sempiterno fruantur : nihil est enim illi principi Deo[2], qui omnem hunc mundum regit, quod quidem in terris fiat, acceptius quam concilia cœtusque hominum jure sociati, quæ civitates appellantur ; harum rectores et conservatores hinc profecti huc revertuntur.

XIV. La vie céleste est la vraie vie.

XIV. Hic ego, etsi eram perterritus non tam mortis metu quam insidiarum a meis, quæsivi tamen viveretne ipse et Paullus pater, et alii, quos nos extinctos esse arbitraremur. Immo vero, inquit, ii vivunt, qui e corporum vinculis tanquam e carcere evolaverunt ; vestra vero, quæ dicitur, vita mors est. Quin tu adspicis ad te venientem Paullum patrem? Quem ut vidi, equidem vim lacrymarum profudi ; ille autem me complexus atque osculans flere prohibebat.

XV. Mais nous ne devons pas quitter la vie terrestre avant l'heure fixée par les dieux.

XV. Atque ego ut primum fletu represso loqui posse cœpi : Quæso, inquam, pater sanctissime atque optime, quoniam hæc est vita, ut Africanum audio dicere, quid moror in

---

1. Ailleurs : *et parum rebus;* ou *et pax sit rebus;* ou *rumpatis visum.*
2. « Dieux issus d'un dieu, » dit dans le *Timée* le Dieu suprême, *princeps Deus.*

terris? quin huc ad vos venire propero? Non est ita, inquit ille. Nisi enim deus is, cujus hoc templum[1] est omne, quod conspicis, istis te corporis custodiis liberaverit, huc tibi aditus patere non potest. Homines enim sunt hac lege generati, qui tuerentur illum globum, quem in hoc templo medium vides[2], quæ terra dicitur; hisque animus datus est ex illis sempiternis ignibus, quæ sidera et stellas vocatis, quæ globosæ et rotundæ[3], divinis animatæ mentibus[4], circulos suos orbesque conficiunt celeritate mirabili. Quare et tibi, Publi, et piis omnibus retinendus animus est in custodia corporis, nec injussu ejus a quo ille est vobis datus, ex hominum vita migrandum est, ne munus humanum assignatum a Deo defugisse videamini[5]. Sed sic, Scipio, ut avus hic tuus, ut ego, qui te genui, justitiam cole et pietatem; quæ quum magna in parentibus et propinquis, tum in patria maxima est. Ea

1. *Templum*, espace qu'on peut *contempler*.
2. Cicéron s'écarte ici de l'astronomie pythagoricienne. D'après Philolaüs, le milieu du monde est le feu central.
3. D'après le *Timée*, les étoiles sont rondes pour ressembler à l'univers lui-même, et parce que la forme sphérique est la plus parfaite : Τῷ δὲ παντὶ προσεικάζων εὔκυκλον ἐτείν. (ch. XII).
4. Après avoir donné une âme à l'univers, le Dieu du *Timée* forme, avec les restes du mélange idéal, dans le vase symbolique de l'espace, des âmes propres aux astres, et dont nos âmes ne sont que des émanations. Platon a emprunté aux Pythagoriciens le fond de cette théorie, mais il en a fait un ensemble de symboles métaphysiques. La loi dialectique qui préside à toutes choses se retrouve dans la génération des âmes. Au sommet de l'échelle est *l'âme divine* dans laquelle l'unité et la multiplicité, c'est-à-dire l'immutabilité et la vie, sont ramenées à une mystérieuse identité. Au second degré est *l'âme universelle*, présente au monde tout entier, première émanation de l'âme divine et cause du mouvement perpétuel des choses. Au troisième degré sont les âmes particulières des astres, sorte d'intermédiaire entre la vie universelle et la vie individuelle. Les âmes des *individus*, c'est-à-dire celles des hommes, des animaux et des plantes, occupent le dernier rang. On y retrouve d'ailleurs les trois éléments de toute âme, les trois conditions de toute vie : unité, variété, et rapport de l'unité à la variété. L'unité est la *raison*, dont les connaissances sont fixes; la variété est la *sensation* toujours mobile; le terme moyen est *l'entendement discursif*, qui a pour objet les notions abstraites et générales, rapports du sensible à l'intelligible. Platon appelle symboliquement la raison le *cercle de l'identité*, c'est-à-dire la connaissance immuable; la sensation est le cercle de la *diversité*, c'est-à-dire la connaissance variable. Ces cercles se retrouvent dans l'âme universelle et produisent les diverses révolutions des astres, à la fois immuables (par leurs lois constantes et rationnelles) et variables (par leur mouvement sensible dans le temps et dans l'espace). Les lois et les mouvements des astres, dit Platon avec profondeur, ressemblent aux lois et aux mouvements de notre intelligence; il y a dans l'univers une pensée obscure, comme il y a en nous une pensée claire.
5. C'est la théorie de Platon dans le *Phédon*. On sait que les stoïciens permettaient au contraire le suicide. V. Sénèque, lettre 70.

vita via est in cœlum et in hunc cœtum eorum qui jam vixerunt, et, corpore relaxati, illum incolunt locum quem vides.

XVI. *Tableau de l'univers, que Scipion contemple du haut de la voie lactée.*

XVI. Erat autem is splendidissimo candore inter flammas circulus elucens, quem vos, ut a Graiis accepistis, orbem lacteum nuncupatis : ex quo mihi omnia contemplanti præclara cetera et mirabilia videbantur. Erant autem eæ stellæ quas nunquam ex hoc loco vidimus, et eæ magnitudines omnium, quas esse nunquam suspicati sumus ; ex quibus erat ea minima, quæ ultima a cœlo, citima terris, luce lucebat aliena. Stellarum autem globi terræ magnitudinem facile vincebant. Jam vero ipsa terra ita mihi parva visa est, ut me imperii nostri, quo quasi punctum ejus attingimus, pœniteret.

XVII. *Description pythagoricienne et platonicienne des sphères célestes.*

XVII. Quam quum magis intuerer : Quæso, inquit Africanus, quousque humi defixa tua mens erit? Nonne adspicis quæ in templa veneris? Novem tibi orbibus vel potius globis[1] connexa sunt omnia ; quorum unus cœlestis et extimus, qui reliquos omnes complectitur, summus ipse deus arcens et continens ceteros[2] ; in quo sunt infixi IIII, qui volvuntur, stellarum

---

1. *Novem.* Neuf orbites ou plutôt neuf sphères. Les neuf cercles parcourus par les astres.
2. *Summus ipse deus;* il s'agit de l'âme universelle qui enveloppe le neuvième ciel, la sphère des étoiles, et par là même toutes les autres sphères. Pour Platon, cette âme du monde est loin d'être le Dieu suprême ; car au-dessus d'elle se trouve l'âme divine, inférieure elle-même par son caractère de mobilité idéale à l'intelligence divine, où résident les idées immuables. Ce n'est pas tout, l'intelligence même n'est pas le terme le plus élevé de la dialectique, car elle contient encore quelque trace de multiplicité. Au-dessus de l'intelligence et de l'essence (choses identiques), réside le bien, τὸ ἀγαθόν, unité absolue d'où procède tout le reste, et qui est très-supérieure *en beauté et en dignité* à la pensée et à l'essence, ἐπέκεινα τοῦ νοῦ καὶ τῆς οὐσίας. L'âme du monde est donc éloignée de quatre degrés du Dieu véritable, du Dieu parfait, du bien suprême, un et immuable. Le disciple de Platon, Aristote, refuse de gravir jusqu'au bout l'échelle de la dialectique, et considère l'intelligence absolue comme le plus haut degré de la perfection, comme si la pensée n'avait pas l'être et la substance pour soutien. Les successeurs d'Aristote s'arrêtent à un

cursus sempiterni; cui subjecti septem, qui versantur retro contrario motu[1] atque cœlum ; ex quibus unum globum possidet illa, quam in terris Saturniam nominant. Deinde est hominum generi prosperus et salutaris ille fulgor, qui dicitur Jovis : tum rutilus horribilisque terris, quem Martium dicitis: deinde subter mediam fere regionem Sol obtinet, dux et princeps et moderator luminum reliquorum, mens mundi[2] et temperatio, tanta magnitudine, ut cuncta sua luce lustret et compleat. Hunc ut comites consequuntur Veneris alter, alter Mercurii cursus ; in infimoque orbe Luna radiis solis accensa convertitur. Infra autem jam nihil est nisi mortale et caducum præter animos munere deorum hominum generi datos, supra Lunam sunt æterna omnia[3]. Nam ea quæ est media et nona tellus neque movetur, et infima est, et in eam feruntur omnia nutu suo pondera.

XVIII. Harmonie des sphères.

XVIII. Quæ quum intuerer stupens, ut me recepi : Quis hic, inquam, quis est, qui complet aures meas tantus et tam dulcis sonus? Hic est, inquit ille, qui intervallis conjunctus imparibus, sed tamen pro rata parte ratione distinctis, impulsu et motu ipsorum orbium conficitur, et, acuta cum gravibus temperans, varios æquabiliter concentus efficit : nec enim

---

point de vue encore inférieur. Pour les stoïciens Dieu n'est plus le bien absolu de Platon, ni même la pensée transcendante d'Aristote, supérieure à l'univers qu'elle attire et meut par sa beauté ; c'est l'âme du monde, présente à la matière dont elle est inséparable. On retrouve dans Cicéron cette doctrine panthéiste. Le sens des hautes spéculations platoniciennes était alors perdu. Pour Cicéron, l'âme du monde est le Dieu suprême, *summus ipse deus*, ayant pour organe la sphère étoilée dont il est inséparable. Ce n'est plus le Dieu *transcendant* du spiritualisme ; c'est le Dieu *immanent* du panthéisme.

1. Imitation du *Timée*. Les deux facultés essentielles de toute âme, *raison* et *sensation* (νοῦς καὶ αἴσθησις) s'expriment sous des formes visibles dans la double révolution des astres ; l'une identique et simple (c'est la révolution du Zodiaque et des étoiles); l'autre variée et multiple (c'est celle des planètes) — *Contrario motu atque cœlum*. Le mouvement des planètes est en sens inverse de celui des constellations. — *Cui subjecti sunt septem*. Les sept planètes dont l'ensemble constitue le cercle ou la sphère de la variété.

2. *Mens mundi*. Expression de rhétorique qui s'accorde peu avec ce qui précède.

3. D'après Aristote il n'y a de choses incorruptibles que dans la sphère sublunaire.

silentio tanti motus incitari possunt, et natura fert ut extrema ex altera parte graviter, ex altera autem acute sonent. Quam ob causam summus ille cœli stellifer cursus, cujus conversio est concitatior, acuto et excitato movetur sono; gravissimo autem hic lunaris atque infimus : nam terra nona immobilis manens, una sede semper hæret, complexa medium mundi locum. Illi autem octo cursus, in quibus eadem vis est duorum, septem efficiunt distinctos intervallis sonos : qui numerus rerum omnium fere nodus est : quod docti homines nervis imitati atque cantibus, aperuerunt sibi reditum in hunc locum, sicut alii, qui præstantibus ingeniis in vita humana divina studia coluerunt. Hoc sonitu oppletæ aures hominum obsurduerunt [1], nec est ullus hebetior sensus in vobis, sicut, ubi Nilus ad illa, quæ catadupa nominantur, præcipitat ex altissimis montibus, ea gens, quæ illum locum accolit, propter magnitudinem sonitus sensu audiendi caret. Hic vero tantus est totius mundi incitatissima conversione sonitus, ut cum aures hominum capere non possint ; sicut intueri solem adversum nequitis, ejusque radiis acies vestra sensusque vincitur. Hæc ego admirans referebam tamen oculos ad terram identidem.

XIX. Petitesse de la terre

XIX. Tum Africanus : Sentio, inquit, te sedem etiam nunc hominum ac domum contemplari : quæ si tibi parva, ut est, ita videtur, hæc cœlestia semper spectato, illa humana contemnito. Tu enim quam celebritatem sermonis hominum, aut quam expetendam consequi gloriam potes? Vides habitari in terra raris et angustis in locis ; et in ipsis quasi maculis, ubi habitatur, vastas solitudines interjectas ; eosque, qui incolunt terram, non modo interruptos ita esse, ut nihil inter ipsos ab aliis ad alios manare possit, sed partim obliquos [2],

---

1. *Obsurduerunt.* Nous ne percevons en effet que les différences ; ce qui est continu et uniforme n'est point distinct pour nous. « Le meunier, dit-on, n'entend pas le bruit de son moulin. » Nous ne percevons pas la pression de l'atmosphère en repos. Une lumière uniforme, sans ombre et sans nuances, serait invisible à force d'être visible. — De même la présence continue de l'intelligible et du divin dans l'âme n'est point aperçue distinctement.

2. *Obliquos,* ceux qui n'habitent ni sur le même méridien ni sur le même parallèle. La longitude et la latitude sont donc également différentes.

partim transversos[1], partim etiam adversos[2] stare vobis, a quibus exspectare gloriam certe nullam poteris.

XX. Vanité de la gloire humaine. Dans quel étroit espace elle est resserrée.

XX. Cernis autem eamdem terram quasi quibusdam redimitam et circumdatam cingulis[3], e quibus duo maxime inter se diversos et cœli verticibus[4], ipsis ex utraque parte subnixos, obriguisse pruina vides; medium[5] autem illum et maximum solis ardore torreri. Duo[6] sunt habitabiles, quorum australis ille, in quo qui insistunt, adversa[7] vobis urgent vestigia, nihil ad vestrum genus[8]; hic autem alter subjectus aquiloni, quem incolitis, cerne quam tenui vos parte contingat. Omnis enim terra, quæ colitur a vobis, angusta verticibus, lateribus latior[9], parva quædam insula est, circumfusa illo mari, quod Atlanticum, quod Magnum, quod Oceanum appellatis in terris; qui tanto nomine quam sit parvus vides. Ex his ipsis cultis notisque terris num aut tuum aut cujusquam nostrum nomen vel Caucasum hunc, quem cernis, transcendere potuit, vel illum Gangem tranatare? Quis in reliquis orientis aut obeuntis solis ultimis aut aquilonis austrive partibus tuum nomen audit? Quibus amputatis cernis profecto quantis in angustiis vestra se gloria dilatari velit. Ipsi autem qui de vobis loquuntur, quam loquentur diu?

XXI. Le temps lui manque autant que l'espace.

XXI. Quin etiam, si cupiat proles illa futurorum hominum deinceps laudes uniuscujusque nostrum, a patribus acceptas,

---

1. *Transversos*, les habitants d'un même parallèle, sous des méridiens différents.
2. *Adversos*, les antipodes, que les pythagoriciens appelaient *antichthone*.
3. *Cingulis*, les zones.
4. *Verticibus*, les pôles.
5. *Medium*, la zone torride.
6. *Duo*, les zones tempérées.
7. *Adversa*, les antipodes.
8. *Nihil ad vestrum genus.* — Ils sont séparés de nous par la zone torride, que les anciens croyaient inhabitable.
9. *Verticibus*, dans le sens du méridien; *lateribus*, dans le sens des parallèles.

posteris prodere, tamen propter eluviones exustionesque terrarum, quas accidere tempore certo necesse est, non modo æternam, sed ne diuturnam quidem gloriam assequi possumus. Quid autem interest ab iis qui postea nascentur, sermonem fore de te, quum ab eis nullus fuerit qui ante nati sunt ? qui nec pauciores et certe meliores fuerunt viri.

XXII. Depuis les temps les plus lointains, il s'est écoulé à peine une année astronomique.

XXII. Præsertim quum apud eos ipsos a quibus audiri nomen nostrum potest, nemo unius anni memoriam consequi possit. Homines enim populariter annum tantum modo solis, id est unius astri, reditum metiuntur ; quum autem ad idem, unde semel profecta sunt, cuncta astra redierint, eamdemque totius cœli descriptionem longis intervallis retulerint, tum ille vere vertens annus appellari potest[1] : in quo vix dicere audeo quam multa hominum sæcula teneantur. Namque ut olim deficere sol omnibus exstingui que visus est, quum Romuli animus hæc ipsa in templa penetravit ; quando ab eadem parte sol eodemque tempore iterum defecerit, tum signis omnibus ad principium stellisque revocatis, expletum annum habeto : hujus quidem anni nondum vicesimam partem scito esse conversam.

XXIII. La véritable immortalité n'est point celle de la terre.

XXIII. Quocirca si reditum in hunc locum desperaveris, in quo omnia sunt magnis et præstantibus viris[2] ; quanti tandem

1. *Vertens*, révolu. C'est la grande année astronomique, conception chaldéenne, adoptée par les pythagoriciens, par Platon et par les stoïciens. Tous les astres étant revenus à leur point de départ, on croyait qu'il se produirait une conflagration universelle, suivie d'une période nouvelle dans laquelle se reproduirait exactement tout ce qui s'était passé dans l'année précédente, et ainsi de suite pendant toute la durée des siècles. Les anciens n'avaient pas l'idée nette du progrès indéfini. — V. *Timée*, ch. xi. — On ne s'accordait pas sur la durée de l'année astronomique.

2. Les hommes de bien seuls retournent dans les astres, d'après la doctrine de Platon. Ce n'est pas à dire, comme on l'a cru, qu'ils soient seuls immortels. Seulement les âmes des méchants, entraînées vers la terre par leurs penchants grossiers, ne peuvent s'élever vers les sphères célestes : *Circum terram ipsam volutantur,* dit plus loin Cicéron.

est ista hominum gloria, quæ pertinere vix ad unius anni partem exiguam potest? Igitur alte spectare si voles, atque hanc sedem et æternam domum contueri ; neque te sermonibus vulgi dedideris, nec in præmiis humanis spem posueris rerum tuarum : suis te oportet illecebris ipsa virtus trahat ad verum decus : quid de te alii loquantur ipsi videant, sed loquentur tamen. Sermo autem omnis ille et angustiis cingitur eis regionum, quas vides, nec unquam de ullo perennis fuit, et obruitur hominum interitu, et oblivione posteritatis exstinguitur.

XXIV. Le corps seul est mortel.

XXIV. Quæ quum dixisset : Ego vero, inquam, Africane, si quidem bene meritis de patria quasi limes ad cœli aditum patet ; quanquam a pueritia vestigiis ingressus patriis et tuis, decori vestro non defui ; nunc tamen, tanto præmio exposito enitar multo vigilantius. Et ille : Tu vero enitere, et sic habeto, non esse te mortalem, sed corpus hoc : nec enim tu is es, quem forma ista declarat; sed mens cujusque is est quisque, non ea figura, quæ digito demonstrari potest[1]. Deum te igitur scito esse, si quidem deus est, qui viget, qui sentit, qui meminit, qui providet, qui tam regit et moderatur et movet id corpus, qui præpositus est, quam hunc mundum ille princeps deus; et, ut mundum ex quadam parte mortalem ipse deus æternus, sic fragile corpus animus sempiternus movet[2].

XXV. Preuve de l'immortalité de l'âme, tirée de ce qu'elle est un principe de mouvement.

XXV. Nam quod semper movetur æternum est ; quod autem motum affert alicui, quodque ipsum agitatur aliunde, quando finem habet motus, vivendi finem habeat necesse est[3]. Solum

---

1. *Mens cujusque...* Pensée empruntée à Platon. Σωκράτης Ἀλκιβιάδῃ διαλέγεται λόγῳ χρώμενος, οὐ πρὸς τὸ σὸν πρόσωπον, ὡς ἔοικεν, ἀλλὰ πρὸς τὸν Ἀλκιβιάδην ποιούμενος τοὺς λόγους· τοῦτο δ' ἐστὶν ἡ ψυχή. (*Premier Alcibiade*, ch. xxv.)

2. Ce chapitre et le suivant sont traduits du *Phèdre* de Platon. Cf. *Tusculanes*, I, xxiii.

3. Τὸ γὰρ ἀεικίνητον ἀθάνατον. Τὸ δ' ἄλλο κινοῦν καὶ ὑπ' ἄλλου κινούμενον, παῦλαν ἔχον κινήσεως παῦλαν ἔχει ζωῆς. Platon, *ibid*.

igitur quod de se movetur, quia nunquam deseritur a se, nunquam ne moveri quidem desinit. Quin etiam ceteris, quæ moventur, hic fons, hoc principium est movendi. Principio autem nulla est origo : nam ex principio oriuntur omnia, ipsum autem nulla ex re alia nasci potest : nec enim esset id principium, quod gigneretur aliunde : quod si nunquam oritur, ne occidit quidem unquam. Nam principium exstinctum, nec ipsum ab alio renascetur, nec ex se aliud creabit ; si quidem necesse est a principio oriri omnia. Ita fit ut motus principium ex eo sit, quod ipsum a se movetur : id autem nec nasci potest nec mori ; vel concidat omne cœlum, omnisque natura consistat necesse est, nec viam ullam nanciscatur, qua a primo impulsu moveatur.

XXVI. L'Âme immortelle sera punie ou récompensée.

XXVI. Quum pateat igitur æternum id esse, quod a se ipso moveatur, quis est qui hanc naturam animis[1] esse tributam neget? Inanimum est enim omne, quod pulsu agitatur externo; quod autem est animal, id motu cietur interiore et suo : nam hæc est propria natura animi atque vis[2]. Quæ si est una ex omnibus quæ sese moveat, neque nata est certe et æterna est. Hanc tu exerce optimis in rebus! Sunt autem optimæ curæ de salute patriæ, quibus agitatus et exercitatus animus velocius in hanc sedem et domum suam pervolabit. Idque ocius faciet, si jam tum, quum erit inclusus in corpore, eminebit foras, et ea, quæ extra erunt, contemplans, quam

1. Platon dit simplement que la *substance* de l'âme est immortelle οὐσίαν ψυχῆς.
2. Tout ce raisonnement manque de clarté et de rigueur, surtout dans la traduction de Cicéron. D'après Platon, l'Âme universelle qui anime le monde n'a ni commencement ni fin, car elle se meut par elle-même et communique le mouvement à tout le reste. Si elle était jamais anéantie, tout rentrerait dans l'immobilité. C'est là le *principe* du raisonnement. Mais les âmes individuelles ne sont autre chose que des participations et des émanations de l'Âme universelle, qui est leur véritable substance; elles sont donc, sous le rapport de la substance, sans commencement ni fin. Quant aux attributs de la personnalité, principalement la raison, Platon croit qu'ils sont également immortels : 1º parce que la raison participe à la nature éternelle de son objet, qui est l'idée; 2º parce que les âmes doivent être punies et récompensées. Ce qui manque à Platon, c'est la notion claire de la substance individuelle. Il absorbe les âmes particulières dans l'âme universelle, sous le rapport de la substance.

maxime se a corpore abstrahet. Namque eorum animi, qui se corporis voluptatibus dediderunt earumque se quasi ministros præbuerunt, impulsuque libidinum voluptatibus obedientium, deorum et hominum jura violaverunt, corporibus elapsi circum terram ipsam volutantur, nec in hunc locum nisi multis exagitati sæculis revertuntur. » Ille discessit : ego somno solutus sum.

Librorum de republica incertorum fragmenta.

[Et quanquam optatissimum est perpetuo fortunam quam florentissimam permanere, illa tamen æquabilitas vitæ non tantum habet sensum, quantum quum ex sævis et perditis rebus ad meliorem statum fortuna revocatur.] *Ammianus Marcellinus*[1].

[Aliud civitas non est quam concors hominum multitudo.] *Augustinus*[2].

[Fanni, causa difficilis laudare puerum : non enim res laudanda, sed spes est.] *Servius*[3].

[Est enim apud Ciceronem in his ipsis de re publica hoc epigramma :

Si fas endo plagas cœlestum ascendere cuiquam :
Mi soli cœli maxima porta patet.] *Seneca*[4].

1. XV, v.
2. *Cité de Dieu*, I, xv.
3. *Énéide*, VI, 877.
4. Vers d'Ennius.

EXTRAITS

DES

PLUS CÉLÈBRES OUVRAGES

PROPRES A COMPLÉTER OU A ÉCLAIRCIR

L'OUVRAGE DE CICÉRON.

EXTRAITS DE PLATON.

Nécessité de la philosophie pour la politique. — Pourquoi les philosophes s'éloignent actuellement des charges publiques. — Comment ils doivent y revenir un jour. (Appendice au 1er livre de la République, de Cicéron).

SOCRATE. — Tant que les philosophes ne seront pas rois, ou que ceux qu'on appelle aujourd'hui rois et souverains ne seront pas vraiment et sérieusement philosophes ; tant que la puissance politique et la philosophie ne se trouveront pas ensemble, et qu'une loi supérieure n'écartera pas la foule de ceux qui s'attachent aujourd'hui exclusivement à l'une ou à l'autre, il n'est point, ô mon cher Glaucon, de remède aux maux qui désolent les États, ni même, selon moi, à ceux du genre humain, et jamais notre État idéal ne pourra naître et voir la lumière du jour. Voilà ce que j'hésitais depuis longtemps à dire, prévoyant bien que je révolterais par ces paroles l'opinion commune.

GLAUCON. — Tu n'as pu, mon cher Socrate, proférer un semblable discours sans t'attendre à voir beaucoup de gens, et des gens de mérite, se dépouillant pour ainsi dire de leurs habits, et s'armant de tout ce qui se trouverait sous leur main, venir fondre sur toi de toute leur force, et disposés à faire des merveilles. Si tu ne les repousses avec les armes de la raison, tu vas être accablé de railleries, et tu porteras la peine de ta témérité....

SOCRATE. — Si nous voulons nous sauver des mains de ceux qui nous attaquent, il me semble nécessaire de leur expliquer quels sont les philosophes à qui nous osons dire qu'il faut déférer le gouvernement des États.... Les philosophes sont les hommes capables de s'attacher à ce qui existe toujours d'une manière immuable [1]; et ceux qui errent parmi une foule d'objets toujours changeants [2] ne sont point philosophes. Voyons maintenant lesquels nous choisirons pour être les gardiens de l'État.

GLAUCON. — Quel est le parti le plus sage que nous ayons à prendre?

SOCRATE. — C'est d'établir gardiens de l'État ceux qui seront reconnus capable de veiller à la garde des lois et des institutions.

GLAUCON. — Bien.

SOCRATE. — Il est facile de reconnaître si un bon gardien doit être aveugle ou avoir la vue excellente.

GLAUCON. — Assurément.

SOCRATE. — Or, quelle différence mets-tu entre les aveugles et ceux qui, privés de la connaissance des principes des choses, n'ayant dans l'âme aucun exemplaire qu'ils puissent contempler, ne pouvant tourner leurs regards sur la vérité même, comme les peintres sur leur modèle, y rapporter toute chose et s'en pénétrer le plus profondément possible, sont par conséquent incapables d'en tirer, par une imitation heureuse, les lois qui doivent fixer ce qui est honnête, juste et bon, et après avoir établi ces lois, de veiller à leur garde et à leur conservation?... Les établirons-nous gardiens de l'État plutôt que ceux qui connaissent les principes des choses, et qui, de plus, ne leur sont point inférieurs en expérience?...

ADIMANTE. — Dans le raisonnement, on n'a rien à t'opposer, Socrate; mais en fait, on voit ceux qui s'appliquent à la philosophie, et qui, après l'avoir étudiée dans leur jeunesse pour compléter leur éducation, ne l'abandonnent pas, mais s'y attachent trop longtemps, devenir pour la plupart des personnages bizarres, pour ne pas dire tout à fait insupportables; tandis que ceux d'entre eux qui semblent avoir le plus de mérite, ne laissent pas de devoir à cette étude, que tu nous vantes, l'inconvénient d'être inutiles à la société...

SOCRATE. — Tu dis vrai.

ADIMANTE. — Alors, sur quel fondement peut-on prétendre

---

1. L'Idée, ou idéal; la vérité intelligible; le bien.
2. La réalité sensible, les objets imparfaits, mélange de bien et de mal.

qu'il n'est point de remède aux maux qui désolent les États, jusqu'à ce qu'ils soient gouvernés par ces mêmes philosophes que nous reconnaissons leur être inutiles?

Socrate. — Voilà une question à laquelle je ne puis répondre que par une comparaison... Figure-toi un patron d'un ou de plusieurs vaisseaux, tel que je vais te le décrire; plus grand et plus robuste, il est vrai, que tout le reste de l'équipage, mais un peu sourd, y voyant assez mal et n'entendant pas mieux l'art de la navigation [1]. Les matelots se disputent entre eux le gouvernail; chacun d'eux s'imagine qu'il doit être le pilote, sans avoir aucune connaissance du pilotage et sans pouvoir dire sous quel maître, ni dans quel temps il l'a appris. Bien plus, ils prétendent que ce n'est pas une science qui puisse s'apprendre [2]; et si quelqu'un s'avise de dire le contraire, ils sont tout prêts à le mettre en pièces. Sans cesse autour du patron, ils l'obsèdent de leurs prières, et emploient tous les moyens pour le décider à leur confier le gouvernement. Ceux qui sont exclus tuent ou jettent hors du vaisseau ceux qu'on leur a préférés. Ensuite ils s'assurent de l'excellent patron, ou en l'enivrant [3], ou en l'assoupissant avec de la mandragore [4], ou ils s'en débarrassent de toute autre manière; alors, maîtres du vaisseau, ils se jettent sur les provisions, boivent et mangent avec excès et conduisent le vaisseau comme de pareils gens peuvent le conduire. Ce n'est pas tout : quiconque sait les aider à prendre le commandement par la persuasion ou par la force, ils le louent, ils l'appellent un marin habile, un maître dans tout ce qui regarde la navigation, et ils méprisent comme un homme inutile celui qui se conduit autrement. Ils ne comprennent pas qu'un vrai pilote doit étudier les temps, les saisons, le ciel, les astres, les vents et tout ce qui appartient à cet ordre de connaissances, s'il veut diriger bien un vaisseau; et quant au talent de le gouverner, qu'il y ait ou non opposition, ils ne croient pas qu'il soit possible de le joindre à toute cette science et à tant d'étude. Ne penses-tu pas qu'en

---

1. Le peuple athénien.
2. C'est, en effet, un préjugé fort répandu que la politique est une science toute pratique qui ne peut s'apprendre par la théorie. On traite d'utopistes les théoriciens et les philosophes, jusqu'à ce que leurs idées soient enfin passées dans les lois. — Exemple : les idées des philosophes, au dernier siècle, sur l'esclavage, sur l'égalité civile et politique, sur la tolérance, etc.
3. Les largesses.
4. La flatterie.

pareilles circonstances des matelots ainsi disposés regarderont-le vrai pilote comme un homme qui perd son temps à contempler les astres, et comme un bel esprit incapable de leur être utile ?

ADIMANTE. — Je le pense...

SOCRATE. — Présente donc cette comparaison à celui qui s'étonne de ce que les philosophes ne sont pas honorés dans les États, et tâche de lui faire concevoir que, s'ils l'étaient, ce serait une merveille bien plus grande. Dis-lui qu'il ne se trompe pas en regardant les plus sages des philosophes comme des hommes inutiles à l'État, mais que néanmoins ce n'est point à eux qu'il faut s'en prendre de leur inutilité, mais à ceux qui ne veulent pas les employer. Il n'est pas naturel, en effet, que le pilote prie l'équipage de se mettre sous son commandement, comme il ne l'est pas que les sages aillent attendre à la porte des riches. La vérité est que, riche ou pauvre, quand on est malade, il faut qu'on aille frapper à la porte du médecin, qu'en général, quiconque a besoin d'être gouverné doit aller chercher celui qui peut le gouverner, et non que ceux dont le gouvernement peut être utile aux autres les prient de se remettre entre leurs mains. Un homme ne se trompera donc point en comparant les politiques qui sont aujourd'hui à la tête des affaires aux matelots dont je viens de parler ; et ceux qu'ils traitent de gens inutiles et perdus dans les astres, aux véritables pilotes.... Nous venons de voir la raison de l'inutilité des vrais philosophes. Veux-tu que nous cherchions maintenant la cause de la perversité d'un grand nombre de ceux qui s'adonnent à la philosophie[1], et que nous tâchions de montrer, s'il est possible, que la faute n'en est point à la philosophie même ?

ADIMANTE. — J'y consens.

SOCRATE. — Eh bien, rappelons-nous quelles qualités il est nécessaire de recevoir de la nature pour être un jour un véritable sage. La première est l'amour de la vérité, qu'on doit rechercher en tout et partout, la vraie philosophie étant absolument incompatible avec l'esprit d'imposture... Celui qui a le véritable amour de la science aspire naturellement à l'*être*, et loin de s'arrêter à cette multitude de choses dont la réalité n'est qu'apparente, son amour ne connaît ni repos ni relâche jusqu'à ce qu'il soit parvenu à s'unir à l'essence de chaque chose, par la

---

1. Les faux sages, les sophistes.

partie de son âme qui seule peut s'y unir à cause des rapports intimes qu'elle a avec elle[1] ; de telle sorte que cette union, cet accouplement divin ayant produit l'intelligence et la vérité, il atteigne à la connaissance de l'être et vive dans son sein d'une véritable vie, libre enfin des douleurs de l'enfantement... Se peut-il qu'un tel homme aime le mensonge, ou plutôt ne le haïsse pas ? Et quand c'est la vérité qui ouvre la marche, nous ne dirons jamais, je crois, qu'elle mène à sa suite le cortège des vices ; mais qu'elle marche toujours avec la pureté des mœurs et la justice, accompagnées de la tempérance... Voilà le caractère du vrai philosophe.

ADIMANTE. — C'est vrai.

SOCRATE. — Nous avons maintenant à considérer les causes qui dénaturent ce caractère dans le plus grand nombre des philosophes, comment il n'échappe à la corruption qu'un bien petit nombre, ceux qu'on appelle, non pas méchants, mais inutiles.... Ce qu'il y a de plus étrange à dire, c'est que l'âme du philosophe se perd et se laisse détourner de la philosophie par les qualités mêmes que nous avons admirées en lui : je veux dire la force, la tempérance et les autres qualités dont nous avons fait l'énumération... Chacun sait que toute plante, tout animal qui ne trouve en naissant ni la nourriture, ni la saison, ni le climat qui lui conviennent, se corrompt d'autant plus que sa nature est plus vigoureuse. De même les âmes les plus heureusement douées deviennent les plus mauvaises de toutes par la mauvaise éducation. Crois-tu en effet que les grands crimes et la méchanceté consommée partent d'une âme vulgaire, et non d'une âme pleine de vigueur, dont l'éducation a dépravé les excellentes qualités, et penses-tu qu'une âme faible puisse jamais faire beaucoup de bien ou beaucoup de mal ?

ADIMANTE. — Non, je pense comme toi.

SOCRATE. — Si donc le philosophe dont nous avons tracé le caractère naturel reçoit l'enseignement qui lui convient, c'est une nécessité qu'en se développant il parvienne à toutes les vertus ;

---

1. La raison, qui est intimement unie à l'essence des choses. Tout ce qui est a une *raison* d'être, qui le rend intelligible et raisonnable. Rien ne peut exister sans la raison, et il faut qu'une chose soit d'abord réductible aux lois de la pensée, pour posséder ensuite la réalité. On peut donc dire que la raison et la pensée sont l'essence même des choses, et que notre raison a des *rapports intimes* avec l'*être*. L'union de la pensée avec l'être constitue la *science*. Savoir, c'est réduire la réalité aux lois de la pensée.

si, au contraire, il tombe sur un sol étranger, y prend racine et s'y développe, c'est une nécessité qu'il produise tous les vices, à moins qu'il ne se trouve un dieu qui le protége. Crois-tu aussi, comme la multitude, que ceux qui corrompent la jeunesse d'une manière sérieuse soient seulement quelques sophistes, simples particuliers? Ne penses-tu pas plutôt que le peuple est lui-même le plus grand des sophistes, et qu'il sait parfaitement former et tourner à son gré jeunes et vieux, hommes et femmes?

ADIMANTE. — Et quand cela?

SOCRATE. — C'est lorsqu'assis dans les assemblées politiques, aux tribunaux, aux théâtres, dans les camps et partout où il y a de la foule, le peuple blâme ou approuve certaines paroles et certaines actions avec un grand tumulte; toujours outré, soit qu'il se récrie, soit qu'il applaudisse, et que l'écho retentissant des murailles et des lieux d'alentour redouble encore le fracas du blâme et de la louange. Quel effet produiront, dis-moi, de semblables scènes sur le cœur d'un jeune homme? Quelle éducation particulière sera assez forte pour ne pas faire naufrage au milieu de ces flots de louanges et de critiques, et ne pas se laisser aller où leur courant l'entraîne? Le jeune homme ne jugera-t-il pas comme la multitude de ce qui est beau ou honteux? Ne s'attachera-t-il pas aux mêmes choses? Ne lui deviendra-t-il pas semblable?

ADIMANTE. — Mon cher Socrate, l'épreuve est irrésistible.

SOCRATE. — Et cependant, je n'ai pas encore parlé de la plus puissante de toutes.

ADIMANTE. — Quelle est-elle?

SOCRATE. — C'est quand ces habiles maîtres et sophistes, qui composent le peuple, ne pouvant rien par les discours, y ajoutent les actions. Ne sais-tu pas qu'ils ont, contre ceux qui ne se laissent pas persuader, des condamnations infamantes, des amendes, des arrêts de mort? Quel autre sophiste, quels enseignements particuliers pourraient prévaloir contre de pareilles leçons?... Tous ces simples particuliers, docteurs mercenaires, que le peuple appelle sophistes et qu'il regarde comme ses concurrents et ses rivaux, n'enseignent autre chose que ces opinions mêmes professées par la multitude dans les assemblées nombreuses, et c'est là ce qu'ils appellent sagesse. On dirait un homme qui, après avoir observé les mouvements instinctifs et les appétits d'un animal grand et robuste, par où il faut l'approcher et par où le toucher, quand et pourquoi il est farouche ou paisible, quels cris il a coutume de pousser en chaque occasion, et quel ton de voix l'apaise ou l'irrite, après avoir recueilli sur tout cela les observations d'une longue expérience, en formerait un corps de science qu'il se mettrait à enseigner, sans pouvoir au fond discerner, parmi ces habitudes et ces appétits, ce qui est honnête, bon, juste, de ce qui est honteux, mauvais, injuste ; se conformant dans ses jugements à l'instinct du redoutable animal ; appelant bien ce qui lui donne de la joie, mal ce qui le courrouce, et, sans faire d'autre distinction, réduisant le juste et le beau à ce qui satisfait les nécessités de la nature, parce que la différence essentielle qui existe entre le bien et la nécessité, cet homme ne peut la voir ni la montrer aux autres. Certes, un tel maître ne te semblerait-il pas bien étrange ?

ADIMANTE. — Oui.

SOCRATE. — Eh bien, quelle différence y a-t-il de cet homme à celui qui fait consister la sagesse à connaître le goût et les fantaisies d'une multitude rassemblée au hasard, soit qu'il s'agisse de peinture, de musique, ou bien de politique ?... Il est impossible, n'est-ce pas, que le peuple soit philosophe ?

ADIMANTE. — Oui.

SOCRATE. — C'est aussi une nécessité que les philosophes soient l'objet de ses critiques.

ADIMANTE. — Oui.

SOCRATE. — Et de celles des sophistes qui, ayant commerce avec le peuple, s'appliquent à lui plaire.

ADIMANTE. — Évidemment.

SOCRATE. — Maintenant quel asile vois-tu où le philosophe puisse se retirer pour y persévérer dans sa profession et y atteindre tout son développement ?...Les qualités mêmes qui constituent le philosophe, quand elles se développent sous l'influence d'une éducation mauvaise, le détournent en quelque manière de sa destinée naturelle, aussi bien que les richesses et les autres prétendus avantages de cette espèce... Ces hommes, nés pour la philosophie, s'en éloignant ainsi, et la laissant solitaire et négligée, mènent une vie contraire à leur nature et à la vérité ; tandis qu'elle, privée de ses protecteurs naturels, demeure exposée à l'invasion d'indignes étrangers qui la déshonorent et lui attirent tous les reproches dont tu parlais... Voyant la place inoccupée, mais pleine de beaux noms et de belles apparences, ces étrangers, de peu de valeur, semblables à des criminels échappés de leur prison, qui vont se réfugier dans les temples, désertent avec empressement leur profession pour la philosophie, quoique habiles d'ailleurs dans leur métier habituel. En effet, malgré son abandon, la philosophie ne laisse pas de conserver une dignité qui l'élève au-dessus des autres arts et qui la fait rechercher par une foule d'hommes que la nature avait peu faits pour elle, et dont un travail servile a usé, dégradé l'âme, comme il a défiguré le corps. A les voir, ne dirais-tu pas un esclave chauve et chétif, à peine libre de ses fers, qui, ayant amassé quelque argent avec sa forge, court aux bains publics pour s'y laver, prend un habit neuf, et, habillé comme un nouvel époux, va épouser la fille de son maître que lui livrent la pauvreté et l'abandon où elle se trouve? Quels enfants produira cette union? Des enfants abâtardis et mal conformés. De même, quelles pensées, quelles opinions seront le fruit du commerce que des âmes sans dignité et incapables de culture auront avec la philosophie? Des sophismes, pour les appeler de leur véritable nom, rien de légitime, rien qui annonce une véritable sagesse.

Adimante. — Précisément.

Socrate. — Le nombre de ceux qui peuvent dignement avoir commerce avec la philosophie reste donc bien petit, mon cher Adimante... Parmi ce petit nombre d'hommes, celui qui goûte et qui a goûté la douceur et la félicité que donne la sagesse, lorsqu'en même temps il voit en plein la folie de la multitude et l'extravagance de tous les gouvernements, lorsqu'il n'aperçoit autour de lui personne avec qui il puisse, sans se perdre, marcher au secours de la justice, et que, semblable à un homme qui se trouve au milieu de bêtes féroces, incapable de partager les injustices d'autrui et trop faible pour s'y opposer à lui seul, il reconnaît qu'avant d'avoir pu rendre quelque service à l'État ou à ses amis, il lui faudrait périr inutile à lui-même et aux autres; alors ayant bien fait toutes ces réflexions, il se tient en repos, uniquement occupé de ses propres affaires, et comme le voyageur pendant l'orage, abrité derrière quelque petit mur contre les tourbillons de poussière et de pluie, voyant de sa retraite l'injustice envelopper les autres hommes, il se trouve heureux s'il peut compter ici-bas des jours purs et irréprochables, et quitter cette vie avec une âme calme et sereine et une belle espérance.

ADIMANTE. — Sortir ainsi de la vie, ce n'est pas l'avoir mal employée.

SOCRATE. — Mais c'est aussi n'avoir pas rempli sa plus haute destinée, faute d'avoir vécu sous une forme convenable de gouvernement. Suppose un gouvernement pareil, le philosophe va grandir encore et devenir le sauveur de l'État et des particuliers. ...S'il rencontre un gouvernement dont la perfection réponde à la sienne, alors on verra qu'il renferme véritablement en lui quelque chose de divin, et que, partout ailleurs, dans les hommes et dans leurs occupations, il n'y a rien que d'humain. Tu vas me demander sans doute de quelle forme de gouvernement je veux parler?... Un tel État n'est pas impossible, mais qu'il soit difficile à réaliser, nous en convenons nous-mêmes.

ADIMANTE. — Je pense comme toi.

SOCRATE. — Mais la multitude ne pense pas de même, me diras-tu.

ADIMANTE. — Peut-être.

SOCRATE. — O mon ami, n'accuse pas trop la multitude. Elle changera bientôt d'opinion, si, au lieu de lui faire querelle, tu te contentes de la ramener doucement et de défendre la philosophie contre d'injustes préjugés, en lui montrant ce que sont les philosophes dont tu veux parler, et en définissant, comme nous venons de faire, leur caractère et celui de leur profession, de peur qu'elle ne s'imagine que tu lui parles des philosophes tels qu'elle se les représente. Quand elle sera placée à ce point de vue, ne penses-tu pas qu'elle prendra une autre opinion et répondra tout autrement? Ou crois-tu qu'il soit naturel de se fâcher contre qui ne se fâche, et de vouloir du mal à qui ne nous en veut pas, lorsqu'on est soi-même sans envie et sans malice?... Conviens que ce qui indispose le public contre la philosophie, ce sont ces étrangers qui, ayant fait mal à propos invasion dans la philosophie, se complaisent dans la haine et les insultes, et se déchaînent sans cesse contre les gens, conduite très-peu séante à la philosophie.

ADIMANTE. — Tu as bien raison.

SOCRATE. — En effet, mon cher Adimante, celui dont la pensée est réellement occupée de la contemplation de l'être, n'a pas le loisir d'abaisser ses regards sur la conduite des hommes, de leur faire la guerre et de se remplir contre eux de haine et d'aigreur; mais, la vue sans cesse fixée sur des objets qui gardent entre eux le même arrangement et les mêmes rapports[1], et qui, sans jamais se nuire les uns aux autres, sont tous sous la loi de l'ordre et de la raison, il s'applique à imiter et à exprimer en lui-même, autant qu'il lui est possible, leur belle harmonie ; car comment s'approcher sans cesse d'un objet avec amour et admiration, sans s'efforcer de lui ressembler ?

ADIMANTE. — Cela ne peut être.

SOCRATE. — Ainsi le philosophe, par le commerce qu'il a avec ce qui est divin et sous la loi de l'ordre, devient lui-même soumis à l'ordre et au divin, autant que le comporte l'humanité ; car il y a toujours beaucoup à reprendre dans l'homme.

ADIMANTE. — Assurément.

SOCRATE. — Et maintenant, si quelque motif puissant l'obligeait à entreprendre de faire passer l'ordre qu'il contemple là-haut dans les mœurs publiques et privées de ses semblables, au lieu de se borner à former son caractère personnel, crois-tu que ce fût un mauvais maître pour la tempérance, la justice et les autres vertus civiles ?

ADIMANTE. — Non certes.

SOCRATE. — Mais si le peuple parvient à sentir une fois la vérité de ce que nous disons sur les philosophes, persistera-t-il à leur en vouloir, et refusera-t-il de croire avec nous qu'un État ne sera heureux qu'autant que le dessin en aura été fait par ces artistes qui travaillent sur un modèle divin ?

ADIMANTE. — Sans aucun doute.

PLATON, *République*, V et VI, *passim*.
(Traduction Cousin, tomes IX et X.)

Nature et vices de l'oligarchie. (Appendice au Ier livre de la *République*.)

ADIMANTE. — Quels sont les vices que nous reprochons à l'oligarchie ?

SOCRATE. — Le premier est le principe même du gouvernement. Remarque, en effet, ce qui arriverait si, dans le choix d'un pilote, on avait uniquement égard au cens, et que le pauvre, fût-il bien plus capable, ne pût approcher du gouvernail.

ADIMANTE. — Les vaisseaux seraient très-mal gouvernés.

---

1. Les *idées* ou vérités immuables.

Socrate. — N'en serait-il pas de même à l'égard de tout autre gouvernement, quel qu'il soit?

Adimante. — Je le pense.

Socrate. — Faut-il accepter celui d'un État?

Adimante. — Moins qu'un autre : d'autant plus que c'est de tous les gouvernements le plus difficile et le plus important.

Socrate. — L'oligarchie a donc d'abord ce vice capital. Mais quoi! cet autre vice est-il moins grand?

Adimante. — Quel vice?

Socrate. — Un pareil État par sa nature n'est point un; il renferme nécessairement deux États, l'un composé de riches, l'autre de pauvres, qui habitent le même sol et conspirent sans cesse les uns contre les autres.

Adimante. — Non certes, ce vice n'est pas moins grand que le premier.

Socrate. — Dans tout État où tu verras des pauvres, il y a aussi des coupeurs de bourse, des sacriléges et des fripons de toute espèce.

Adimante. — On n'en saurait douter.

Socrate. — Mais dans les gouvernements oligarchiques ne vois-tu pas des pauvres?

Adimante. — Presque tous les citoyens le sont, à l'exception des chefs.

Socrate. — Ne sommes-nous point par conséquent autorisés à croire qu'il s'y trouve beaucoup d'hommes dangereux, comparables à des frêlons armés d'aiguillons, que les magistrats surveillent et contiennent par la force?

Adimante. — Oui.

Socrate. — Ne dirons-nous pas que ce qui les y a fait naître, c'est le défaut de culture, la mauvaise éducation et la constitution même du gouvernement?

Adimante. — Sans doute.

Socrate. — Tel est donc le caractère de l'État oligarchique; tels sont ses vices.

Platon, *Rép.*, VIII. (Tr. Cousin.)

Comment les excès de la démocratie engendrent la tyrannie.
(Appendice au 1ᵉʳ livre de la *République*.)

Socrate. — L'amour de la liberté, porté à l'excès, et accompagné d'une indifférence extrême pour tout le reste, ne change-t-il pas enfin le gouvernement du peuple et ne rend-il pas la tyrannie nécessaire ?

Adimante. — Comment donc ?

Socrate. — Lorsqu'un État démocratique, dévoré de la soif de la liberté, trouve à sa tête de mauvais échansons qui lui versent la liberté toute pure, outre mesure et jusqu'à l'enivrer ; alors, si ceux qui gouvernent ne sont pas tout à fait complaisants et ne donnent pas au peuple de la liberté tant qu'il en veut, celui-ci les accuse et les châtie comme des traîtres et des partisans de l'oligarchie. Ceux qui sont encore dociles à la voix des magistrats, il les outrage et les traite d'hommes serviles et sans caractère. Il loue et honore en particulier les gouvernants qui ont l'air de gouvernés, et les gouvernés qui prennent l'air de gouvernants. N'est-il pas inévitable que, dans un pareil État, l'esprit de la liberté s'étende à tout ?

Adimante. — Comment cela ne serait-il pas ?

Socrate. — Qu'il pénètre, mon cher ami, dans l'intérieur des familles, et qu'à la fin la contagion de l'anarchie gagne jusqu'aux animaux ?

Adimante. — Qu'entends-tu par là ?

Socrate. — Je veux dire que le père s'accoutume à traiter son enfant comme son égal, à le craindre même ; que celui-ci s'égale à son père et n'a ni respect ni crainte pour les auteurs de ses jours, parce qu'autrement sa liberté en souffrirait ; que les citoyens et les simples habitants et les étrangers même aspirent aux mêmes droits... Sous un pareil gouvernement, le maître craint et ménage ses disciples : ceux-ci se moquent de leurs maîtres et de leurs surveillants. En général, les jeunes gens veulent aller de pair avec les vieillards, et lutter avec eux en propos et en actions. Les vieillards, de leur côté, descendent aux manières des jeunes gens, en affectant le ton léger et l'esprit badin, et imitent la jeunesse de peur d'avoir l'air fâcheux et despotique.

Adimante. — Tout à fait.

Socrate. — Mais le dernier excès de la liberté dans un État

populaire, c'est quand les esclaves de l'un et de l'autre sexe ne sont pas moins libres que ceux qui les ont achetés [1]. Et nous allions presque oublier de dire jusqu'où vont la liberté et l'égalité dans les rapports des femmes et des hommes [2]. Il n'est pas jusqu'aux animaux à l'usage des hommes qui, en vérité, ne soient là plus libres que partout ailleurs ; c'est à ne pas le croire, si on ne l'a pas vu. Des petites chiennes y sont tout comme leurs maîtresses, suivant le proverbe ; les chevaux et les ânes, accoutumés à une allure fière et libre, s'en vont heurter ceux qu'ils rencontrent, si on ne leur cède passage [3]. Et ainsi du reste. Tout y respire la liberté.

ADIMANTE. — Tu me racontes mon propre songe [4]. Je ne vais jamais à la campagne, que cela ne m'arrive.

SOCRATE. — Or vois-tu le résultat de tout ceci, combien les citoyens en deviennent ombrageux, au point de s'indigner et de se soulever à la moindre apparence de contrainte ? Ils en viennent à la fin, comme tu sais, jusqu'à ne tenir aucun compte des lois écrites ou non écrites [5], afin de n'avoir absolument aucun maître.

ADIMANTE. — Je le sais parfaitement.

SOCRATE. — Eh bien, mon cher ami, c'est de ce jeune et beau gouvernement que naît la tyrannie, du moins à ce que je pense... Car tout excès amène volontiers l'excès contraire dans les saisons, dans les végétaux, dans nos corps et dans les États tout comme ailleurs.

ADIMANTE. — Cela doit être.

SOCRATE. — Ainsi, dans un État comme dans un individu, ce qui doit succéder à l'excès de la liberté, c'est précisément l'excès de la servitude... A la liberté la plus illimitée succède le despotisme le plus entier et le plus intolérable... N'est-il pas ordinaire au peuple d'avoir quelqu'un à qui il confie particulièrement ses intérêts et qu'il travaille à agrandir et à rendre puissant ?

ADIMANTE. — Oui.

1. On trouve avec regret, dans Platon, les préjugés communs à tous les anciens sur l'esclavage. Mêmes préjugés dans Aristote. Cependant, les pythagoriciens et les stoïciens eurent des doctrines plus généreuses.
2. Γυναικὶ πρὸς ἄνδρας ἰσονομία, l'égalité de l'homme et de la femme. Encore un prétendu vice de la démocratie, qui est au contraire une qualité.
3. Ironie socratique. C'est une saillie et non un argument.
4. Expression proverbiale.
5. Les lois de la conscience : νόμοι ἄγραφοι ; terme familier à Socrate.

Socrate. — Il est évident que c'est de la tige de ces protecteurs du peuple que naît le tyran, et non d'ailleurs.

Adimante. — La chose est manifeste.

Socrate. — Mais par où le protecteur du peuple commence-t-il à en devenir le tyran ? N'est-ce pas évidemment lorsqu'il commence à lui arriver quelque chose de semblable à ce qui se passe, dit-on, dans le temple de Jupiter Lycéen, en Arcadie [1] ?

Adimante. — Que dit-on qu'il s'y passe ?

Socrate. — On dit que celui qui a goûté des entrailles d'une créature humaine, mêlées à celles des autres victimes, se change inévitablement en loup. Ne l'aurais-tu pas entendu dire ?

Adimante. — Oui.

Socrate. — De même, lorsque le chef du peuple, assuré du dévouement de la multitude, trempe ses mains dans le sang des concitoyens ; quand, sur des accusations injustes, suivant la marche ordinaire, il traîne ses adversaires devant les tribunaux pour les faire périr odieusement ; qu'il abreuve sa langue et sa bouche impie du sang de ses proches ; qu'il exile et qu'il tue, et montre à la multitude l'image de l'abolition des dettes et d'un nouveau partage des terres ; n'est-ce pas dès lors pour cet homme une nécessité et comme une loi du destin de périr de la main de ses ennemis ou de devenir tyran et de se changer en loup ?

Adimante. — Il n'y a pas de milieu.

Socrate. — Le voilà donc en guerre ouverte avec tous ceux qui ont de la fortune ?

Adimante. — Oui.

Socrate. — Supposez qu'on parvienne à le chasser, mais qu'il revienne malgré ses ennemis, ne revient-il pas tyran achevé ?

Adimante. — Certainement.

Socrate. — Mais si les riches ne peuvent ni le chasser ni le faire périr en le décriant parmi le peuple, ils conspirent sourdement contre sa vie.

Adimante. — C'est ce qui a lieu volontiers.

Socrate. — Arrivé là, l'ambitieux adresse au peuple la fameuse requête du tyran : il lui demande une garde, afin que le défenseur du peuple soit en sûreté.

Adimante. — Oui vraiment.

---

1. Voir dans Pausanias, VIII, 11, la fable de Lycaon changé en loup, après avoir immolé un enfant sur l'autel de Jupiter Lycéen.

SOCRATE. — Et le peuple la lui donne, craignant tout pour son défenseur et en parfaite sécurité pour lui-même.

ADIMANTE. — A merveille.

SOCRATE. — C'est en ce moment, mon ami, que tout homme qui a de la fortune, et qui est suspect par conséquent d'être un ennemi du peuple, prend le parti que conseillait l'oracle à Crésus [1] :

> Il s'enfuit vers l'Hermus au lit pierreux,
> Quitte sa patrie et ne craint pas le reproche de lâcheté.

ADIMANTE. — Fort bien, car il ne l'aurait pas craint deux fois.

SOCRATE. — En effet, s'il est pris dans sa fuite, il lui en coûte la vie.

ADIMANTE. — Nécessairement!

SOCRATE. — En attendant, notre protecteur du peuple ne s'endort pas dans sa grandeur [2] ; il monte ouvertement sur le char de l'État où s'est rencontré un semblable mortel.

ADIMANTE. — Je le veux bien.

SOCRATE. — D'abord, dans les premiers jours de sa domination, n'accueille-t-il pas d'un sourire et d'un air gracieux tous ceux qu'il rencontre? Il assure qu'il n'est pas un tyran, il est prodigue de grandes promesses en public et en particulier, il affranchit des débiteurs, partage des terres entre le peuple et ses favoris, et affecte envers tous la bienveillance et l'affabilité. Quand il en a fini avec ses ennemis du dehors en s'arrangeant avec les uns, en ruinant les autres, et qu'il a mis son pouvoir à l'abri de ce côté, il a soin de susciter toujours quelques guerres, afin que le peuple ne puisse se passer d'un chef, afin encore qu'épuisés de contributions et appauvris, les citoyens ne songent qu'à leurs besoins de tous les jours et deviennent moins dangereux pour lui [3]. Et s'il en est qu'il soupçonne d'avoir le cœur trop haut pour plier sous ses volontés, c'est encore un excellent prétexte pour s'en défaire en les livrant à l'ennemi. Par toutes ces raisons, le tyran est donc toujours condamné à fomenter la guerre.

ADIMANTE. — Oui.

---

1. Hérodote, I, LV.
2. Allusion à une expression d'Homère, *Iliade*, XVI, 776; *Odyssée*, XXIV, 39.
3. Aristote dit à peu près la même chose, *Politique*, V, IX.

Socrate. — Mais une pareille conduite ne peut manquer de lui attirer la haine des citoyens.

Adimante. — Sans doute.

Socrate. — Et n'arrivera-t-il pas que parmi ceux qui ont contribué à son élévation et qui ont du crédit, plusieurs s'échapperont en paroles hardies, soit entre eux, soit devant lui, et critiqueront ce qui se passe, ceux-là du moins qui ont le plus de courage ?

Adimante. — Il y a grande apparence.

Socrate. — Il faut donc que le tyran s'en défasse, s'il veut rester le maître, jusque-là qu'il ne laisse subsister parmi les siens, non plus que parmi ses ennemis, un seul homme de quelque valeur.

Adimante. — Évidemment.

Socrate. — Il faut que son œil pénétrant s'applique à bien discerner qui a du courage, qui de la grandeur d'âme, qui de la prudence, qui des richesses. Tel est son bonheur ; il est réduit, qu'il le veuille ou non, à leur faire la guerre à tous et à leur tendre des pièges, jusqu'à ce qu'il ait purgé l'État.

Adimante. — Belle manière de le purger !

Socrate. — C'est tout le contraire des médecins, qui purgent le corps en ôtant ce qu'il y a de mauvais, en laissant ce qu'il y a de bon.

Adimante. — C'est là pour lui, à ce qu'il paraît, la condition du pouvoir suprême.

Socrate. — En vérité, n'est-ce pas une bien agréable alternative que celle de périr ou de vivre avec une foule d'hommes méprisables, dont encore il ne peut éviter la haine ?

Adimante. — Telle est pourtant la situation où il se trouve.

Socrate. — N'est-il pas vrai que plus il se rendra odieux à ses concitoyens par ses cruautés, plus il aura besoin d'une garde nombreuse et fidèle ?

Adimante. — Oui.

Socrate. — Mais où trouvera-t-il des gens fidèles ? D'où les fera-t-il venir ?

Adimante. — S'il leur offre un salaire, ils accourront en foule de toutes parts.

Socrate. — Voyons comment il fera pour nourrir cette armée de satellites, belle, nombreuse, mélangée et renouvelée à tous moments.

ADIMANTE. — S'il y a dans l'État des temples riches, il les dépouillera ; et tant que les produits de la vente des choses sacrées ne seront pas épuisés, il ne demandera pas au peuple de trop fortes contributions : cela est évident.

SOCRATE. — Mais quand ce fonds viendra à lui manquer ?

ADIMANTE. — Alors il vivra du bien de son père, lui, ses convives et ses favoris.

SOCRATE. — J'entends, c'est-à-dire que le peuple qui a donné naissance au tyran le nourrira, lui et les siens.

ADIMANTE. — Il le faudra bien.

SOCRATE. — Mais quoi ! si le peuple se fâchait à la fin et lui disait qu'il n'est pas juste qu'un fils déjà grand et fort soit à la charge de son père ; qu'au contraire, c'est à lui de pourvoir à l'entretien de son père ; qu'il ne l'a pas formé et élevé si haut pour se voir, aussitôt qu'il serait grand, l'esclave de ses esclaves, et pour le nourrir avec tous ces esclaves et ce ramas d'étrangers sans aveu ; mais pour être affranchi, sous ses auspices, du joug des riches et de ceux qu'on appelle dans la société les honnêtes gens ; qu'ainsi il lui ordonne de se retirer avec ses amis, du même droit qu'un père chasse son fils de sa maison avec ses turbulents compagnons de débauche.

ADIMANTE. — Alors, par Jupiter, le peuple verra quel enfant il a engendré, caressé, élevé, et que ceux qu'il prétend chasser sont plus forts que lui.

SOCRATE. — Que dis-tu ! quoi ! le tyran oserait faire violence à son père et même le frapper s'il ne cédait pas ?

ADIMANTE. — Oui, car il l'a désarmé.

SOCRATE. — Le tyran est donc un fils ingrat, un parricide ; et nous voilà arrivés à ce que tout le monde appelle la tyrannie. Le peuple, en voulant éviter, comme on dit, la fumée de la dépendance sous des hommes libres, tombe dans le feu du despotisme des esclaves, échangeant une liberté excessive et extravagante contre le plus dur et le plus amer esclavage.

Portrait du tyran. — Analogie de l'âme tyrannisée par la passion, de l'État tyrannique et du tyran. (Appendice au 1ᵉʳ livre de la *République*.)

SOCRATE. — Rappelle-toi la ressemblance qui existe entre l'État et l'individu, et considère-les l'un après l'autre. Pour commencer par l'État, diras-tu d'un État soumis à un tyran, qu'il est libre ou esclave ?

ADIMANTE. — Je dis qu'il est esclave autant qu'on peut l'être.

SOCRATE. — Tu vois cependant dans cet État des gens maîtres de quelque chose et libres de leurs actions.

ADIMANTE. — J'en vois, mais en très-petit nombre ; et, à dire vrai, la plus grande et la plus honorable partie des citoyens est réduite à un dur et honteux esclavage.

SOCRATE. — Si donc il en est de l'individu comme de l'État, n'est-ce pas une nécessité qu'il se passe les mêmes choses dans l'homme tyrannisé par ses passions, que la servitude et la bassesse fassent comme le fond de son âme, et que les meilleures parties de cette âme soient précisément celles qui subissent le joug, tandis qu'une petite minorité y domine, formée de la partie la plus méchante et la plus furieuse ?

ADIMANTE. — Cela doit être.

SOCRATE. — Que diras-tu d'une âme en cet état ? qu'elle est libre ou esclave ?

ADIMANTE. — Je dis qu'elle est esclave.

SOCRATE. — Mais un État esclave et dominé par un tyran ne fait point ce qu'il veut.

ADIMANTE. — Non, certainement.

SOCRATE. — Ainsi, à l'examiner à fond, une âme tyrannisée ne fera pas non plus ce qu'elle veut ; mais sans cesse et violemment agitée par la passion, elle sera pleine de trouble et de repentir.

ADIMANTE. — Sans doute.

SOCRATE. — L'État où règne le tyran est-il nécessairement riche ou pauvre ?

ADIMANTE. — Il est pauvre.

SOCRATE. — Une âme tyrannisée est donc nécessairement toujours pauvre et jamais rassasiée ?

ADIMANTE. — Oui.

SOCRATE. — N'est-ce pas encore une nécessité que cet État et cet individu soient dans des frayeurs continuelles ?

ADIMANTE. — Assurément.

SOCRATE. — Crois-tu qu'on puisse trouver plus de plaintes, plus de sanglots, plus de gémissements et de douleurs amères dans quelque autre État ?

ADIMANTE. — Non.

Socrate. — Ou dans quelque autre individu, plus que dans cet homme tyrannique[1], que l'amour et tous les autres désirs rendent furieux ?

Adimante. — Je ne le crois pas.

Socrate. — Or c'est en jetant les yeux sur tous ces maux et sur d'autres encore, que tu as jugé que cet État était le plus malheureux de tous les États.

Adimante. — N'ai-je pas eu raison ?

Socrate. — Oui ; mais que dis-tu maintenant de l'homme tyrannique, sous le même point de vue ?

Adimante. — Je dis que c'est le plus malheureux de tous les hommes.

Socrate. — Selon moi, il n'est pas encore aussi malheureux qu'on peut l'être. Tu trouveras peut-être un homme plus malheureux encore.

Adimante. — Lequel ?

Socrate. — Celui qui, né tyrannique, ne passe point sa vie dans une condition privée, mais qui est assez malheureux pour qu'un hasard funeste fasse de lui le tyran d'un État... Vois si je raisonne juste. Pour bien juger de la condition d'un tyran, il faut le comparer à un de ces riches particuliers qui ont beaucoup d'esclaves. Ils ont cela de commun avec lui qu'ils commandent à beaucoup de monde : toute la différence n'est que dans le nombre.

Adimante. — Cela est vrai.

Socrate. — Tu sais que ces particuliers vivent tranquilles et ne craignent rien de la part de leurs esclaves. En vois-tu la raison ?

Adimante. — Oui ; c'est que l'État tout entier prête assistance à chaque citoyen.

Socrate. — A merveille. Mais si quelque dieu, enlevant du sein de la cité un de ces hommes qui ont à leur service cinquante esclaves et davantage, avec sa femme et ses enfants, le transportait, ainsi que son bien et toute sa maison, dans un désert où il n'aurait de secours à attendre d'aucun homme libre, ne serait-il pas dans une appréhension continuelle de périr de la main de ses esclaves, lui, sa femme et ses enfants ?

---

1. C'est-à-dire : dont l'âme est analogue à un État tyrannique. Platon retrouve les diverses formes de l'État dans les caractères individuels, qui en sont comme les types ; c'est la psychologie de l'État comparée à la psychologie de l'individu.

ADIMANTE. — Certainement.

SOCRATE. — Il serait donc réduit à faire sa cour à quelques-uns d'entre eux, à les gagner à force de promesses, à les affranchir sans nécessité ; en un mot, à devenir le flatteur de ses esclaves.

ADIMANTE. — Sans doute, à moins de périr.

SOCRATE. — Que serait-ce donc si ce même Dieu plaçait autour de sa demeure un grand nombre de gens déterminés à ne pas souffrir qu'aucun homme prétende avoir sur d'autres l'autorité d'un maître, et à punir du dernier supplice tous ceux qu'ils surprendraient en pareil cas ?

ADIMANTE. — Environné de toutes parts de tant d'ennemis, il se trouverait plus que jamais dans une situation déplorable.

SOCRATE. — N'est-ce pas dans une semblable prison qu'est enchaîné le tyran, avec les craintes et les désirs de toute espèce auxquels il est en proie, tel enfin que nous l'avons dépeint ? Tout avide que soit son âme de jouissances nouvelles, seul de tous les citoyens, il ne peut ni voyager nulle part ni aller voir nulles choses qui excitent la curiosité de tout le monde. Presque toujours enfermé dans sa demeure comme une femme, il porte envie à ses sujets, lorsqu'il apprend qu'ils font quelque voyage et qu'ils font voir quelque objet intéressant.

ADIMANTE. — Oui vraiment.

SOCRATE. — Tels sont les maux qui viennent accroître les souffrances de l'homme dont l'âme est mal gouvernée, et que tu as jugé le plus malheureux des hommes, lorsque le sort l'arrache à la vie privée et l'élève à la condition de tyran : l'infortuné, incapable de se conduire lui-même, et qui aurait à conduire les autres, semblable à un malade qui, ne pouvant rien pour lui-même, au lieu de ne songer qu'à sa propre santé, serait contraint de passer sa vie à combattre comme un athlète.

ADIMANTE. — Tu as raison, Socrate, et la comparaison est frappante.

SOCRATE. — Eh bien, mon cher, une telle situation n'est-elle pas la plus triste qu'on puisse imaginer, et la condition de tyran ne le rend-elle pas encore plus malheureux que celui qui, selon toi, était déjà le plus malheureux des hommes ?

ADIMANTE. — J'en conviens.

SOCRATE. — Ainsi, en réalité, et quelle que soit l'apparence, le véritable tyran est un véritable esclave, un esclave condamné à la plus dure et à la plus basse servitude, et le flatteur des hommes les plus méchants. Loin de pouvoir rassasier ses désirs, il manque presque de tout et il est vraiment pauvre[1]. Pour qui sait voir dans le fond de son âme, il passe sa vie dans une frayeur continuelle, en proie aux chagrins et aux angoisses[2]. Tel est cet homme, s'il est vrai que sa condition ressemble à celle de l'État dont il est le maître. Or, elle y ressemble, n'est-ce pas?

ADIMANTE. — Oui.

SOCRATE. — Ajoutons à cela ce que nous avons déjà dit, que le pouvoir suprême le rend chaque jour nécessairement plus envieux, plus perfide, plus injuste, plus impie, plus disposé à loger et à nourrir tous les vices; que, par toutes ces raisons, il est le plus malheureux de tous les hommes, et qu'ensuite il rend semblables à lui ceux qui l'approchent.

ADIMANTE. — Nul homme de bon sens ne te contredira.

SOCRATE. — ......Ceux qui ne connaissent ni la sagesse ni la vertu, qui sont toujours dans les festins et les autres plaisirs sensuels, passent sans cesse de la basse région à la moyenne, et de la moyenne à la basse. Ils sont toute leur vie errants entre ces deux termes, sans pouvoir jamais les franchir. Jamais ils ne se sont élevés jusqu'à la haute région; ils n'ont pas même porté leurs regards jusque-là; ils n'ont point été véritablement remplis par la possession de ce qui *est*; jamais ils n'ont goûté une joie pure et solide. Mais toujours penchés vers la terre, les yeux toujours fixés sur leur pâture comme les animaux, ils se livrent brutalement à la bonne chère et à tous les plaisirs; dans leur avidité jalouse, ils en viennent aux coups de corne et aux ruades, et finissent par s'entre-tuer avec leurs cornes et leurs sabots de fer, grâce à la fureur d'appétits insatiables; parce qu'ils ne songent à se remplir ni d'objets réels[3], ni dans cette partie d'eux-mêmes qui tient de l'Être et qui est capable d'une vraie plénitude[4]. N'est-ce donc pas une nécessité pour eux de goûter seulement des plaisirs mêlés de douleurs, vains fantômes du plaisir véritable, qui ne prennent de couleur et d'éclat que par leur rapprochement, et dont l'aspect

---

1. On reconnaît l'origine des maximes stoïciennes : Le méchant est esclave, pauvre, laid, etc. L'homme de bien est libre, riche, beau, etc.
2. Voyez la belle imitation que Tacite a faite de ce passage, au sujet de Tibère. *Annales*, VI, vi.
3. Les *Idées* et les vérités immuables, nourriture de l'âme.
4. La raison.

imposteur excite alors dans l'âme des insensés des transports d'amour si violents qu'ils se battent pour les posséder, comme le fantôme d'Hélène, pour lequel les Troyens se battirent, selon Stésichore, faute de connaître l'Hélène véritable[1]?

Platon, *République*, IX. (Trad. Cousin.)

---

1. Le scoliaste de Lycophron (*Alexandra*, v. 113) rapporte une vieille tradition, d'après laquelle Hélène, débarquée en Égypte avec Pâris, avait été enlevée par Protée, roi d'Égypte, et n'aurait pas été elle-même à Troie, mais seulement son fantôme. Cf. Euripide, *Hélène*, v. 33 et sq.

EXTRAITS D'ARISTOTE.

Examen des deux opinions opposées qui recommandent ou qui proscrivent la vie politique. — L'activité est le véritable but de la vie, aussi bien pour les individus que pour l'État. — L'activité politique ne doit pas être séparée de la justice. — L'activité suprême est celle de la pensée, qui prépare et gouverne les actes extérieurs. (Appendice aux chapitres I et suivants de la *République*.)

On convient que l'objet qu'on doit rechercher essentiellement dans la vie, c'est la vertu. Mais on ne s'accorde pas sur l'emploi qu'on doit donner à la vie. Ici l'on condamne toutes fonctions politiques, et l'on soutient que la vie d'un véritable homme libre, à laquelle on donne une haute préférence, diffère complétement de la vie de l'homme d'État ; là on met, au contraire, la vie politique au-dessus de toute autre, parce que celui qui n'agit pas ne peut faire acte de vertu, et que bonheur et actions vertueuses sont choses identiques. Ces opinions sont toutes deux en partie vraies, en partie fausses.

Qu'il vaille mieux vivre comme un homme libre que de vivre comme un maître d'esclaves, cela est vrai : l'emploi d'un esclave, en tant qu'esclave, n'est pas chose fort noble ; et les ordres d'un maître pour les détails de la vie de chaque jour n'ont rien de commun avec le beau.

Mais c'est une erreur de croire que toute autorité soit nécessairement une autorité de maître. L'autorité sur des hommes libres et l'autorité sur des esclaves ne différent pas moins que la nature de l'homme libre et la nature de l'esclave : c'est ce que nous avons assez démontré au début de cet ouvrage. Mais on a grand tort de préférer l'inaction au travail ; car le bonheur n'est que dans l'activité, et les hommes justes et sages ont toujours dans leurs actions des fins aussi nombreuses qu'honorables.

Mais, pourrait-on dire en partant de ces principes mêmes : « Une puissance absolue est donc le plus grand des biens, puisqu'elle permet de multiplier autant qu'on le veut les belles actions ? Lors donc qu'on peut s'emparer du pouvoir, il ne faut pas le laisser à d'autres, il faut même au besoin le leur arracher. Relations de fils, de père, d'amis, les uns envers les autres, tout doit être repoussé, sacrifié : il faut saisir à tout prix le bien suprême, et ici le bien suprême, c'est le succès. »

Cette objection serait vraie, tout au plus, si les spoliations et la violence pouvaient jamais donner le bien suprême; mais comme il n'est point possible que jamais elles le donnent, l'hypothèse est radicalement fausse. Pour faire de grandes choses, il faut l'emporter sur ses semblables autant que l'homme l'emporte sur la femme, le père sur les enfants, le maître sur l'esclave; et celui qui aura d'abord violé les lois de la vertu ne pourra jamais faire autant de bien qu'il aura premièrement fait de mal. Entre créatures semblables, il n'y a d'équité, de justice que dans la réciprocité : c'est elle qui constitue la ressemblance et l'égalité. L'inégalité entre égaux, la disparité entre pairs, sont des faits contre nature; et rien de ce qui est contre nature ne peut être bien.... Si donc ce principe est vrai, si le bonheur consiste à bien faire, l'activité est, pour l'État en masse aussi bien que pour les individus en particulier, l'affaire capitale de la vie. Ce n'est pas à dire pour cela que la vie active doive, comme on le pense en général, nécessairement se rapporter aux autres hommes, et que les seules pensées vraiment actives soient celles qui ne visent qu'à des résultats positifs, suite de l'action même. Les pensées actives sont bien plutôt les réflexions et les méditations toutes personnelles, qui n'ont pour sujet que de s'étudier elles-mêmes; bien faire est leur but; et cette volonté est déjà presque une action; l'idée d'activité s'applique éminemment à la pensée ordonnatrice qui combine et dispose les actes extérieurs.

L'isolement, lors même qu'il est volontaire, avec toutes les conditions d'existence qu'il amène après lui, n'impose pas nécessairement à l'État d'être inactif. Chacune des parties qui composent la cité peuvent être actives, par les relations mêmes qu'elles ont toujours nécessairement entre elles. On en peut dire autant de tout individu pris à part, quel qu'il soit; car autrement Dieu et le monde entier n'existeraient pas, puisque leur action n'a rien d'extérieur et qu'elle reste concentrée en eux-mêmes.

Ainsi le but suprême de la vie est certainement le même pour l'homme pris individuellement que pour les hommes réunis et pour l'État en général[1].

Aristote, Politique, IV (7), III.
(Traduction Barthélemy Saint-Hilaire.)

1. Ce but est l'activité intellectuelle.

De l'État. — Origine de la société. — Elle est un fait de nature. — La famille. Le village. — L'État. — L'homme est un être sociable.

Tout État est évidemment une association ; et toute association ne se forme qu'en vue de quelque bien, puisque les hommes quels qu'ils soient ne font jamais rien qu'en vue de ce qui leur paraît être bon. Il est donc clair que toutes les associations visent à un bien d'une certaine espèce, et que le plus important de tous les biens doit être l'objet de la plus importante des associations, de celle qui renferme toutes les autres ; et celle-là on la nomme précisément État et association politique.

Des auteurs n'ont donc pas raison d'avancer que les caractères de roi, de magistrat, de père de famille et de maître, se confondent. C'est supposer qu'entre chacun d'eux toute la différence est du plus au moins, sans être spécifique ; qu'ainsi un petit nombre d'administrés constitueraient le maître ; un nombre plus grand, le père de famille ; un plus grand encore, le magistrat ou le roi ; c'est supposer qu'une grande famille est absolument un petit État. Ces auteurs ajoutent, en ce qui concerne le magistrat et le roi, que le pouvoir de l'un est personnel et indépendant ; et que l'autre, pour me servir des définitions mêmes de leur prétendue science, est en partie chef et en partie sujet.

Toute cette théorie est fausse ; il suffira, pour s'en convaincre, d'adopter dans cette étude notre méthode habituelle. Ici, comme partout ailleurs, il convient de réduire le composé à ses éléments indécomposables, c'est-à-dire aux parties les plus petites de l'ensemble. En cherchant ainsi quels sont les éléments constitutifs de l'État, nous reconnaîtrons mieux en quoi diffèrent ces éléments, et nous verrons si l'on peut établir quelques principes scientifiques dans les questions dont nous venons de parler. Ici, comme partout ailleurs, remonter à l'origine des choses, et en suivre avec soin le développement, est la voie la plus sûre d'observation...........
Les deux premières associations, du maître et de l'esclave, de l'époux et de la femme, sont les bases de la famille ; et Hésiode l'a fort bien dit dans ce vers :

> La maison, puis la femme et le bœuf laboureur ;

car le pauvre n'a pas d'autre esclave que le bœuf. Ainsi donc l'association naturelle de tous les instants, c'est la famille ; et Charondas a pu dire, en parlant de ses membres, « qu'ils mangeaient à la même table; » et Épiménide de Crète, « qu'ils se chauffaient au même foyer. »

L'association première de plusieurs familles, mais formée en vue de rapports qui ne sont plus quotidiens, c'est le village, qu'on pourrait bien justement nommer une colonie naturelle de la famille; car les individus qui composent le village ont, comme s'expriment d'autres auteurs, « sucé le lait de la famille, » ce sont ses enfants, « les enfants de ses enfants. » Si les premiers États ont été soumis à des rois, et si les grandes nations le sont encore aujourd'hui, c'est que ces États s'étaient formés d'éléments habitués à l'autorité royale, puisque, dans la famille, le plus âgé est un véritable roi; et les colonies de la famille ont filialement suivi l'exemple qui leur était donné. Homère a donc pu dire :

> Chacun gouverne en maître
> Ses femmes et ses fils.

Dans l'origine, en effet, toutes les familles isolées se gouvernaient ainsi. De là encore cette opinion commune qui soumet les dieux à un roi; car tous les peuples ont eux-mêmes jadis reconnu et reconnaissent encore l'autorité royale, et les hommes n'ont jamais manqué de donner leurs habitudes aux dieux, de même qu'ils les représentent à leur image.

L'association de plusieurs villages forme un État complet, arrivé, l'on peut dire, à ce point de se suffire absolument à lui-même, né d'abord des besoins de la vie, et subsistant parce qu'il les satisfait tous.

Ainsi l'État vient toujours de la nature, aussi bien que les premières associations dont il est la fin dernière; car la nature de chaque chose est précisément sa fin; et ce qu'est chacun des êtres quand il est parvenu à son entier développement, on dit que c'est là sa nature propre, qu'il s'agisse d'un homme, d'un cheval ou d'une famille. On peut ajouter que cette destination et cette fin des êtres est pour eux le premier des biens; et se suffire à soi-même est à la fois un but et un bonheur.

De là cette conclusion évidente, que l'État est un fait de nature, que naturellement l'homme est un être sociable, et que celui qui reste sauvage par organisation, et non par l'effet du hasard, est certainement ou un être dégradé ou un être supérieur à l'espèce humaine. C'est bien à lui qu'on pourrait adresser ce reproche d'Homère :

> Sans famille, sans lois, sans foyer...

L'homme qui serait par nature tel que celui du poëte ne respirerait alors que la guerre; car il serait incapable de toute union, comme les oiseaux de proie.

Si l'homme est infiniment plus sociable que les abeilles et tous les autres animaux qui vivent en troupe, c'est évidemment, comme je l'ai dit souvent, que la nature ne fait rien en vain. Or elle accorde la parole à l'homme exclusivement. La voix peut bien exprimer la joie et la douleur; aussi ne manque-t-elle pas aux autres animaux, parce que leur organisation va jusqu'à ressentir ces deux affections et à se les communiquer. Mais la parole est faite pour exprimer le bien et le mal, et par suite aussi le juste et l'injuste; et l'homme a ceci de spécial parmi tous les animaux, que seul il perçoit le bien et le mal, le juste et l'injuste, et tous les sentiments de même ordre, qui en s'associant constituent précisément la famille et l'État.

On ne peut douter que l'État ne soit naturellement au-dessus de la famille et de chaque individu; car le tout l'emporte nécessairement sur la partie, puisque le tout une fois détruit, il n'y a plus de parties, plus de pieds, plus de mains, si ce n'est par une pure analogie de mots, comme on dit une main de pierre; car la main séparée du corps est tout aussi peu une main réelle. Les choses se définissent en général par les actes qu'elles accomplissent et ceux qu'elles peuvent accomplir; dès que leur aptitude antérieure vient à cesser, on ne peut plus dire qu'elles sont les mêmes : elles sont seulement comprises sous un même nom. Ce qui prouve bien la nécessité naturelle de l'État et sa supériorité sur l'individu, c'est que, si on ne l'admet pas, l'individu peut alors se suffire à lui-même dans l'isolement du tout, ainsi que du reste des parties; or celui qui ne peut vivre en société, et dont l'indépendance n'a pas de besoins, celui-là ne saurait jamais être membre de l'État. C'est une brute ou un dieu.

La nature pousse donc instinctivement tous les hommes à l'association politique. Le premier qui l'institua rendit un immense service; car, si l'homme, parvenu à toute sa perfection, est le premier des animaux, il en est bien aussi le dernier quand il vit sans lois et sans justice. Il n'est rien de plus monstrueux, en effet, que l'injustice armée. Mais l'homme a reçu de la nature les armes de la sagesse et de la vertu, qu'il doit surtout employer contre ses passions mauvaises. Sans la vertu, c'est l'être le plus pervers et le plus féroce; il n'a que les emportements brutaux de l'amour et de la faim. La justice est une nécessité sociale; car le droit est la règle de l'association politique, et la décision du juste est ce qui constitue le droit.

ARISTOTE, *Politique*, I, 1. (Trad. Barth. Saint-Hilaire.)

Division des gouvernements en gouvernements d'intérêt général et gouvernements d'intérêt particulier. — Nécessité de concilier l'égalité des droits et l'inégalité des fonctions. — Véritable but de l'État. (Appendice aux livres I et III de la *République*.)

Il faut absolument que le souverain soit, ou un seul individu, ou une minorité, ou enfin la foule des citoyens. Quand le maître unique, ou la minorité, ou la majorité, gouvernent dans l'intérêt général, la constitution est pure nécessairement [1]. Quand ils gouvernent dans leur propre intérêt, soit dans l'intérêt d'un seul, soit dans l'intérêt de la minorité, soit dans l'intérêt de la foule, la constitution est déviée de son but [2]; puisque, de deux choses l'une : ou les membres de l'association ne sont pas vraiment citoyens, ou, s'ils le sont, ils doivent avoir leur part de l'avantage commun...

Les déviations de ces gouvernements sont : la tyrannie, pour la royauté ; l'oligarchie, pour l'aristocratie ; la démagogie, pour la république. La tyrannie est une monarchie qui n'a pour objet que l'intérêt personnel du monarque ; l'oligarchie n'a pour objet que l'intérêt particulier des riches ; la démagogie, que celui des pauvres. Aucun de ces gouvernements ne songe à l'intérêt général.

Examinons d'abord l'oligarchie et la démagogie, et ce qu'on appelle le droit dans l'une et dans l'autre. Les deux côtés également revendiquent un certain droit qui est bien réel. Mais de fait, leur justice ne va que jusqu'à un certain point ; et ce n'est pas le

---

1. Oui, mais il faut remarquer que les deux premières formes n'offrent par elles-mêmes aucune garantie de l'intérêt général; tandis que la dernière offre une garantie évidente : le gouvernement de la majorité a pour intérêt l'intérêt même de la majorité. De là le droit de suffrage universel.

2. Ceci est d'une grande justesse. La majorité même n'a pas le droit d'être tyrannique et oppressive à l'égard de la minorité. Le but du gouvernement doit être de protéger les droits de tous, de la minorité comme de la majorité.

droit absolu qu'établissent ni les uns ni les autres. Ainsi l'égalité paraît le droit commun, et sans doute elle l'est, non pas pour tous cependant, mais seulement entre égaux ; et de même pour l'inégalité : elle est certainement un droit, non pas pour tous, mais bien pour des individus inégaux entre eux [1]. Si l'on fait abstraction des individus, on risque de porter un jugement erroné. C'est qu'ici les juges sont juges et parties ; et l'on est ordinairement mauvais juge dans sa propre cause.

... Parce que les partisans de l'aristocratie et ceux de la démocratie expriment une certaine portion du droit, ils croient qu'ils expriment un droit absolu. D'une part, supérieurs en un point, en richesses par exemple, les uns se croient supérieurs en tout ; d'autre part, égaux en un point, en liberté par exemple, les autres se croient absolument égaux. On oublie des deux côtés de dire l'objet capital [2].

Si l'association politique n'était en effet formée qu'en vue des richesses, la part des associés serait dans l'État en proportion directe de leurs propriétés, et les partisans de l'oligarchie auraient alors pleine raison ; car il ne serait pas équitable que l'associé qui n'a mis qu'une mine sur cent eût la même part que celui qui aurait fourni tout le reste. Mais l'association politique a pour objet non-seulement l'existence matérielle des associés, mais leur bonheur et leur vertu [3]. Autrement, elle pourrait s'établir entre d'autres êtres que les hommes. Ces êtres ne la forment point cependant, étant incapables de bonheur ou de libre arbitre. L'association politique n'a point non plus pour objet unique l'alliance offensive et défensive entre les individus, ni leurs relations mu-

---

1. Paroles dignes d'attention. Aristote aurait seulement dû préciser le point par où les hommes sont égaux, et les points par où ils sont inégaux. Les hommes sont égaux comme personnes libres et raisonnables ; inégaux sous les autres rapports. L'égalité des personnes entraîne l'égalité des *droits* ; l'inégalité des intelligences, des mérites, etc., entraîne la diversité des *fonctions*.

2. Critique admirable qui fait voir que l'égalité des *droits* civils et politiques n'est nullement inconciliable avec l'inégalité des *fonctions*, qui doivent d'ailleurs être accessibles à tous ceux qui s'en montrent capables. La fausse démocratie est celle qui veut établir l'égalité absolue, sur tous les points ; la vraie démocratie établit l'égalité des droits, et laisse au temps et au progrès des mœurs le soin de diminuer les autres inégalités.

3. Il ne faut entendre ici que la vertu *politique*, la *justice*, qui est le respect des *droits*, et la condition sociale de toutes les autres vertus. L'État n'a pas pour but la vertu en général, ce qui entraînerait une intervention despotique dans la vie privée ou dans la vie religieuse. L'État a pour but de protéger les *droits* et les intérêts généraux qu'on lui confie.

tuelles, ni les services qu'ils peuvent se rendre... La cité ne consiste pas seulement dans la communauté du domicile, ni dans la garantie des droits individuels, ni dans les relations de commerce et d'échange; ces conditions préliminaires sont bien indispensables pour que la cité existe; mais, même quand elles sont toutes réunies, la cité n'existe point encore. La cité, c'est l'association du bonheur et de la vertu pour les familles et les classes diverses d'habitants, en vue d'une existence complète qui se suffise à elle-même[1].

Toutefois on ne saurait atteindre un tel résultat sans la communauté de domicile et sans le secours des mariages, et c'est là ce qui a donné naissance dans les États aux alliances de famille, aux phratries, aux sacrifices publics et aux fêtes qui réunissent les citoyens. La source de toutes ces institutions, c'est la bienveillance, sentiment qui pousse l'homme à préférer la vie commune; le but de l'État, c'est le bonheur des citoyens, et toutes ces institutions-là ne tendent qu'à l'assurer. L'État n'est qu'une association où les familles réunies par bourgades doivent trouver tous les développements, toutes les facilités de l'existence, c'est-à-dire, je le répète, une vie vertueuse et fortunée[2].

Ceux qui apportent le plus au fonds général de l'association, ceux-là ont dans l'État une plus large part que ceux qui, égaux ou supérieurs par la liberté, par la naissance, ont cependant moins de vertu politique; une plus large part que ceux qui, l'emportant par la richesse, le cèdent toutefois en mérite.

Je puis conclure de tout ceci qu'évidemment, dans leurs opinions si opposées sur le pouvoir, les riches et les pauvres n'ont trouvé les uns et les autres qu'une partie de la vérité et de la justice.

Aristote, *Politique*, III, v.
(Traduction Barthélemy Saint-Hilaire.)

---

1. Aristote tombe ici dans une exagération commune à tous les politiques de l'antiquité, qui donnaient trop à l'État, pas assez à l'individu. Sans doute, la cité est l'association pour le bonheur et la vertu; mais le gouvernement n'est point chargé de rendre les citoyens vertueux ou heureux, sous tous les rapports. Il est essentiellement le protecteur des droits, et *accessoirement* le mandataire des intérêts généraux. Le reste n'est point de sa compétence.

2. L'État doit rendre cette vie possible, en protégeant les droits et les intérêts communs; mais le reste regarde les individus et les associations particulières.

De la souveraineté. — Prétentions réciproques et également excessives de la foule et de la minorité. — Arguments divers en faveur de la souveraineté populaire. — Objections et réponses. — La souveraineté doit appartenir, autant que possible, aux lois fondées sur la raison.

C'est un grand problème de savoir à qui doit appartenir la souveraineté dans l'État. Ce ne peut qu'être ou à la multitude, ou aux riches, ou aux gens de bien, ou à un seul individu supérieur par ses talents, ou à un tyran. L'embarras est, ce semble, égal de toutes parts. Quoi ! les pauvres, parce qu'ils sont en majorité, pourront se partager les biens des riches ; et ce ne sera point une injustice, attendu que le souverain de par son droit aura décidé que ce n'en est point une ! Et que sera donc la plus criante des iniquités ? Mais, quand tout sera divisé, si une seconde majorité se partage de nouveau les biens de la minorité, l'État évidemment sera anéanti. Et pourtant la vertu ne ruine point ce qui la possède : la justice n'est point un poison pour l'État. Cette prétendue loi ne peut donc être très-certainement qu'une flagrante injustice.

Par le même principe, tout ce qu'aura fait le tyran sera nécessairement juste : il emploiera la violence parce qu'il sera le plus fort, comme les pauvres l'auront été contre les riches. Le pouvoir appartiendra-t-il de droit à la minorité, aux riches ? Mais s'ils agissent comme les pauvres et le tyran, s'ils pillent la multitude et la dépouillent, cette spoliation sera-t-elle juste ? Les autres alors ne le seront pas moins.

Ainsi, de toutes parts, on le voit, ce ne sont que crimes et iniquités.

Doit-on remettre la souveraineté absolue sur toutes les affaires aux citoyens distingués ? Alors c'est avilir toutes les classes exclues des fonctions publiques ; les fonctions publiques sont de véritables honneurs, et la perpétuité du pouvoir aux mains de quelques citoyens déconsidère nécessairement tous les autres. Vaut-il mieux donner le pouvoir à un seul, à l'homme supérieur ? Mais c'est exagérer le pouvoir oligarchique ; et une majorité plus grande encore sera bannie des magistratures. On pourrait ajouter que c'est une faute grave de substituer à la souveraineté de la loi la souveraineté d'un individu toujours sujet aux mille passions qui agitent toute âme humaine. Eh bien, dira-t-on, que la loi seule soit donc souveraine. Oligarchique ou démocratique, aura-t-on mieux évité les écueils ? Pas le moins du monde : les mêmes dangers que nous venons de signaler subsisteront toujours.

Mais nous reviendrons ailleurs sur ces divers sujets.

Attribuer la souveraineté à la multitude plutôt qu'aux hommes distingués, qui sont toujours en minorité, peut sembler une solution équitable et vraie de la question, quoiqu'elle ne tranche pas encore toutes les difficultés. On peut admettre, en effet, que la majorité, dont chaque membre pris à part n'est pas un homme remarquable, est cependant au-dessus des hommes supérieurs, sinon individuellement, du moins en masse, comme un repas à frais commun est plus splendide que le repas dont un seul fait la dépense. Dans cette multitude chaque individu a sa part de vertu, de sagesse ; et tous en se rassemblant forment, on peut dire, un seul homme ayant des mains, des pieds, des sens innombrables, un moral et une intelligence en proportion. Ainsi la foule porte des jugements exquis sur les œuvres de musique, de poésie ; celui-ci juge un point, celui-là un autre, et l'assemblée entière juge l'ensemble de l'ouvrage.

L'homme distingué, pris individuellement, diffère de la foule, comme la beauté, dit-on, diffère de la laideur ; comme un bon tableau que l'art produit diffère de la réalité par l'assemblage en un seul corps de beaux traits épars ailleurs : ce qui n'empêche pas que, si l'on analyse ces choses, on ne puisse trouver mieux encore que le tableau, et que tel puisse avoir les yeux plus beaux, tel l'emporter par toute autre partie du corps. Je n'affirmerai pas que ce soit là, dans toute multitude, dans toute grande réunion, la différence constante de la majorité au petit nombre des hommes distingués ; et certes l'on pourrait dire plutôt, sans crainte de se tromper, que, dans plus d'un cas, une différence de ce genre est impossible ; car on pourrait alors pousser la comparaison jusqu'aux animaux, et en quoi, je le demande, certains hommes diffèrent-ils des animaux ? Mais l'assertion, si on la restreint à une multitude donnée, peut être parfaitement juste.

Ces considérations répondent à notre première question sur le souverain, et à celle-ci qui lui est intimement liée : A quels objets la souveraineté des hommes libres et de la masse des citoyens doit-elle s'étendre ? Je comprends par la masse des citoyens tous les hommes d'une fortune et d'un mérite ordinaires. Il y a danger à leur confier les magistratures importantes : faute d'équité et de lumières, ils seront injustes dans tel cas et se tromperont dans tel autre. Les repousser de toutes les fonctions n'est pas plus sûr : un État où tant de gens sont pauvres et privés de toute distinction publique compte nécessairement autant d'ennemis. Mais on peut leur laisser le droit de délibérer sur les affaires publiques et le droit de juger.

Aussi Solon et quelques autres législateurs leur ont-ils accordé l'élection et la censure des magistrats, tout en leur refusant les fonctions individuelles. Quand ils sont assemblés, leur masse sent toujours les choses avec une intelligence suffisante; et réunie aux hommes distingués, elle sert l'État, de même que des aliments peu choisis, joints à quelques aliments choisis, donnent par leur mélange une quantité plus forte et plus profitable de nourriture. Mais les individus pris isolément n'en sont pas moins incapables de juger.

On peut faire à ce principe politique une première objection, et demander si, lorsqu'il s'agit de juger du mérite d'un traitement médical, il ne faut point appeler celui-là même qui serait, au besoin, capable de guérir le malade de la douleur qu'il souffre actuellement, c'est-à-dire le médecin [1]...

Ceux-là seuls qui savent faire la chose, dira-t-on, ont assez de lumières pour bien choisir. C'est au géomètre de choisir les géomètres, au pilote de choisir les pilotes : car si, pour certains objets, dans certains arts, on peut travailler sans apprentissage, on ne fait certainement pas mieux que les hommes spéciaux. Ainsi, par la même raison, il ne faut laisser à la foule ni le droit d'élire les magistrats, ni le droit de leur faire rendre des comptes.

Mais peut-être cette objection n'est-elle pas fort juste par les motifs que j'ai déjà dits plus haut, à moins qu'on ne suppose une multitude tout à fait dégradée. Les individus isolés jugeront moins bien que les savants, j'en conviens : mais tous réunis, ou ils vaudront mieux, ou ils ne vaudront pas moins. Pour bien des choses, l'artiste n'est ni le seul ni le meilleur juge, dans tous les cas où l'on peut bien connaître son œuvre, sans posséder son art. Une maison, par exemple, peut être appréciée par celui qui l'a bâtie; mais elle le sera bien mieux encore par celui qui l'habite ; et celui-là, c'est le chef de famille. Ainsi encore le timonier du vaisseau se connaîtra mieux en gouvernail que le charpen-

---

1. Allusion à la doctrine socratique.

tier ; et c'est le convive et non pas le cuisinier qui juge le festin.

Ces considérations peuvent paraître suffisantes pour lever cette objection.

En voici une autre qui s'y rattache : Il y a peu de raison, dira-t-on, à investir la multitude sans mérite, d'un plus large pouvoir que les citoyens distingués...

Il est juste que la multitude ait un plus large pouvoir : car c'est elle qui forme et le peuple et le sénat et le tribunal. Le sens possédé par cette masse entière dépasse celui que possèdent individuellement, et dans leur minorité, tous ceux qui remplissent les fonctions éminentes.

Je n'irai pas du reste plus loin sur ce sujet. Mais quant à la première question que nous nous étions posée sur la personne du souverain, la conséquence la plus évidente qui découle de notre discussion, c'est que la souveraineté doit appartenir aux lois fondées sur la raison, et que le magistrat, unique ou multiple, ne doit être souverain que là où la loi n'a pu rien disposer, par l'impossibilité de préciser tous les détails dans des règlements généraux.

ARISTOTE, *Politique*, III, VI.

A qui appartient la souveraineté. Pour le savoir, on ne peut tenir compte que des droits et des avantages vraiment politiques, et non des avantages quels qu'ils soient : noblesse, fortune, courage militaire, vertu. — Insuffisance des prétentions exclusives. — L'égalité est, en général, le but que le législateur doit se proposer afin de les concilier.

Toutes les sciences, tous les arts, ont un bien pour but ; et le premier des biens doit être l'objet suprême de la plus haute de toutes les sciences ; or cette science, c'est la politique. Le bien en politique, c'est la justice ; en d'autres termes, l'utilité générale. On pense communément que la justice est une sorte d'égalité ; et ici l'opinion vulgaire est, jusqu'à un certain point, d'accord avec les principes philosophiques par lesquels nous avons traité de la morale. On s'accorde en outre sur la nature de la justice, sur les êtres auxquels elle s'applique, et l'on convient que l'égalité doit régner nécessairement entre égaux ; reste à fixer à quoi s'applique l'égalité et à quoi s'applique l'inégalité, questions difficiles qui constituent la philosophie politique.

On soutiendra peut-être que le pouvoir politique doit se répartir inégalement et en raison de la prééminence en un mérite quelconque ; tous les autres points restant d'ailleurs parfaitement pareils, et les citoyens étant d'ailleurs parfaitement semblables ; et que les droits et la considération doivent être différents quand les individus diffèrent. Mais si ce principe est vrai, même la fraîcheur du teint, ou la grandeur de la taille, ou tel autre avantage, quel qu'il soit, pourra donc donner droit à une supériorité de pouvoir politique ? L'erreur n'est-elle pas ici manifeste ? Quelques réflexions tirées des autres sciences et des autres arts le prouveront assez. Si l'on distribue des flûtes à des artistes égaux entre eux en tant qu'occupés du même art, on ne donnera pas les meilleurs instruments aux individus les plus nobles, puisque leur noblesse ne les rend pas plus habiles à jouer de la flûte ; mais l'on devra remettre l'instrument le plus parfait à l'artiste qui saura le plus parfaitement s'en servir...

A suivre encore ce faux raisonnement, un avantage quelconque pourrait entrer en parallèle avec tout autre : parce que la taille de tel homme l'emporterait sur la taille de tel autre, il s'en suivrait qu'en règle générale la taille pourrait être mise en balance avec la fortune et la liberté...

Mais comme il y a ici une impossibilité radicale, il est clair qu'on ne prétend pas le moins du monde, en fait de droits politiques, répartir le pouvoir selon toute espèce d'inégalité. Que les uns soient légers à la course et les autres fort lents, ce n'est pas une raison pour qu'en politique les uns aient plus et les autres aient moins ; c'est aux jeux gymniques que ces différences-là seront appréciées à leur juste valeur ; ici, on ne doit nécessairement mettre en concurrence que les objets qui contribuent à la formation de l'État...

C'est surtout, je le répète, comme je l'ai dit plus haut, à la science et à la vertu qu'on doit attribuer son bonheur.

De plus, comme l'égalité et l'inégalité complètes sont injustes entre des individus qui ne sont égaux ou inégaux entre eux que sur un seul point, tous les gouvernements où l'égalité et l'inégalité sont établies sur des bases de ce genre sont nécessairement corrompus. Nous avons dit aussi plus haut que tous les citoyens ont raison de se croire des droits, mais que tous ont tort de se croire des droits absolus : les riches, parce qu'ils possèdent une plus large part du territoire commun de la cité et qu'ils ont ordinairement plus de crédit dans les transactions commerciales ; les nobles et les hommes libres, classes fort voisines l'une de l'autre, parce que la noblesse est plus réellement citoyenne que la roture, et que la noblesse est estimée chez tous les peuples ; et de plus, parce que les descendants vertueux doivent, selon toute apparence, avoir de vertueux ancêtres ; car la noblesse n'est qu'un mérite de race.

Certes, la vertu peut, selon nous, élever la voix non moins justement ; la vertu sociale, c'est la justice, et toutes les autres ne viennent nécessairement que comme des conséquences après elle. Enfin la majorité aussi a des prétentions qu'elle peut opposer à celles de la minorité ; car la majorité, prise dans son ensemble, est plus puissante, plus riche et meilleure que le petit nombre.

Supposons donc la réunion, dans un seul État, d'individus distingués, nobles, riches d'une part ; et de l'autre, d'une multitude à qui l'on peut accorder des droits politiques : pourra-t-on dire sans hésitation à qui doit appartenir la souveraineté ? Ou le doute sera-t-il encore possible ? Dans chacune des constitutions que nous avons énumérées plus haut, la question de savoir qui doit commander n'en peut faire une, puisque leur différence repose précisément sur celle du souverain. Ici, la souveraineté est aux riches ; là, aux citoyens distingués ; et ainsi du reste. Voyons cependant ce que l'on doit faire quand toutes ces conditions diverses se rencontrent simultanément dans la cité.

En supposant que la minorité des gens de bien soit extrêmement faible, comment pourra-t-on statuer à son égard ? Regardera-t-on si, toute faible qu'elle est, elle peut suffire cependant à gouverner l'État, ou même à former par elle seule une cité complète ? Mais alors se présente une objection qui est également juste contre tous les prétendants au pouvoir politique, et qui semble renverser toutes les raisons de ceux qui réclament l'autorité comme un droit de leur fortune, aussi bien que de ceux qui la réclament comme un droit de leur naissance. En adoptant le principe qu'ils allèguent pour eux-mêmes, la prétendue souveraineté devrait évidemment passer à l'individu qui serait à lui seul plus riche que tous les autres ensemble ; et de même, le plus noble par sa naissance l'emporterait sur tous ceux qui ne font valoir que leur liberté.

Même objection toute pareille contre l'aristocratie, qui se fonde sur la vertu ; car si tel citoyen est supérieur en vertu à tous les membres du gouvernement, gens eux-mêmes fort estimables, le même principe lui conférera la souveraineté. Même objection encore contre la souveraineté de la multitude, fondée sur la supériorité de sa force relativement à la minorité; car si un individu par hasard ou quelques individus, moins nombreux toutefois que la majorité, sont plus forts qu'elle, la souveraineté leur appartiendra de préférence plutôt qu'à la foule. Tout ceci semble démontrer clairement qu'il n'y a de complète justice dans aucune des prérogatives au nom desquelles chacun réclame le pouvoir pour soi et l'asservissement pour les autres. Aux prétentions de ceux qui revendiquent l'autorité pour leur mérite ou pour leur fortune, la multitude pourrait opposer d'excellentes raisons. Rien n'empêche, en effet, qu'elle ne soit plus riche et plus vertueuse que la minorité, non point individuellement, mais en masse. Ceci même répond à une objection que l'on met en avant, et qu'on répète souvent comme fort grave : on demande si, dans le cas que nous avons supposé, le législateur qui veut établir des lois parfaitement justes doit avoir en vue l'intérêt de la multitude ou celui des citoyens distingués. La justice ici, c'est l'égalité; et cette égalité de la justice se rapporte autant à l'intérêt général de l'État qu'à l'intérêt individuel des citoyens. Or le citoyen en général est l'individu qui a part à l'autorité et à l'obéissance publique[1], la condition du citoyen étant d'ailleurs variable suivant la constitution; et dans la république parfaite, c'est l'individu qui peut et qui veut librement obéir et gouverner tour à tour, suivant les préceptes de la vertu.

Aristote, Politique, III, vii.

De la royauté absolue. — Vaut-il mieux remettre le pouvoir à un seul individu qu'à des lois faites par des citoyens éclairés et honnêtes?

Le premier point, dans cette recherche, est de savoir s'il est préférable de remettre le pouvoir à un individu vertueux, ou de le laisser à de bonnes lois. Les partisans de la royauté, qui la trouvent si bienfaisante, prétendront, sans nul doute, que la loi, ne disposant jamais que d'une manière générale, ne peut prévoir tous les cas accidentels, et que c'est déraisonner que de vouloir soumettre une science, quelle qu'elle soit, à l'empire d'une lettre morte, comme cette loi d'Égypte, qui ne permet aux médecins d'agir qu'après le quatrième jour de la maladie, et qui

---

1. Définition admirable, qui résume les droits et les devoirs du citoyen.

les rend responsables, s'ils agissent avant ce délai. Donc, évidemment, la lettre et la loi ne peuvent jamais, par les mêmes motifs, constituer un bon gouvernement.

Mais d'abord, cette forme de dispositions générales est une nécessité pour tous ceux qui gouvernent; et l'emploi en est certainement plus sage dans une nature exempte de toutes les passions, que dans celles qui leur est essentiellement soumise. La loi est impassible; toute âme humaine, au contraire, est nécessairement passionnée.

Mais, dit-on, le monarque sera plus apte que la loi à prononcer dans les cas particuliers. On admet alors évidemment qu'en même temps qu'il est législateur, il existe aussi des lois qui cessent d'être souveraines là où elles se taisent, mais qui le sont partout où elles parlent. Dans tous les cas où la loi ne peut pas du tout prononcer, ou ne peut pas prononcer équitablement, doit-on s'en remettre à l'autorité d'un individu supérieur à tous les autres, ou à celle de la majorité? En fait, la majorité aujourd'hui juge, délibère, élit dans les assemblées publiques; et tous ses décrets se rapportent à des cas particuliers. Chacun de ses membres, pris à part, est inférieur, peut-être, si on le compare à l'individu dont je viens de parler; mais l'État se compose précisément de cette majorité, et le repas où chacun fournit son écot est toujours plus complet que ne le serait le repas isolé d'un des convives. C'est là ce qui rend la foule, dans la plupart des cas, meilleur juge qu'un individu quel qu'il soit.

De plus, une grande quantité est toujours moins corruptible, comme l'est, par exemple, une masse d'eau; et la majorité est de même bien moins facile à corrompre que la minorité. Quand l'individu est subjugué par la colère ou toute autre passion, il laisse de toute nécessité fausser son jugement; mais il serait prodigieusement difficile que, dans le même cas, la majorité tout entière se mît en fureur ou se trompât. Qu'on prenne d'ailleurs une multitude d'hommes libres, ne s'écartant de la loi que là nécessairement où elle doit être en défaut. Bien que la chose ne soit pas aisée dans une masse nombreuse, je puis supposer que la majorité s'y compose d'hommes vertueux comme individus et comme citoyens; je demande alors si un seul sera plus incorruptible, ou si ce n'est pas cette majorité nombreuse, mais probe? Ou plutôt l'avantage n'est-il pas évidemment à la majorité? Mais, dit-on, la majorité peut s'insurger; un seul ne le peut pas. On oublie alors que nous avons supposé à tous les membres de la majorité autant de vertu qu'à cet individu unique.

Si donc on appelle aristocratie le gouvernement de plusieurs citoyens vertueux et royauté le gouvernement d'un seul, l'aristocratie sera certainement pour ces États très-préférable à la royauté, que d'ailleurs son pouvoir soit absolu ou ne le soit pas, pourvu qu'elle se compose d'individus aussi vertueux les uns que les autres. Si nos ancêtres se sont soumis à des rois, c'est peut-être qu'il était fort rare alors de trouver des hommes supérieurs, surtout dans des États aussi petits que ceux de ce temps-là, ou bien ils n'ont fait des rois que par pure reconnaissance, gratitude qui témoigne en faveur de nos pères. Mais quand l'État renferma plusieurs citoyens d'un mérite également distingué, on ne put souffrir plus longtemps la royauté ; on chercha une forme de gouvernement où l'autorité pût être commune, et l'on établit la république.

La corruption amena des dilapidations publiques, et créa fort probablement, par suite de l'estime toute particulière accordée à l'argent, des oligarchies. Celles-ci se changèrent d'abord en tyrannies, comme les tyrannies se changèrent bientôt en démagogies. La honteuse cupidité des gouvernants, tendant sans cesse à restreindre leur nombre, fortifia d'autant les masses, qui purent bientôt renverser l'oppression et ressaisir le pouvoir pour elles-mêmes. Plus tard, l'accroissement des États ne permit guère d'adopter une autre forme de gouvernement que la démocratie.

Mais nous demandons à ceux qui vantent l'excellence de la royauté, quel sort ils veulent faire aux enfants des rois ? Est-ce que, par hasard, eux aussi devront régner ? Certes s'ils sont tels qu'on en a tant vu, cette hérédité sera bien funeste. Mais, dira-t-on, le roi sera maître de ne point transmettre le pouvoir à sa race. La confiance est ici bien difficile ; la position est fort glissante, et ce désintéressement exigerait un héroïsme qui est au-dessus du cœur humain.

Nous demanderons encore si, pour l'exercice de son pouvoir, le roi, qui prétend dominer, doit avoir à sa disposition une force armée capable de contraindre les rebelles à la soumission ? Ou bien comment pourra-t-il assurer son autorité ? En supposant même qu'il règne suivant les lois, et qu'il ne leur substitue jamais son arbitraire personnel, encore faudra-t-il qu'il dispose d'une certaine force pour protéger les lois elles-mêmes. Il est vrai que, pour un roi si parfaitement légal, la question peut se résoudre assez vite : il doit avoir certainement une force armée ; et cette force armée doit être calculée de façon à le rendre plus puissant que chaque citoyen en particulier, ou qu'un certain nombre de citoyens réunis, et de façon aussi à le rendre toujours plus faible que la masse. C'est dans cette proportion que nos ancêtres réglaient les gardes, qu'ils accordaient en remettant l'État aux mains d'un chef qu'ils nommaient *œsynmète,* ou d'un tyran. C'est encore sur cette base, lorsque Denys demanda des gardes, qu'un Syracusain, dans l'assemblée du peuple, conseilla de lui en accorder.

ARISTOTE, *Politique,* III, x.

Supériorité de la loi sur la volonté absolue du prince. — La loi vaut mieux que le pouvoir arbitraire. (Appendice au 1er livre de la *République*.)

Le sujet nous conduit maintenant à la royauté où le monarque peut tout faire selon son bon plaisir, et nous allons l'étudier ici. Aucune des royautés dites légales ne forme, je le répète, une espèce particulière de gouvernement, puisqu'on peut établir partout un généralat inamovible, dans la démocratie aussi bien que dans l'aristocratie. Bien souvent l'administration militaire est confiée à un seul individu ; et il y a une magistrature de ce genre à Épidamme et à Opunto, où cependant les pouvoirs du chef suprême sont moins étendus.

Quant à ce qu'on nomme la royauté absolue, c'est-à-dire celle où un seul homme règne souverainement suivant son bon plaisir, bien des gens soutiennent que la nature des choses repousse elle-même ce pouvoir d'un seul sur tous les citoyens, puisque l'État n'est qu'une association d'êtres égaux, et qu'entre des êtres naturellement égaux, les prérogatives et les droits doivent être nécessairement identiques. S'il est physiquement nuisible de donner une égale nourriture et des vêtements égaux à des hommes de constitution et de taille différentes, l'analogie n'est pas moins frappante pour les droits politiques. Et à l'inverse, l'inégalité entre égaux n'est pas moins déraisonnable.

Il est donc juste que les parts de pouvoir et d'obéissance pour chacun soient parfaitement égales, ainsi que leur alternative ; car c'est là précisément ce que procure la loi, et la loi c'est la constitution. Il faut donc préférer la souveraineté de la loi à celle de l'un des citoyens ; et, d'après ce même principe, si le pouvoir doit être remis à plusieurs parmi eux, on ne doit les faire que gardiens et serviteurs de la loi ; car si l'existence des magistratures est si fort indispensable, c'est une injustice patente de donner à un seul homme une magistrature suprême, à l'exclusion de tous ceux qui valent autant que lui.

Malgré ce qu'on en a dit, là où la loi est impuissante, un individu n'en saura jamais plus qu'elle ; une loi qui a su convenablement instruire les magistrats, peut s'en rapporter à leur bon sens et à leur justice pour juger et régler tous les cas où elle se tait. Bien plus, elle leur accorde le droit de corriger tous ses défauts, quand l'expérience a démontré l'amélioration possible. Ainsi donc, quand on demande la souveraineté de la loi, c'est demander que la raison règne avec les lois ; demander la souveraineté d'un roi, c'est constituer souverains l'homme et la bête ; car les entraînements de l'instinct, les passions du cœur corrompent les hommes quand ils sont au pouvoir, même les meilleurs ; mais la loi, c'est l'intelligence sans les passions aveugles.

L'exemple emprunté plus haut aux sciences ne paraît pas concluant ; il est dangereux de suivre en médecine des préceptes écrits, et il vaut mieux se confier aux praticiens. Un médecin ne sera jamais entraîné par amitié à donner quelque prescription déraisonnable ; tout au plus aura-t-il en vue le prix de la guérison. En politique, au contraire, la corruption et la faveur exercent fort ordinairement leur funeste influence. Ce n'est que lorsqu'on soupçonne le médecin de s'être laissé gagner par des ennemies pour attenter à la vie de son malade, qu'on a recours aux préceptes écrits.

Bien plus, le médecin malade appelle pour le soigner d'autres médecins ; le gymnaste montre sa force en présence d'autres gymnastes ; pensant tous deux qu'ils jugeraient mal s'ils jugeaient dans leur propre cause, parce qu'ils n'y sont pas désintéressés. Donc évidemment, quand on ne veut que la justice, il faut prendre un moyen terme ; et ce moyen terme, c'est la loi. D'ailleurs, il existe des lois fondées sur les mœurs, bien plus puissantes et bien plus importantes que les lois écrites ; et si l'on peut trouver dans la volonté d'un monarque plus de garantie que dans la loi écrite, certainement on lui en trouvera moins qu'à ces lois dont les mœurs font toute la force.

Mais un seul homme ne peut tout voir de ses propres yeux ; il faudra bien qu'il délègue son pouvoir à de nombreux inférieurs ;

et, dès lors, n'est-il pas tout aussi bien d'établir ce partage dès l'origine, que de le laisser à la volonté d'un seul individu ? De plus, reste toujours l'objection que nous avons précédemment faite ; si l'homme vertueux mérite le pouvoir à cause de sa supériorité, deux hommes vertueux le mériteront bien mieux encore ; c'est le mot du poëte :

> Deux braves compagnons, quand ils marchent ensemble...

c'est la prière d'Agamemnon demandant au ciel

> D'avoir dix conseillers sages comme Nestor.

Mais aujourd'hui même, dira-t-on, quelques États possèdent des magistratures chargées de prononcer souverainement, comme le fait le juge, dans les cas que la loi n'a pu prévoir ; preuve qu'on ne croit pas que la loi soit le souverain et le juge le plus parfait, bien qu'on reconnaisse sa toute-puissance là où elle a pu disposer.

Mais c'est justement parce que la loi ne peut embrasser que certains objets et qu'elle en laisse nécessairement échapper d'autres qu'on doute de son excellence et qu'on demande si, à mérite égal, il ne vaut pas mieux substituer à sa souveraineté celle d'un individu ; car disposer législativement sur des objets qui exigent délibération spéciale, est chose tout à fait impossible. Aussi ne conteste-t-on pas que pour tous ces objets-là il faille s'en remettre aux hommes ; on conteste seulement qu'on doive préférer un seul individu à plusieurs, car chacun des magistrats, même isolé, peut, guidé par la loi qui l'a instruit, juger fort équitablement.

Mais il pourrait bien sembler absurde de soutenir qu'un homme qui n'a, pour former son jugement, que deux yeux, deux oreilles, qui n'a pour agir que deux pieds et deux mains, puisse mieux faire qu'une réunion d'individus avec des organes bien plus nombreux. Dans l'état actuel, les monarques eux-mêmes sont forcés de multiplier leurs yeux, leurs oreilles, leurs mains et leurs pieds, en partageant le pouvoir avec les amis du pouvoir et avec leurs amis personnels. Si ces agents ne sont pas les amis du monarque, ils n'agiront pas suivant ses intentions ; s'ils sont ses amis, ils agiront dans son intérêt et dans celui de son autorité. Or, l'amitié suppose nécessairement ressemblance, égalité ; et si le roi admet que ses amis doivent partager sa puissance, il admet en même temps que le pouvoir doit être égal entre eux.

Telles sont à peu près les objections faites contre la royauté.

ARISTOTE, *Politique*, III, xi.

De la démocratie. — Influence désastreuse des démagogues dans la démocratie où la loi a cessé d'être souveraine. — Tyrannie du peuple égaré par ses flatteurs.

La première espèce de démocratie est caractérisée par l'égalité; et l'égalité fondée par la loi dans cette démocratie signifie que les pauvres n'auront pas de droits plus étendus que les riches, que ni les uns ni les autres ne seront exclusivement souverains, mais qu'ils le seront dans une proportion pareille. Si donc la liberté et l'égalité sont, comme on l'assure, les deux bases fondamentales de la démocratie, plus cette égalité de droits politiques sera complète, plus la démocratie existera dans toute sa pureté; car le peuple y étant le plus nombreux, et l'avis de la majorité y faisant loi, cette constitution est nécessairement une démocratie.....

Dans les démocraties où la loi gouverne, il n'y a point de démagogues, et les citoyens les plus respectés ont la direction des affaires. Les démagogues ne se montrent que là où la loi a perdu la souveraineté. Le peuple alors est un vrai monarque, unique, mais composé par la majorité qui règne, non point individuellement, mais en corps. Homère a blâmé la multiplicité des chefs; mais l'on ne saurait dire s'il prétendit parler, comme nous le faisons ici, d'un pouvoir exercé en masse, ou d'un pouvoir réparti entre plusieurs chefs qui l'exercent chacun en particulier. Dès que le peuple est monarque, il prétend agir en monarque, parce qu'il rejette le joug de la loi, et il se fait despote; aussi les flatteurs sont-ils bientôt en honneur.

Cette démocratie est dans son genre ce que la tyrannie est à la royauté. De part et d'autre mêmes vices, même oppression des bons citoyens : ici les décrets, là les ordres arbitraires. De plus, le démagogue et le flatteur ont une ressemblance frappante. Tous deux ils ont un crédit sans bornes, l'un sur le tyran, l'autre sur le peuple ainsi corrompu.

Les démagogues, pour substituer la souveraineté des décrets à celle des lois, rapportent toutes les affaires au peuple, car leur propre puissance ne peut que gagner à la souveraineté du peuple, dont ils disposent eux-mêmes souverainement par la confiance qu'ils savent lui surprendre. D'un autre côté, tous ceux qui croient avoir à se plaindre des magistrats ne manquent pas d'en appeler au jugement exclusif du peuple : celui-ci accueille volontiers la requête, et tous les pouvoirs légaux sont alors anéantis.

C'est là, on peut le dire avec raison, une déplorable démagogie. On peut lui reprocher de n'être plus réellement une constitution. Il n'y a de constitution qu'à la condition de la souveraineté des lois. Il faut que la loi décide des affaires générales, comme le magistrat décide des affaires particulières, dans les formes prescrites par la constitution. Si donc la démocratie est une des deux espèces principales du gouvernement, l'État où tout se fait à coups de décrets populaires n'est pas même, à vrai dire, une démocratie, puisque les décrets ne peuvent jamais statuer d'une manière générale.

Aristote, *Politique*, IV, iv.

Excellence politique de la classe moyenne.

Tout État renferme trois classes distinctes, les citoyens très-riches, les citoyens très-pauvres et les citoyens aisés, dont la position tient le milieu entre ces deux extrêmes. Puis donc que l'on convient que la modération et le milieu en toutes choses sont ce qu'il y a de mieux[1], il s'ensuit évidemment qu'en fait de fortune, la moyenne propriété sera aussi la plus convenable de toutes. Elle sait, en effet, se plier plus aisément que toute autre aux ordres de la raison, qu'on écoute si difficilement quand on jouit de quelque avantage extraordinaire, en beauté, en force, en naissance, en richesse ; ou quand on souffre de quelque infériorité excessive de pauvreté, de faiblesse et d'obscurité. Dans le premier cas, l'orgueil que donne une position si brillante pousse les hommes aux grands attentats ; dans le second, la perversité se tourne aux délits particuliers, et les crimes ne se commettent jamais que par orgueil ou par perversité. Négligentes de leurs devoirs politiques dans la ville ou au sénat, les deux classes extrêmes sont également dangereuses pour la cité.

Il faut dire encore qu'avec cette excessive supériorité que donnent l'influence de la richesse, un nombreux parti ou tel autre avantage, l'homme ne veut ni ne sait obéir. Dès l'enfance il contracte cette indiscipline dans la maison paternelle ; et le luxe, dont on l'a constamment entouré, ne lui permet pas d'obéir même à l'école. D'autre part, une extrême indigence ne dégrade pas moins. Ainsi, la pauvreté empêche de savoir commander, et

---

1. On connaît la théorie d'Aristote : Ἐν μέσῳ ἀρετή, *in medio virtus*.

elle n'apprend à obéir qu'en esclave ; l'extrême opulence empêche l'homme de se soumettre à une autorité quelconque, et ne lui enseigne qu'à commander avec tout le despotisme d'un maître. On ne voit plus alors dans l'État que maîtres et esclaves, et pas un seul homme libre. Ici jalousie envieuse, là vanité méprisante, si loin l'une et l'autre de cette bienveillance réciproque et de cette fraternité sociale qui est la suite de la bienveillance. Eh ! qui voudrait d'un ennemi à ses côtés, même pour un instant de route ? Ce qu'il faut surtout à la cité, ce sont des êtres égaux et semblables, qualités qui se trouvent avant tout dans les situations moyennes ; et l'État est nécessairement mieux gouverné quand il se compose de ces éléments, qui en forment, selon nous, la base naturelle.

Ces positions moyennes sont aussi les plus sûres pour les individus : ils ne convoitent point alors, comme les pauvres, la fortune d'autrui, et leur fortune n'est point convoitée par autrui, comme celle des riches l'est ordinairement par l'indigence. L'on vit ainsi loin de tout danger, dans une sécurité profonde, sans former ni craindre de conspiration. Aussi le vœu de Phocylide était-il bien sage :

> Une place modeste est l'objet de mes vœux.

Il est évident que l'association politique est surtout la meilleure, quand elle est formée par des citoyens de moyenne fortune ; les États bien administrés sont ceux où la classe moyenne est plus nombreuse et plus puissante que les deux autres réunies, ou du moins que chacune d'elles séparément. En se rangeant de l'un et de l'autre côté, elle rétablit l'équilibre et empêche qu'aucune prépondérance excessive ne se forme. C'est donc un grand bonheur que les citoyens aient une fortune modeste, mais suffisant à tous leurs besoins. Partout où la fortune extrême est à côté de l'extrême indigence, ces deux excès amènent ou la démagogie absolue, ou l'oligarchie pure, ou la tyrannie ; la tyrannie sort du sein d'une démagogie effrénée, ou d'une oligarchie extrême, bien plus souvent que du sein des classes moyennes et des classes voisines de celles-là. Plus tard, nous dirons pourquoi, quand nous parlerons des révolutions.

Un autre avantage non moins évident de la moyenne propriété, c'est qu'elle est la seule qui ne s'insurge jamais. Là où les fortunes aisées sont nombreuses, il y a moins de mouvements et de dissensions révolutionnaires. Les grandes cités ne doivent leur tranquillité qu'à la présence des fortunes moyennes qui y sont si nombreuses. Dans les petites, au contraire, la masse entière se divise très-facilement en deux camps sans aucun intermédiaire, parce que tous, on peut dire, y sont ou pauvres ou riches. C'est aussi la moyenne propriété qui rend les démocraties plus tranquilles et plus durables que les oligarchies, où elle est moins répandue et a moins de part au pouvoir politique, parce que le nombre des pauvres venant à s'accroître, sans que celui des fortunes moyennes s'accroisse proportionnellement, l'État se corrompt et arrive rapidement à sa ruine [1].

Aristote, *Politique*, VI (4), ix.

Critique de la *République* de Platon par Aristote.
Appréciation du communisme.

La première question qui se présente après celle-ci, c'est de savoir quelle doit être, dans la meilleure constitution possible de l'État, l'organisation de la propriété, et s'il faut admettre ou rejeter la communauté des biens. On peut d'ailleurs examiner ce sujet indépendamment de ce qu'on a pu statuer sur les femmes et les enfants. En conservant à leur égard la situation actuelle des choses et la division admise par tout le monde, je demande, en ce qui concerne la propriété, si la communauté doit s'étendre au fonds ou seulement à l'usufruit? Ainsi, les fonds de terre étant possédés individuellement, faut-il en apporter ou en consommer les fruits en commun, comme le pratiquent quelques nations? ou au contraire, la propriété et la culture étant communes, en partager les fruits entre les individus, espèce de communauté qui existe aussi, assure-t-on, chez les peuples barbares? ou bien les fonds et les fruits doivent-ils être mis également en communauté?

Si la culture est confiée à des mains étrangères, la question est tout autre et la solution plus facile; mais si les citoyens travaillent personnellement pour eux-mêmes, elle est beaucoup plus embarrassante. Le travail et la jouissance n'étant pas également

---

1. Remarquer la profondeur de ces observations éternellement vraies. — De nos jours, la division croissante de la propriété, qui multiplie les fortunes moyennes, est un incontestable progrès. Les excès de cette division trouvent un remède dans les libres associations des citoyens.

répartis, il s'élèvera nécessairement contre ceux qui jouissent et reçoivent beaucoup, tout en travaillant peu, des réclamations de la part de ceux qui reçoivent peu, tout en travaillant beaucoup.

Entre hommes, généralement, les relations de vie et de communauté sont fort difficiles ; mais elles le sont encore bien davantage pour l'objet qui nous occupe ici. Qu'on regarde seulement les réunions de voyage, où l'accident le plus fortuit et le plus futile suffit à provoquer la dissension ; et parmi nos domestiques, n'avons-nous pas surtout de l'irritation contre ceux dont le service est personnel et de tous les instants ?

A ce premier inconvénient, la communauté des biens en joint encore d'autres non moins grands. Je lui préfère de beaucoup le système actuel, complété par les mœurs publiques et appuyé sur de bonnes lois. Il réunit les avantages des deux autres, je veux dire de la communauté et de la possession exclusive. Alors la propriété devient commune en quelque sorte, tout en restant particulière ; les exploitations, étant toutes séparées, ne donneront pas naissance à des querelles ; elles prospéreront davantage, parce que chacun s'y attachera comme à un intérêt personnel, et la vertu des citoyens en réglera l'emploi, selon le proverbe : « Entre amis, tout est commun. »

Aujourd'hui même on retrouve dans quelques cités des traces de ce système, qui prouvent bien qu'il n'est pas impossible ; et surtout dans les États bien organisés où il existe en partie, où il pourrait être aisément complété. Les citoyens, tout en y possédant personnellement, abandonnent à leurs amis ou leur empruntent l'usage commun de certains objets. Ainsi à Lacédémone, chacun emploie les esclaves, les chevaux et les chiens d'autrui, comme s'ils lui appartenaient en propre, et cette communauté s'étend jusque sur les provisions de voyage, quand on est surpris aux champs par le besoin.

Il est donc évidemment préférable que la propriété soit particulière et que l'usage seul la rende commune. Amener les esprits à ce point de bienveillance regarde spécialement le législateur.

Du reste, on ne saurait dire tout ce qu'a de délicieux le sentiment de la propriété. L'amour de soi, que chacun de nous possède, n'est point un sentiment répréhensible, c'est un sentiment tout à fait naturel, ce qui n'empêche pas qu'on blâme à bon droit l'égoïsme, qui n'est plus ce sentiment lui-même et qui n'en est qu'un coupable excès ; comme on blâme l'avarice, quoiqu'il soit naturel, on peut dire, à tous les hommes d'aimer l'argent. C'est un grand charme que d'obliger et de secourir des amis, des hôtes, des compagnons : et ce n'est que la propriété individuelle qui nous assure ce bonheur-là.

On le détruit quand on prétend établir cette unité excessive de l'État[1], de même qu'on enlève encore à deux autres vertus toute occasion de s'exercer ; d'abord à la continence, car c'est une vertu que de respecter par sagesse la femme d'autrui ; et en second lieu, à la générosité qui ne va qu'avec la propriété, car, dans cette république, le citoyen ne peut jamais se montrer libéral ni faire aucun acte de générosité, puisque cette vertu ne peut naître que de l'emploi de ce qu'on possède.

Le système de Platon a, je l'avoue, une apparence tout à fait séduisante de philanthropie ; au premier aspect, il charme par la merveilleuse réciprocité de bienveillance qu'il semble devoir inspirer à tous les citoyens, surtout quand on entend faire le procès aux vices des constitutions actuelles, et les attribuer tous à ce que la propriété n'est pas commune ; par exemple, les procès qui font naître les contrats, les condamnations pour faux témoignages, les vils empressements auprès des gens riches ; toutes choses qui tiennent non point à la possession individuelle des biens, mais à la perversité des hommes.

Et, en effet, ne voit-on pas les associés et les propriétaires communs bien plus souvent en procès entre eux que les possesseurs de biens personnels[2] ? et encore, le nombre de ceux qui peuvent avoir de ces querelles dans les associations est-il bien faible comparativement à celui des possesseurs de propriétés particulières. D'un autre côté, il serait juste d'énumérer non pas seulement les maux, mais aussi les avantages que la communauté détruit ; avec elle, l'existence me paraît tout à fait impraticable. L'erreur de Socrate vient de la fausseté du principe d'où il part.

1. C'est, en effet, la recherche de l'unité, poussée à l'excès, qui est le défaut dominant de la politique platonicienne. Entre le communisme, qui absorbe l'individu dans l'État, et l'*individualisme*, qui absorbe l'État dans l'individu, il y a un juste milieu : c'est la doctrine qui admet tout à la fois la propriété individuelle et la libre association des citoyens entre eux. L'association, sans détruire la liberté, porte remède à l'extrême division de la propriété et à l'isolement individuel.

2. Ce ne serait pas une raison pour méconnaître l'utilité de l'association, si évidente à notre époque. Toutes les grandes entreprises se font par association libre.

Sans doute l'État et la famille doivent avoir une sorte d'unité, mais non point une unité absolue. Avec cette unité poussée à un certain point, l'État n'existe plus, ou, s'il existe, sa situation est déplorable, car il est toujours à la veille de ne plus être. Autant vaudrait prétendre faire un accord avec un seul son, un rhythme avec une seule mesure.

C'est par l'éducation qu'il convient de ramener à la communauté et à l'unité l'État qui est multiple, comme je l'ai déjà dit ; et je m'étonne qu'en prétendant introduire l'éducation, et par elle, le bonheur dans l'État, on s'imagine le régler par de tels moyens plutôt que par les mœurs, la philosophie et les lois.

Aristote, *Politique*, II, II.

Portrait du tyran. — Divers moyens qu'il est obligé de mettre en œuvre pour se maintenir. (Appendice au 1er livre de la *République*. Comparer avec le portrait du tyran, dans la *République* de Platon.)

Les tyrannies se maintiennent de deux manières absolument opposées. La première est bien connue, et elle est mise en usage par presque tous les tyrans. C'est à Périandre de Corinthe qu'on fait honneur de toutes ces maximes politiques dont la monarchie des Perses peut offrir aussi bon nombre d'exemples. Déjà nous avons indiqué quelques-uns des moyens que la tyrannie emploie pour conserver sa puissance, autant que cela est possible : réprimer toute supériorité qui s'élève ; se défaire des gens de cœur ; défendre les repas communs et les associations ; interdire l'instruction et tout ce qui tient aux lumières, c'est-à-dire, prévenir tout ce qui donne ordinairement courage et confiance en soi ; empêcher les loisirs et toutes les réunions où l'on pourrait trouver des amusements communs ; tout faire pour que les sujets restent inconnus les uns des autres, parce que les relations amènent une mutuelle confiance.

De plus, bien connaître les moindres déplacements des citoyens, et les forcer en quelque façon à ne jamais franchir les murs de la cité, pour toujours être au courant de ce qu'ils font, et les accoutumer par ce continuel esclavage à la bassesse et à la timidité d'âme : tels sont les moyens mis en usage chez les Perses et chez les barbares, moyens tyranniques qui tendent tous au même but. En voici d'autres : savoir tout ce qui se dit, tout ce qui se fait parmi les sujets ; avoir des espions pareils à ces femmes appelées à Syracuse les délatrices; envoyer, comme Hiéron, des gens pour tout écouter dans les sociétés, dans les réunions, parce qu'on est moins franc quand on redoute l'espionnage, et que si l'on parle, tout se tait; semer la discorde et la calomnie parmi les citoyens; mettre aux prises les amis entre eux; irriter le peuple contre les hautes classes qu'on désunit entre elles. Un autre principe de la tyrannie est d'appauvrir les sujets, pour que, d'une part, sa garde ne lui coûte rien à entretenir, et que, de l'autre, occupés à gagner leur vie de chaque jour, les sujets ne trouvent pas le temps de conspirer. C'est dans cette vue qu'ont été élevées les pyramides d'Égypte, les monuments sacrés des Cypsélides, le temple de Jupiter Olympien par les Pisistratides, et les grands ouvrages de Polycrate à Samos, travaux qui n'ont qu'un seul et même objet, l'occupation constante et l'appauvrissement du peuple. On peut voir un moyen analogue dans un système d'impôts établis comme ils l'étaient à Syracuse : en cinq ans, Denys absorbait par l'impôt la valeur de toutes les propriétés. Le tyran fait aussi la guerre pour occuper l'activité de ses sujets, et leur imposer le besoin perpétuel d'un chef militaire. Si la royauté se conserve en s'appuyant sur des dévouements, la tyrannie ne se maintient que par une perpétuelle défiance de ses amis, parce qu'elle sait bien que si tous les sujets veulent renverser le tyran, ses amis surtout sont en position de le faire.

Les vices que présente la démocratie extrême se retrouvent dans la tyrannie : licence accordée aux femmes dans l'intérieur des familles pour qu'elles trahissent leurs maris; licence aux esclaves, pour qu'ils dénoncent aussi leurs maîtres; car le tyran n'a rien à redouter des esclaves et des femmes; et les esclaves, pourvu qu'on les laisse vivre à leur gré, sont très-partisans de la tyrannie et de la démagogie. Le peuple aussi parfois fait le monarque; et voilà pourquoi le flatteur est en haute estime auprès de la foule comme auprès du tyran. Près du peuple, on trouve le démagogue, qui est pour lui un véritable flatteur; près du despote, on trouve ses vils courtisans, qui ne font qu'œuvre perpétuelle de flatterie. Aussi la tyrannie n'aime-t-elle que les méchants, précisément parce qu'elle aime la flatterie, et qu'il n'est point de cœur libre qui s'y abaisse. L'homme de bien sait aimer, mais il ne flatte pas. De plus, les méchants sont d'un utile emploi dans les projets pervers : « Un clou chasse l'autre, » dit le proverbe.

Le propre du tyran est de repousser tout ce qui porte une âme fière et libre ; car il se croit seul capable de posséder ces hautes qualités ; et l'éclat dont brilleraient auprès de lui la magnanimité et l'indépendance d'un autre anéantirait cette supériorité de maître que la tyrannie revendique pour elle seule. Le tyran hait donc ces nobles natures, comme attentatoires à sa puissance. C'est encore l'usage du tyran d'inviter à sa table et d'admettre dans son intimité des étrangers plutôt que des nationaux ; ceux-ci sont pour lui des ennemis, ceux-là n'ont aucun motif d'agir contre son autorité.

Toutes ces manœuvres et tant d'autres du même genre, que la tyrannie emploie pour se maintenir, sont d'une profonde perversité.

En les résumant, on peut les classer sous trois chefs principaux, qui sont le but permanent de la tyrannie : d'abord, l'abaissement moral des sujets, car des âmes avilies ne pensent jamais à conspirer ; en second lieu, la défiance des citoyens les uns à l'égard des autres, car la tyrannie ne peut être renversée qu'autant que des citoyens ont assez d'union pour se concerter ; aussi le tyran poursuit-il les hommes de bien comme les ennemis directs de sa puissance, non pas seulement parce que ces hommes-là repoussent tout despotisme comme dégradant, mais encore parce qu'ils ont foi en eux-mêmes et obtiennent la confiance des autres, et qu'ils sont incapables de se trahir entre eux et de trahir qui que ce soit ; enfin, le troisième objet que poursuit la tyrannie, c'est l'affaiblissement et l'appauvrissement des sujets ; car on n'entreprend guère une chose impossible, ni par conséquent de détruire la tyrannie quand on n'a pas les moyens de la renverser.....

Telle est donc la première méthode de conservation pour les tyrannies.

Quant à la seconde, elle s'attache à des soins radicalement opposés à tous ceux que nous venons d'indiquer. On peut la tirer de ce que nous avons dit des causes qui ruinent les royautés ; car de même que la royauté compromet son autorité en voulant la rendre plus despotique, de même la tyrannie assure la sienne en la rendant plus royale. Il n'est ici qu'un point essentiel qu'elle ne doit jamais oublier : qu'elle ait toujours la force nécessaire pour gouverner, non pas seulement avec l'assentiment général, mais aussi malgré la volonté générale. Renoncer à ce point, ce serait renoncer à la tyrannie même ; mais cette base une fois assurée, le tyran peut pour tout le reste se conduire comme un véritable roi, ou du moins en prendre adroitement toutes les apparences.

D'abord il paraîtra s'occuper avec sollicitude des intérêts publics, et ne se montrera point follement dissipateur de ces riches offrandes que le peuple a tant de peine à lui faire, et que le maître tire des fatigues et des sueurs de ses sujets, pour les prodiguer à des courtisanes, à des étrangers et à des artistes cupides. Le tyran rendra compte des recettes et des dépenses de l'État, chose que du reste plus d'un tyran a faite; car il a par là cet avantage de paraître un administrateur plutôt qu'un despote; il n'a point à redouter d'ailleurs de jamais manquer de fonds tant qu'il reste maître absolu du gouvernement..... D'un autre côté, en levant des impôts, des redevances, il faut qu'il semble n'agir que dans l'intérêt de l'administration publique, et seulement pour préparer des ressources en cas de guerre; en un mot, il doit paraître le gardien et le trésorier de la fortune générale et non de sa fortune personnelle.

Il ne faut pas que le tyran se montre d'un difficile accès; toutefois son abord doit être grave pour inspirer non la crainte, mais le respect. La chose est du reste fort délicate, car le tyran est toujours bien près d'être méprisé; mais, pour provoquer le respect, il doit, même en faisant peu de cas des autres talents, tenir beaucoup au talent politique, et se faire à cet égard une inattaquable réputation....

Le tyran prendra le contre-pied de toutes ces vieilles maximes qu'on dit à l'usage de la tyrannie. Il faut qu'il embellisse la ville, comme s'il en était l'administrateur et non le maître. Surtout qu'il affiche avec le plus grand soin une piété exemplaire. On ne redoute pas autant l'injustice de la part d'un homme qu'on croit religieusement livré à tous ses devoirs envers les dieux; et l'on ose moins conspirer contre lui, parce qu'on lui suppose le ciel même pour allié. Il faut toutefois que le tyran se garde de pousser les apparences jusqu'à une ridicule superstition.

Quand un citoyen se distingue par quelque belle action, il faut le combler de tant d'honneurs qu'il ne pense pas pouvoir en obtenir davantage d'un peuple indépendant. Le tyran répartira en personne les récompenses de ce genre, et laissera aux magistrats inférieurs et aux tribunaux le soin des châtiments.

Tout gouvernement monarchique, quel qu'il soit, doit se garder d'accroître outre mesure la puissance d'un individu; ou si la chose est inévitable, il faut alors prodiguer les mêmes dignités à plusieurs autres ; c'est le moyen de les maintenir mutuellement. S'il faut nécessairement créer l'une de ces brillantes fortunes, que le tyran ne s'adresse pas du moins à un homme audacieux ; car un cœur rempli d'audace est toujours prêt à tout entreprendre ; et s'il faut renverser quelque haute influence, qu'il y procède par degré, et qu'il ait soin de ne point détruire d'un seul coup les fondements sur lesquels elle repose.

Que le tyran, en ne se permettant jamais d'outrage d'aucun genre, en évite deux surtout : c'est de porter la main sur qui que ce soit, et d'insulter la jeunesse. Cette circonspection est particulièrement nécessaire à l'égard des cœurs nobles et fiers. Les âmes cupides souffrent impatiemment qu'on les froisse dans leurs intérêts d'argent ; mais les âmes fières et honnêtes souffrent bien davantage d'une atteinte portée à leur honneur. De deux choses l'une : ou il faut renoncer à toute vengeance sur des hommes de ce caractère, ou bien les punitions qu'on leur inflige doivent sembler toutes paternelles, et non le résultat du mépris. Si le tyran a quelques relations avec la jeunesse, il faut qu'il paraisse ne céder qu'à sa passion, et non point abuser de son pouvoir. En général, dès qu'il peut y avoir apparence de déshonneur, il faut que la réparation l'emporte de beaucoup sur l'offense.

Parmi les ennemis qui en veulent à la personne même du tyran, ceux-là sont les plus dangereux et les plus à surveiller, qui ne tiennent point à la vie pourvu qu'ils aient la sienne. Aussi faut-il se garder avec la plus grande attention des hommes qui se croient insultés dans leur personne ou dans celle de gens qui leur sont chers. Quand on conspire par ressentiment, on ne s'épargne pas soi-même, et comme dit Héraclite : « Le ressentiment est bien difficile à combattre, car il met sa vie en enjeu. »

Comme l'État se compose toujours de deux partis bien distincts, les pauvres et les riches, il faut persuader aux uns et aux autres qu'ils ne trouveront de garantie que dans le pouvoir, et prévenir entre eux toute injustice mutuelle. Mais entre ces deux partis, le plus fort est toujours celui qu'il faut prendre pour instrument du pouvoir, afin que, dans un cas extrême, le tyran ne soit pas forcé ou de donner la liberté aux esclaves, ou d'enlever les armes aux citoyens. Ce parti suffit toujours à lui seul pour défendre l'autorité dont il est l'appui et pour lui assurer le triomphe contre ceux qui l'attaquent.

Du reste nous croyons qu'il serait inutile d'entrer dans de plus longs détails. L'objet essentiel est ici bien évident. Il faut que le tyran paraisse à ses sujets, non point un despote, mais un administrateur, un roi ; non point un homme qui fait ses propres affaires, mais un homme qui administre celles des autres. Il faut que dans toute sa conduite, il recherche la modération et non pas les excès. Il faut qu'il admette dans sa société les citoyens distingués, et qu'il s'attire par ses manières l'affection de la foule. Par là, il sera infailliblement sûr, non-seulement de rendre son autorité plus belle et plus aimable, parce que ses sujets seront meilleurs, et non point avilis, qu'il n'excitera ni haine, ni crainte, mais encore de rendre son autorité plus durable. En un mot, il faut qu'il se montre complétement vertueux ou du moins vertueux à demi, et qu'il ne se montre jamais vicieux, ou du moins jamais autant qu'on peut l'être.

Aristote, *Politique*.

Les diverses formes de gouvernement.

La plupart de ceux qui font profession de raisonner sur ces matières reconnaissent trois natures de gouvernement : la royauté, l'aristocratie et l'État populaire. Mais il me semble qu'on peut, avec quelque fondement, s'enquérir s'ils nous produisent ces formes politiques comme les seules existantes, ou simplement et à bon droit, comme les meilleures. Car sur ces deux points, je les crois dans l'erreur. Il est évident en effet qu'il faut estimer la plus excellente constitution, celle qui se composerait de toutes les autres formes déjà nommées. De plus, on ne saurait admettre que ces trois formes soient les seules... Toute domination d'un seul n'a pas le droit d'être appelée royauté ; mais celle-là seulement qui s'appuie sur une juste obéissance, et qui s'exerce plutôt par la sagesse que par la terreur et la force. Il ne faut pas croire non plus que toute oligarchie soit une aristocratie ; mais celle-là seulement qui porte au pouvoir par élection les hommes les plus justes et les plus sages. De même il ne faut pas nommer démocratie un État où toute la foule est maîtresse de faire ce qu'elle propose ; mais là où il est d'un usage antique et familier d'adorer les dieux, de servir les pères, d'honorer les vieillards, d'obéir aux lois : voilà la réunion d'hommes que, si l'avis du plus grand nombre y domine, il faut appeler démocratie.

Polybe, *Fragments*.

EXTRAITS

DES AUTEURS MODERNES.

FRAGMENTS DE FÉNELON SUR LA POLITIQUE.

Vous savez qu'autrefois le roi ne prenait jamais rien sur les peuples par sa seule autorité : c'était le parlement, c'est-à-dire l'assemblée de la nation, qui lui accordait les fonds nécessaires pour les besoins extraordinaires de l'État. Hors de ce cas, il vivait de son domaine. Qui est-ce qui a changé cet ordre, sinon l'autorité absolue, que les rois ont prise de nos jours ?

Examen de conscience sur les devoirs de la royauté, art. III, XIII.

Plan politique de Fénelon : Établissement d'états généraux. Composition des états généraux : de l'évêque de chaque diocèse ; d'un seigneur d'ancienne et haute noblesse élu par les nobles ; d'un homme considérable du tiers état, élu par le tiers état. Élection libre : nulle recommandation du roi qui se tournerait en ordre ; nul député perpétuel, mais capable d'être continué.

Plans de gouvernement, art. II, § 3, 5°.

Nul souverain ne peut exiger la croyance intérieure de ses sujets sur la religion... On doit laisser les sujets dans une parfaite liberté d'examiner, chacun pour soi, l'autorité et les motifs de crédulité de cette révélation.

Essai sur le gouvernement civil, d'après les principes de Fénelon, par Ramsai, ch. XV.

EXTRAITS DE MONTESQUIEU.

LIVRE PREMIER DE L'ESPRIT DES LOIS.

DES LOIS EN GÉNÉRAL.

CHAPITRE PREMIER. — *Des lois, dans le rapport qu'elles ont avec les divers êtres.*

(Appendice aux livres I et III de la *République*.)

Les lois, dans la signification la plus étendue, sont les rapports nécessaires qui dérivent de la nature des choses : et dans ce sens tous les êtres ont leurs lois ; la Divinité a ses lois ; le monde matériel a ses lois ; les intelligences supérieures à l'homme ont leurs lois ; les bêtes ont leurs lois ; l'homme a ses lois.

Ceux qui ont dit qu'*une fatalité aveugle a produit tous les effets que nous voyons dans le monde*, ont dit une grande absurdité : car quelle plus grande absurdité qu'une fatalité aveugle, qui aurait produit des êtres intelligents ?

Il y a donc une raison primitive ; et les lois sont les rapports qui se trouvent entre elle et les différents êtres, et les rapports de ces divers êtres entre eux.

Dieu a du rapport avec l'univers comme créateur et comme conservateur : les lois selon lesquelles il a créé sont celles selon lesquelles il conserve. Il agit selon ces règles, parce qu'il les connaît ; il les connaît, parce qu'il les a faites ; il les a faites, parce qu'elles ont du rapport avec sa sagesse et sa puissance.

Comme nous voyons que le monde, formé par le mouvement de la matière et privé d'intelligence, subsiste toujours, il faut que ses mouvements aient des lois invariables ; et si l'on pouvait imaginer un autre monde que celui-ci, il aurait des règles constantes, ou il serait détruit.

Ainsi la création, qui parait être un acte arbitraire, suppose des règles aussi invariables que la fatalité des athées. Il serait absurde de dire que le Créateur, sans ces règles, pourrait gouverner le monde, puisque le monde ne subsisterait pas sans elles.

Ces règles sont un rapport constamment établi. Entre un corps mû et un autre corps mû, c'est suivant les rapports de la masse et de la vitesse que tous les mouvements sont reçus, augmentés, diminués, perdus; chaque diversité est *uniformité*, chaque changement est *constance*.

Les êtres particuliers intelligents peuvent avoir des lois qu'ils ont faites; mais ils en ont aussi qu'ils n'ont pas faites. Avant qu'il y eût des êtres intelligents, ils étaient possibles; ils avaient donc des rapports possibles, et par conséquent des lois possibles. Avant qu'il y eût des lois faites, il y avait des rapports de justice possibles. Dire qu'il n'y a rien de juste ni d'injuste que ce qu'ordonnent ou défendent des lois positives, c'est dire qu'avant qu'on eût tracé le cercle, tous les rayons n'étaient pas égaux.

Il faut donc avouer des rapports d'équité antérieurs à la loi positive qui les établit; comme, par exemple, que, supposé qu'il y eût des sociétés d'hommes, il serait juste de se conformer à leurs lois; que s'il y avait des êtres intelligents qui eussent reçu quelque bienfait d'un autre être, ils devraient en avoir de la reconnaissance; que, si un être intelligent avait créé un être intelligent, le créé devrait rester dans la dépendance qu'il a eue dès son origine; qu'un être intelligent, qui a fait du mal à un être intelligent, mérite de recevoir le même mal[1], et ainsi du reste.

Mais il s'en faut bien que le monde intelligent soit aussi bien gouverné que le monde physique; car quoique celui-là ait aussi des lois qui, par leur nature, sont invariables, il ne les suit pas constamment comme le monde physique suit les siennes. La raison en est que les êtres particuliers intelligents sont bornés par leur nature, et par conséquent sujets à l'erreur; et, d'un autre côté, il est de leur nature qu'ils agissent par eux-mêmes. Ils ne suivent donc pas constamment leurs lois primitives; et celles mêmes qu'ils se donnent, ils ne les suivent pas toujours.

On ne sait si les bêtes sont gouvernées par les lois générales du mouvement, ou par une motion particulière. Quoi qu'il en soit, elles n'ont point avec Dieu de rapport plus intime que le reste du monde matériel[2]; et le sentiment ne leur sert que dans le rapport qu'elles ont entre elles, ou avec d'autres êtres particuliers, ou avec elles-mêmes.

---

1. Cette loi du talion est contestable. Il ne faut pas la confondre avec la loi du *mérite* et du *démérite*.
2. Opinion contestable. Les bêtes sont supérieures à la matière.

Par l'attrait du plaisir elles conservent leur être particulier, et par le même attrait elles conservent leur espèce. Elles ont des lois naturelles, parce qu'elles sont unies par le sentiment; elles n'ont point de lois positives, parce qu'elles ne sont point unies par la connaissance. Elles ne suivent pourtant pas invariablement leurs lois naturelles; les plantes, en qui nous ne remarquons ni connaissance, ni sentiment, les suivent mieux.

Les bêtes n'ont point les suprêmes avantages que nous avons; elles en ont que nous n'avons pas. Elles n'ont point nos espérances, mais elles n'ont pas nos craintes; elles subissent comme nous la mort, mais c'est sans la connaître : la plupart même se conservent mieux que nous, et ne font pas un aussi mauvais usage de leurs passions[1].

L'homme, comme être physique, est, ainsi que les autres corps, gouverné par des lois invariables; comme être intelligent, il viole sans cesse les lois que Dieu a établies, et change celles qu'il établit lui-même. Il faut qu'il se conduise ; et cependant il est un être borné; il est sujet à l'ignorance et à l'erreur, comme toutes les intelligences finies ; les faibles connaissances qu'il a, il les perd encore. Comme créature sensible, il devient sujet à mille passions. Un tel être pouvait à tous les instants oublier son créateur; Dieu l'a rappelé à lui par les lois de la religion : un tel être pouvait à tous les instants s'oublier lui-même; les philosophes l'ont averti par les lois de la morale : fait pour vivre dans la société, il y pouvait oublier les autres; les législateurs l'ont rendu à ses devoirs par les lois politiques et civiles.

Chapitre ii. — *Des lois de la nature.*

Avant toutes ces lois sont celles de la nature, ainsi nommées parce qu'elles dérivent uniquement de la constitution de notre être. Pour les connaître bien, il faut considérer un homme avant l'établissement des sociétés. Les lois de la nature seront celles qu'il recevrait dans un état pareil.

Cette loi qui, en imprimant dans nous-mêmes l'idée du Créateur, nous porte vers lui, est la première des lois naturelles par son importance, et non pas dans l'ordre de ces lois. L'homme,

---

1. Cette prétendue supériorité est plutôt une marque d'infériorité.

dans l'état de la nature, aurait plutôt la faculté de connaître, qu'il n'aurait des connaissances. Il est clair que ses premières idées ne seraient point des idées spéculatives ; il songerait à la conservation de son être avant de chercher l'origine de son être. Un homme pareil ne sentirait d'abord que sa faiblesse; sa timidité serait extrême ; et, si l'on avait là-dessus besoin de l'expérience, l'on a trouvé dans les forêts des hommes sauvages : tout les fait trembler, tout les fait fuir.

Dans cet état, chacun se sent inférieur; à peine chacun se sent-il égal. On ne chercherait donc point à s'attaquer, et la paix serait la première loi naturelle.

Le désir que Hobbes donne d'abord aux hommes de se subjuguer les uns les autres n'est pas raisonnable. L'idée de l'empire et de la domination est si composée, et dépend de tant d'autres idées, que ce ne serait pas celle qu'il aurait d'abord.

Hobbes demande pourquoi, si les hommes ne sont pas en état de guerre, ils vont toujours armés, et pourquoi ils ont des clefs pour fermer leurs maisons. Mais on ne sent pas que l'on attribue aux hommes avant l'établissement des sociétés ce qui ne peut leur arriver qu'après cet établissement, qui leur fait trouver des motifs pour s'attaquer et pour se défendre.

Au sentiment de sa faiblesse l'homme joindrait le sentiment de ses besoins : ainsi une autre loi naturelle serait celle qui lui inspirerait de chercher à se nourrir.

J'ai dit que la crainte porterait les hommes à se fuir ; mais les marques d'une crainte réciproque les engageraient bientôt à s'approcher. D'ailleurs ils y seraient portés par le plaisir qu'un animal sent à l'approche d'un animal de son espèce. De plus, ce charme que les deux sexes s'inspirent par leur différence augmenterait ce plaisir ; et la prière naturelle qu'ils se font toujours l'un à l'autre serait une troisième loi.

Outre le sentiment que les hommes ont d'abord, ils parviennent encore à avoir des connaissances; ainsi ils ont un second lien que les autres animaux n'ont pas. Ils ont donc un nouveau motif de s'unir ; et le désir de vivre en société est une quatrième loi naturelle.

Chapitre III. — *Des lois positives.*

Sitôt que les hommes sont en société, ils perdent le sentiment de leur faiblesse; l'égalité qui était entre eux cesse, et l'état de guerre commence.

Chaque société particulière vient à sentir sa force; ce qui produit un état de guerre de nation à nation. Les particuliers, dans chaque société, commencent à sentir leur force; ils cherchent à tourner en leur faveur les principaux avantages de cette société; ce qui fait entre eux un état de guerre [1].

Ces deux sortes d'état de guerre font établir les lois parmi les hommes. Considérés comme habitants d'une si grande planète, qu'il est nécessaire qu'il y ait différents peuples, ils ont des lois dans le rapport que ces peuples ont entre eux; et c'est le *Droit des gens*. Considérés comme vivant dans une société qui doit être maintenue, ils ont des lois dans le rapport qu'ont ceux qui gouvernent avec ceux qui sont gouvernés; et c'est le *Droit politique*. Ils en ont encore dans le rapport que tous les citoyens ont entre eux; et c'est le *Droit civil*.

Le *droit des gens* est naturellement fondé sur ce principe, que les diverses nations doivent se faire, dans la paix, le plus de bien, et dans la guerre, le moins de mal qu'il est possible, sans nuire à leurs véritables intérêts [2].

L'objet de la guerre, c'est la victoire; celui de la victoire, la conquête [3]; celui de la conquête, la conservation. De ce principe et du précédent doivent dériver toutes les lois qui forment le *droit des gens*.

Toutes les nations ont un droit des gens; et les Iroquois mêmes, qui mangent leurs prisonniers, en ont un. Ils envoient et reçoivent des ambassades; ils connaissent des droits de la guerre ou de la paix: le mal est que ce droit n'est pas fondé sur les vrais principes.

Outre le droit des gens, qui regarde toutes les sociétés, il y a un *droit politique* pour chacune. Une société ne saurait subsister sans un gouvernement. La *réunion de toutes les forces particu-*

---

1. Cet état de guerre n'est autre chose que ce que Jouffroy appelait la mise en lutte des destinées. L'idéal est de changer cette guerre en paix.
2. Et sans violer leurs devoirs de justice ou de charité.
3. Pas toujours.

lières, dit très-bien Gravina, *forme ce qu'on appelle l'État politique.*

La force générale peut-être placée entre les mains d'un seul, ou entre les mains de plusieurs. Quelques-uns ont pensé que, la nature ayant établi le pouvoir paternel, le gouvernement d'un seul était le plus conforme à la nature. Mais l'exemple du pouvoir paternel ne prouve rien : car si le pouvoir du père a du rapport au gouvernement d'un seul, après la mort du père, le pouvoir des frères, ou après la mort des frères, le pouvoir des cousins-germains, ont du rapport au gouvernement de plusieurs. La puissance politique comprend nécessairement l'union de plusieurs familles.

Il vaut mieux dire que le gouvernement le plus conforme à la nature est celui dont la disposition particulière se rapporte mieux à la disposition du peuple pour lequel il est établi [1].

Les forces particulières ne peuvent se réunir sans que toutes les volontés se réunissent. *La réunion de ces volontés*, dit encore très-bien Gravina, *est ce qu'on appelle l'État civil.*

La loi, en général, *est la raison humaine, en tant qu'elle gouverne tous les peuples de la terre* [2] ; et les lois politiques et civiles de chaque nation ne doivent être que les cas particuliers où s'applique cette raison humaine.

Elles doivent être tellement propres au peuple pour lequel elles sont faites, que c'est un très-grand hasard si celles d'une nation peuvent convenir à une autre [3].

Il faut qu'elles se rapportent à la nature et au principe du

---

1. Oui, mais ce n'est qu'un des termes du problème. Le second est l'idéal de justice que le législateur doit s'efforcer de réaliser. Il s'agit d'établir un rapport entre la réalité actuelle, point de départ, et la justice idéale, point d'arrivée. Le meilleur gouvernement, pour un peuple, est celui qui concilie le mieux les deux termes, et qui est le plus propre à réaliser le second au moyen du premier.

2. On remarquera la différence de cette définition et de celle de Rousseau. La loi est l'expression de la raison générale, dit Montesquieu; la loi est l'expression de la volonté générale, dit Rousseau. — Mais, pour Montesquieu, la raison humaine n'a force de loi qu'à la condition d'exprimer la raison universelle, et les rapports immuables des choses. C'est ce que Rousseau n'a pas assez compris. Il faut concilier les deux définitions. La loi, en général, et particulièrement la loi morale, est l'expression de la raison universelle, de la justice. La loi civile est l'expression de la justice et de la volonté nationale. Il faut donc que la loi civile remplisse deux conditions : elle doit être juste, et elle doit être consentie par la nation.

3. L'idéal est que ces divergences disparaissent de plus en plus, — ce qui a lieu effectivement.

gouvernement qui est établi, ou qu'on veut établir; soit qu'elles le forment, comme font les lois politiques ; soit qu'elles le maintiennent, comme font les lois civiles.

Elles doivent être relatives au physique du pays ; au climat glacé, brûlant ou tempéré ; à la qualité du terrain, à sa situation, à sa grandeur ; au genre de vie des peuples, laboureurs, chasseurs ou pasteurs ; elles doivent se rapporter au degré de liberté que la constitution peut souffrir, à la religion des habitants, à leurs inclinations, à leurs richesses, à leur nombre, à leur commerce, à leurs mœurs, à leurs manières. Enfin elles ont des rapports entre elles ; elles en ont avec leur origine, avec l'objet du législateur, avec l'ordre des choses sur lesquelles elles sont établies. C'est dans toutes ces vues qu'il faut les considérer.

C'est ce que j'entreprends de faire dans cet ouvrage. J'examinerai tous ces rapports ; ils forment tous ensemble ce que l'on appelle l'*Esprit des Lois*.

LIVRE II. — DES LOIS QUI DÉRIVENT DIRECTEMENT DE LA NATURE DU GOUVERNEMENT.

Chapitre ii. — *Du gouvernement démocratique.*

Lorsque, dans la république, le peuple en corps a la souveraine puissance, c'est une *démocratie*. Lorsque la souveraine puissance est entre les mains d'une partie du peuple, cela s'appelle une *aristocratie*.

Le peuple, dans la démocratie, est, à certains égards, le monarque ; à certains autres, il est le sujet.

Il ne peut être monarque que par ses suffrages, qui sont ses volontés. La volonté du souverain est le souverain lui-même. Les lois qui établissent le droit de suffrage sont donc fondamentales dans ce gouvernement. En effet, il est aussi important d'y régler comment, par qui, sur quoi, les suffrages doivent être donnés, qu'il l'est dans une monarchie de savoir quel est le monarque, et de quelle manière il doit gouverner.

Libanius dit qu'à *Athènes un étranger qui se mêlait dans l'assemblée du peuple était puni de mort.* C'est qu'un tel homme usurpait le droit de souveraineté.

Il est essentiel de fixer le nombre des citoyens qui doivent former les assemblées; sans cela, on pourrait ignorer si le peuple a parlé, ou seulement une partie du peuple. A Lacédémone, il fallait dix mille citoyens. A Rome, née dans la petitesse pour aller à la grandeur; à Rome, faite pour éprouver toutes les vicissitudes de la fortune; à Rome, qui avait tantôt presque tous ses citoyens hors de ses murailles, tantôt toute l'Italie et une partie de la terre dans ses murailles, on n'avait point fixé ce nombre; et ce fut une des grandes causes de sa ruine.

Le peuple qui a la souveraine puissance doit faire par lui-même tout ce qu'il peut bien faire; et ce qu'il ne peut pas bien faire, il faut qu'il le fasse par ses ministres.

Ses ministres ne sont point à lui, s'il ne les nomme : c'est donc une maxime fondamentale de ce gouvernement, que le peuple nomme ses ministres, c'est-à-dire ses magistrats.

Il a besoin, comme les monarques, et même plus qu'eux, d'être conduit par un conseil ou sénat. Mais, pour qu'il y ait confiance, il faut qu'il en élise les membres : soit qu'il les choisisse lui-même, comme à Athènes, ou par quelque magistrat qu'il a établi pour les élire, comme cela se pratiquait à Rome dans quelques occasions.

Le peuple est admirable pour choisir ceux à qui il doit confier quelque partie de son autorité. Il n'a à se déterminer que par des choses qu'il ne peut ignorer et des faits qui tombent sous les sens. Il sait très-bien qu'un homme a été souvent à la guerre, qu'il y a eu tels ou tels succès; il est donc très-capable d'élire un général. Il sait qu'un juge est assidu, que beaucoup de gens se retirent de son tribunal contents de lui, qu'on ne l'a pas convaincu de corruption; en voilà assez pour qu'il élise un préteur. Il a été frappé de la richesse et de la magnificence d'un citoyen; cela suffit pour qu'il puisse choisir un édile. Toutes ces choses sont des faits dont il s'instruit mieux dans la place publique qu'un monarque dans son palais. Mais saura-t-il conduire une affaire, connaître les lieux, les occasions, les moments, en profiter? Non, il ne le saura pas.

Si l'on pouvait douter de la capacité naturelle qu'a le peuple pour discerner le mérite, il n'y aurait qu'à jeter les yeux sur cette suite de choix étonnants que firent les Athéniens et les Romains; ce qu'on n'attribuera pas sans doute au hasard.

On voit qu'à Rome, quoique le peuple se fût donné le droit d'élever aux charges les plébéiens, il ne pouvait se résoudre à les élire; et quoiqu'à Athènes on pût, par la loi d'Aristide, tirer les magistrats de toutes les classes, il n'arriva jamais, dit Xénophon, que le bas peuple demandât celles qui pouvaient intéresser son salut ou sa gloire.

Comme la plupart des citoyens, qui ont assez de suffisance pour élire, n'en ont pas assez pour être élus; de même le peuple, qui a assez de capacité pour se faire rendre compte de la gestion des autres, n'est pas propre à gérer par lui-même.

Il faut que les affaires aillent, et qu'elles aient un certain mouvement qui ne soit ni trop lent ni trop vite. Mais le peuple a toujours trop d'action ou trop peu. Quelquefois avec cent mille bras il renverse tout; quelquefois avec cent mille pieds il ne va que comme les insectes [1].....

Le suffrage par le *sort* est de la nature de la démocratie; le suffrage par *choix* est de celle de l'aristocratie.

Le sort est une façon d'élire qui n'afflige personne, il laisse à chaque citoyen une espérance raisonnable de servir sa patrie.

Mais, comme il est défectueux par lui-même, c'est à le régler et à le corriger que les grands législateurs se sont surpassés.

Solon établit à Athènes que l'on nommerait par choix à tous les emplois militaires, et que les sénateurs et les juges seraient élus par le sort.

Il voulut que l'on donnât par choix les magistratures civiles qui exigeaient une grande dépense, et que les autres fussent données par le sort.

Mais, pour corriger le sort, il régla qu'on ne pourrait élire que dans le nombre de ceux qui se présenteraient; que celui qui aurait été élu serait examiné par des juges, et que chacun pourrait l'accuser d'en être indigne : cela tenait en même temps du sort et du choix. Quand on avait fini le temps de sa magistrature, il fallait essuyer un autre jugement sur la manière dont on s'était comporté. Les gens sans capacité devaient avoir bien de la répugnance à donner leur nom pour être tirés au sort.

La loi qui fixe la manière de donner les billets de suffrage est encore une loi fondamentale dans la démocratie. C'est une grande question, si les suffrages doivent être publics ou secrets. Cicéron écrit que les lois qui les rendirent secrets dans les derniers temps de la république romaine furent une des grandes causes de sa

---

1. Toutes ces pages sont admirables. Elles font voir que la nation doit exercer directement la puissance législative, mais indirectement la puissance exécutive par l'élection des chefs.

chute. Comme ceci se pratique diversement dans différentes républiques, voici, je crois, ce qu'il en faut penser.

Sans doute que, lorsque le peuple donne ses suffrages, ils doivent être publics; et ceci doit être regardé comme une loi fondamentale de la démocratie[1]. Il faut que le petit peuple soit éclairé par les principaux, et contenu par la gravité de certains personnages[2]. Ainsi, dans la république romaine, en rendant les suffrages secrets, on détruisit tout; il ne fut plus possible d'éclairer une populace qui se perdait. Mais lorsque dans une aristocratie le corps des nobles donne les suffrages, ou dans une démocratie le sénat, comme il n'est là question que de prévenir les brigues, les suffrages ne sauraient être trop secrets.

La brigue est dangereuse dans un sénat; elle est dangereuse dans un corps de nobles : elle ne l'est pas dans le peuple, dont la nature est d'agir par passion. Dans les États où il n'a pas de part au gouvernement, il s'échauffera pour un acteur comme il aurait fait pour les affaires. Le malheur d'une république, c'est lorsqu'il n'y a plus de brigues, et cela arrive lorsqu'on a corrompu le peuple à prix d'argent : il devient de sang-froid, il s'affectionne à l'argent, mais il ne s'affectionne plus aux affaires : sans souci du gouvernement et de ce qu'on y propose, il attend tranquillement son salaire.

C'est encore une loi fondamentale de la démocratie, que le peuple seul fasse des lois. Il y a pourtant mille occasions où il est nécessaire que le sénat puisse statuer; il est même souvent à propos d'essayer une loi avant de l'établir. La constitution de Rome et celle d'Athènes étaient très-sages. Les arrêts du sénat avaient force de loi pendant un an; ils ne devenaient perpétuels que par la volonté du peuple.

---

1. Opinion très-contestable. Les suffrages doivent être secrets dans la démocratie pour laisser à chaque conscience toute sa liberté. Ce secret ne saurait être trop grand. Sans ce moyen, vous retombez nécessairement ou dans la démagogie, ou dans l'aristocratie.

2. Éclairez-le par les réunions électorales, et non par les brigues.

LIVRE III.

CHAPITRES III-V. — *Principes vitaux des divers gouvernements. Nécessité de la vertu dans la démocratie.*

Il ne faut pas beaucoup de probité pour qu'un gouvernement monarchique ou un gouvernement despotique se maintienne et se soutienne. La force des lois dans l'un, le bras du prince toujours levé dans l'autre, règlent ou contiennent tout. Mais, dans un État populaire, il faut un ressort de plus, qui est la *vertu*[1].

Ce que je dis est confirmé par le corps entier de l'histoire et est très-conforme à la nature des choses : car il est clair que, dans une monarchie, où celui qui fait exécuter les lois se juge au-dessus des lois, on a besoin de moins de vertu que dans un gouvernement populaire, où celui qui fait exécuter les lois sent qu'il y est soumis lui-même et qu'il en portera le poids.

Il est clair encore que le monarque qui, par mauvais conseil ou par négligence, cesse de faire exécuter les lois, peut aisément réparer le mal : il n'a qu'à changer de conseil, ou se corriger de cette négligence même. Mais lorsque, dans un gouvernement populaire, les lois ont cessé d'être exécutées, comme cela ne peut venir que de la corruption de la république, l'État est déjà perdu.

Ce fut un assez beau spectacle, dans le siècle passé, de voir les efforts impuissants des Anglais pour établir parmi eux la démocratie. Comme ceux qui avaient part aux affaires n'avaient point de vertu, que leur ambition était irritée par le succès de celui qui avait le plus osé, que l'esprit d'une faction n'était réprimé que par l'esprit d'une autre, le gouvernement changeait sans cesse, le peuple étonné cherchait la démocratie et ne la trouvait nulle part. Enfin, après bien des mouvements, des chocs et des secousses, il fallut se reposer dans le gouvernement même qu'on avait proscrit.

Quand Sylla voulut rendre à Rome la liberté, elle ne put plus la recevoir; elle n'avait plus qu'un faible reste de vertu; et comme

---

[1] « Je parle ici de la vertu politique, qui est la vertu morale dans le sens qu'elle se dirige au bien général; fort peu de vertus morales particulières, et point du tout de cette vertu qui a rapport aux vérités révélées. » Note de Montesquieu.

elle en eut toujours moins, au lieu de se reveiller après César, Tibère, Caïus, Claude, Néron, Domitien, elle fut toujours plus esclave; tous les coups portèrent sur les tyrans, aucun sur la tyrannie.

Les politiques grecs qui vivaient dans le gouvernement populaire ne reconnaissaient d'autre force qui pût le soutenir que celle de la vertu. Ceux d'aujourd'hui ne nous parlent que de manufactures, de commerce, de finances, de richesses et de luxe même. Lorsque cette vertu cesse, l'ambition entre dans les cœurs qui peuvent la recevoir, et l'avarice entre dans tous. Les désirs changent d'objets; ce qu'on aimait, on ne l'aime plus; on était libre avec les lois, on veut être libre sans elles; chaque citoyen est comme un esclave échappé de la maison de son maître, ce qui était maxime, on l'appelle rigueur; ce qui était règle, on l'appelle gêne; ce qui était attention, on l'appelle crainte. C'est la frugalité qui est l'avarice, et non pas le désir d'avoir. Autrefois le bien des particuliers faisait le trésor public; mais pour lors le trésor public devient le patrimoine des particuliers. La république est une dépouille, et sa force n'est plus que le pouvoir de quelques citoyens et la licence de tous.

Athènes eut dans son sein les mêmes forces pendant qu'elle domina avec tant de gloire, et pendant qu'elle servit avec tant de honte. Elle avait vingt mille citoyens lorsqu'elle défendit les Grecs contre les Perses, qu'elle disputa l'empire à Lacédémone, et qu'elle attaqua la Sicile; elle en avait vingt mille lorsque Démétrius de Phalère les dénombra, comme dans un marché l'on compte les esclaves. Quand Philippe osa dominer dans la Grèce, quand il parut aux portes d'Athènes, elle n'avait encore perdu que le temps. On peut voir dans Démosthène quelle peine il fallut pour la réveiller; on y craignait Philippe, non pas comme l'ennemi de la liberté, mais des plaisirs. Cette ville qui avait résisté à tant de défaites, qu'on avait vue renaître après ses destructions, fut vaincue à Chéronée, et le fut pour toujours. Qu'importe que Philippe renvoie tous les prisonniers; il ne renvoie pas des hommes. Il était toujours aussi aisé de triompher des forces d'Athènes, qu'il était difficile de triompher de sa vertu.

Comment Carthage aurait-elle pu se soutenir? Lorsque Annibal, devenu préteur, voulut empêcher les magistrats de piller la république, n'allèrent-ils pas l'accuser devant les Romains? Malheureux, qui voulaient être citoyens sans qu'il y eût de cité et tenir leurs richesses de la main de leurs destructeurs! Bientôt Rome leur demanda pour otages trois cents de leurs principaux citoyens; elle se fit livrer les armes et les vaisseaux, et ensuite leur déclara la guerre. Par les choses que fit le désespoir dans Carthage désarmée, on peut juger de ce qu'elle aurait pu faire avec sa vertu, lorsqu'elle avait ses forces.

...Dans les monarchies, la politique fait faire les grandes choses avec le moins de vertu qu'elle peut; comme dans les plus belles machines l'art emploie aussi peu de mouvements, de forces et de roues qu'il est possible.

L'État subsiste indépendamment de l'amour pour la patrie, du désir de la vraie gloire, du renoncement à soi-même, du sacrifice de ses plus chers intérêts, et de toutes ces vertus héroïques que nous trouvons dans les anciens, et dont nous avons seulement entendu parler.

Les lois y tiennent la place de toutes ces vertus dont on n'a aucun besoin; l'État vous en dispense; une action qui se fait sans bruit y est en quelque façon sans conséquence.

...Je supplie qu'on ne s'offense pas de ce que j'ai dit : je parle d'après toutes les histoires. Je sais très-bien qu'il n'est pas rare qu'il y ait des princes vertueux; mais je dis que dans une monarchie il est très-difficile que le peuple le soit.

Qu'on lise ce que les historiens de tous les temps ont dit sur la cour des monarques; qu'on se rappelle les conversations des hommes de tous les pays sur le misérable caractère des courtisans : ce ne sont point des choses de spéculation, mais d'une triste expérience.

L'ambition dans l'oisiveté, la bassesse dans l'orgueil, le désir de s'enrichir sans travail, l'aversion pour la vérité, la flatterie, la trahison, la perfidie, l'abandon de tous ses engagements, le mépris des devoirs du citoyen, la crainte de la vertu du prince, l'espérance de ses faiblesses et, plus que tout cela, le ridicule perpétuel jeté sur la vertu, forment, je crois, le caractère du plus grand nombre des courtisans, marqué dans tous les lieux et dans tous les temps. Or il est très-malaisé que la plupart des principaux d'un État soient malhonnêtes gens, et que les inférieurs soient gens de bien; que ceux-là soient trompeurs, et que ceux-ci consentent à n'être que dupes.

Que si, dans le peuple, il se trouve quelque malheureux honnête homme, le cardinal de Richelieu, dans son testament politique, insinue qu'un monarque doit se garder de s'en servir. Tant il est vrai que la vertu n'est pas le ressort de ce gouvernement! Certainement elle n'en est point exclue; mais elle n'en est pas le ressort.

Je me hâte et je marche à grand pas, afin qu'on ne croie pas que je fasse une satire du gouvernement monarchique. Non; s'il manque d'un ressort, il en a un autre. L'honneur, c'est-à-dire le préjugé de chaque personne et de chaque condition, prend la place de la vertu politique dont j'ai parlé, et la représente partout. Il y peut inspirer les plus belles actions; il peut, joint à la force des lois, conduire au but du gouvernement comme la vertu même.

Ainsi, dans les monarchies bien réglées, tout le monde sera à peu près bon citoyen, et on trouvera rarement quelqu'un qui soit homme de bien; car, pour être homme de bien, il faut avoir intention de l'être et aimer l'État moins pour soi que pour lui-même.

Montesquieu, *Esprit des Lois*, III, III, v.

La vertu dans les gouvernements démocratiques.

La vertu, dans une démocratie, est une chose très-simple, c'est l'amour de la république: c'est un sentiment et non une suite de connaissances; le dernier homme de l'État peut avoir ce sentiment comme le premier; quand le peuple a une fois de bonnes intentions, il s'y tient plus longtemps que ce qu'on appelle les honnêtes gens. Il est rare que la corruption commence par lui; souvent il a tiré de la médiocrité de ses lumières un attachement plus fort pour ce qui est établi.

L'amour de la patrie conduit à la bonté des mœurs, et la bonté des mœurs mène à l'amour de la patrie. Moins nous pouvons satisfaire nos passions particulières, plus nous nous livrons aux générales. Pourquoi les moines aiment-ils tant leur ordre? C'est justement par l'endroit qui fait qu'il est insupportable. Leur règle les prive de toutes les choses sur lesquelles les passions ordinaires s'appuient; reste donc cette passion pour la règle même qui les afflige. Plus elle est austère, c'est-à-dire plus elle retranche de leurs penchants, plus elle donne de force à ceux qu'elle leur laisse.

Montesquieu, *Esprit des Lois*.

Corruption de la démocratie. — De l'esprit d'égalité extrême. (Pour servir d'appendice au 1er livre de la *République*.)

Le principe de la démocratie se corrompt, non-seulement lorsqu'on perd l'esprit d'égalité, mais encore quand on prend l'esprit d'égalité extrême, et que chacun veut être égal à ceux qu'il choisit pour lui commander. Pour lors le peuple, ne pouvant souffrir le pouvoir même qu'il confie, veut tout faire par lui-même, délibérer pour le sénat, exécuter pour les magistrats et dépouiller tous les juges.

... La démocratie a donc deux excès à éviter, l'esprit d'inégalité, qui la mène à l'aristocratie ou au gouvernement d'un seul ; et l'esprit d'inégalité extrême, qui la conduit au despotisme d'un seul, comme le despotisme d'un seul finit par la conquête.

... Autant le ciel est éloigné de la terre, autant le véritable esprit d'égalité l'est-il de l'esprit d'égalité extrême. Le premier ne consiste point à faire en sorte que tout le monde commande ou que personne ne soit commandé, mais à obéir et à commander à ses égaux. Il ne cherche pas à n'avoir point de maîtres, mais à n'avoir que ses égaux pour maîtres.

... Telle est la différence entre la démocratie réglée et celle qui ne l'est pas : que, dans la première, on n'est égal que comme citoyen ; et que, dans l'autre, on est encore égal comme magistrat, comme sénateur, comme juge, comme père, comme mari, comme maître.

La place naturelle de la vertu est auprès de la liberté ; mais elle ne se trouve pas plus auprès de la liberté extrême qu'auprès de la servitude.

MONTESQUIEU, *Esprit des Lois*, VIII, I, II, III.

Du despotisme.

Quand les sauvages de la Louisiane veulent avoir du fruit, ils coupent l'arbre au pied et cueillent le fruit. Voilà le gouvernement despotique.

Le gouvernement despotique a pour principe la crainte ; mais à des peuples timides, ignorants, abattus, il ne faut pas beaucoup de lois.

Tout y doit rouler sur deux ou trois idées ; il n'en faut donc pas de nouvelles. Quand vous instruisez une bête, vous vous donnez bien de garde de lui faire changer de maître, de leçon et d'allure; vous frappez son cerveau par deux ou trois mouvements et pas davantage.

Lorsque le prince est enfermé, il ne peut sortir du séjour de la volupté sans désoler tous ceux qui l'y retiennent. Il ne peut souffrir que sa personne et son pouvoir passent en d'autres mains. Il fait donc rarement la guerre en personne, et il n'ose guère la faire par ses lieutenants.

Un prince pareil, accoutumé dans son palais à ne trouver aucune résistance, s'indigne de celle qu'on lui fait les armes à la main; il est donc ordinairement conduit par la colère ou par la vengeance. D'ailleurs il ne peut avoir d'idée de la vraie gloire. Les guerres doivent donc s'y faire dans toute leur fureur naturelle, et le droit des gens y avoir moins d'étendue qu'ailleurs.

Un tel prince a tant de défauts qu'il faudrait craindre d'exposer au grand jour sa stupidité naturelle. Par bonheur les hommes sont tels dans ce pays, qu'ils n'ont besoin que d'un nom qui les gouverne.

Charles XII, étant à Bender, trouvant quelque résistance dans le sénat de Suède, écrivit qu'il leur enverrait une de ses bottes pour commander. Cette botte aurait commandé comme un roi despotique.

Si le prince est prisonnier, il est censé être mort, et un autre monte sur le trône. Les traités que fait le prisonnier sont nuls; son successeur ne les ratifierait pas. En effet, comme il est les lois, l'état et le prince, et que sitôt qu'il n'est plus le prince, il n'est rien; s'il n'était pas censé mort, l'État serait détruit.

Une des choses qui détermina le plus les Turcs à faire leur paix séparée avec Pierre Ier, fut que les Moscovites dirent au vizir qu'en Suède on avait mis un autre roi sur le trône.

La conservation de l'État n'est que la conservation du prince, ou plutôt du palais où il est enfermé. Tout ce qui ne menace pas directement ce palais, ou la ville capitale, ne fait point d'impression sur des esprits ignorants, orgueilleux et prévenus; et, quant à l'enchaînement des événements, ils ne peuvent le suivre, le prévoir, y penser même. La politique, ses ressorts et ses lois y doivent être très-bornés, et le gouvernement politique y est aussi simple que le gouvernement civil.

Tout se réduit à concilier le gouvernement politique et civi avec le gouvernement domestique, les officiers de l'État avec ceux du sérail.

Un pareil État sera dans la meilleure situation lorsqu'il pourra se regarder comme seul dans le monde, qu'il sera environné de déserts et séparé des peuples qu'il appellera barbares. Ne pouvant compter sur la milice, il sera bon qu'il détruise une partie de lui-même.

Comme le principe du gouvernement despotique est la crainte, le but en est la tranquillité, mais ce n'est point une paix, c'est le silence de ces villes que l'ennemi est près d'occuper.

La force n'étant point dans l'État, mais dans l'armée qui l'a fondé, il faudrait, pour défendre l'État, conserver cette armée ; mais elle est formidable au prince. Comment donc concilier la sûreté de l'État avec la sûreté de la personne ?

Voyez, je vous prie, avec quelle industrie le gouvernement moscovite cherche à sortir du despotisme qui lui est plus pesant qu'aux peuples mêmes. On a cassé les grands corps de troupes ; on a diminué les peines des crimes ; on a établi des tribunaux ; on a commencé à connaître les lois ; on a instruit les peuples : mais il y a des causes particulières qui le ramèneront peut-être au malheur qu'il voulait fuir.

Dans ces États, la religion a plus d'influence que dans aucun autre ; elle est une crainte ajoutée à la crainte. Dans les empires mahométans, c'est de la religion que les peuples tirent en partie le respect étonnant qu'ils ont pour leur prince.

C'est la religion qui corrige un peu la constitution turque. Les sujets qui ne sont pas attachés à la gloire et à la grandeur de l'État par honneur, le sont par la force et par le principe de la religion.

De tous les gouvernements despotiques, il n'y en a point qui s'accable plus lui-même que celui où le prince se déclare propriétaire de tous les fonds de terre et l'héritier de tous ses sujets ; il en résulte toujours l'abandon de la culture des terres, et si d'ailleurs le prince est marchand, toute espèce d'industrie est ruinée.

Dans ces États on ne répare, on n'améliore rien. On ne bâtit de maisons que pour la vie, on ne fait point de fossés, on ne plante point d'arbres ; on tire tout de la terre, on ne lui rend rien ; tout est en friche, tout est désert.....

Après tout ce que nous venons de dire, il semblerait que la

nature humaine se soulèverait sans cesse contre le gouvernement despotique; mais, malgré l'amour des hommes pour la liberté, malgré leur haine contre la violence, la plupart des peuples y sont soumis. Cela est aisé à comprendre. Pour former un gouvernement modéré, il faut combiner les puissances, les régler, les tempérer, les faire agir; donner, pour ainsi dire, un lest à l'une pour la mettre en état de résister à une autre; c'est un chef-d'œuvre de législation que le hasard fait rarement, et que rarement on laisse faire à la prudence. Un gouvernement despotique, au contraire, saute, pour ainsi dire, aux yeux; il est uniforme partout : comme il ne faut que des passions pour l'établir, tout le monde est bon pour cela.

MONTESQUIEU, *Esprit des Lois*, V, XIII et XIV.

Définition de la vraie liberté politique. — Théorie de la séparation des trois pouvoirs (législatif, exécutif et judiciaire). (Appendice au Ier livre de la République.)

La liberté politique ne consiste point à faire ce que l'on veut. Dans un État, c'est-à-dire dans une société où il y a des lois, la liberté ne peut consister qu'à pouvoir faire ce qu'on doit vouloir[1], et à n'être point contraint de faire ce que l'on ne doit pas vouloir. Il faut se mettre dans l'esprit ce que c'est que l'indépendance et ce que c'est que la liberté. La liberté est le droit de faire tout ce que les lois permettent, et si un citoyen pouvait faire ce qu'elles défendent, il n'aurait plus de liberté, parce que les autres auraient tout de même ce pouvoir.....

La liberté politique ne se trouve que dans les gouvernements modérés. Mais elle n'est pas toujours dans les États modérés; elle n'y est que lorsqu'on n'abuse pas du pouvoir : mais c'est une expérience éternelle que tout homme qui a du pouvoir est porté à en abuser, il va jusqu'à ce qu'il trouve des limites. Qui le dirait? la vertu même a besoin de limites!

Pour qu'on ne puisse abuser du pouvoir, il faut que, par la disposition des choses, le pouvoir arrête le pouvoir. Une constitution peut être telle, que personne ne sera contraint de faire les

---

1. *Doit* est un mot trop vague. L'état n'a pas à s'occuper de tous les devoirs, mais seulement des devoirs de *justice*, dont il assure l'accomplissement. La liberté est le pouvoir de faire ce qui n'est pas contraire à la justice, c'est-à-dire à l'égale liberté d'autrui. Telle est la définition de Kant.

choses auxquelles la loi ne l'oblige pas, et à ne point faire celles que la loi lui permet.

... Il y a dans chaque État trois sortes de pouvoirs : la puissance législative, la puissance exécutrice des choses qui dépendent du droit des gens, et la puissance exécutrice de celles qui dépendent du droit civil... On appellera cette dernière la puissance de juger, et l'autre simplement la puissance exécutrice de l'État.

La liberté politique dans un citoyen est cette tranquillité d'esprit qui provient de l'opinion que chacun a de sa sûreté ; et pour qu'on ait cette liberté, il faut que le gouvernement soit tel, qu'un citoyen ne puisse craindre un autre citoyen.

Lorsque, dans la même personne ou dans le même corps de magistrature, la puissance législative est réunie à la puissance exécutrice, il n'y a point de liberté, parce qu'on peut craindre que le même monarque ou le même sénat ne fasse des lois tyranniques pour les exécuter tyranniquement. Il n'y a point encore de liberté si la puissance de juger n'est pas séparée de la puissance législative et de l'exécutrice. Si elle était jointe à la puissance législative, le pouvoir sur la vie et la liberté des citoyens serait arbitraire ; car le juge serait législateur. Si elle était jointe à la puissance exécutrice, le juge pourrait avoir la force d'un oppresseur [1].

Tout serait perdu si le même homme, ou le même corps des principaux ou des nobles, ou du peuple, exerçaient ces trois pouvoirs, celui de faire des lois, celui d'exécuter les résolutions publiques, et celui de juger les crimes ou les différents des particuliers.

Dans la plupart des royaumes de l'Europe, le gouvernement est modéré, parce que le prince, qui a les deux premiers pouvoirs, laisse du moins à ses sujets l'exercice du troisième. Chez les Turcs, où ces trois pouvoirs sont réunis sur la tête du sultan, il règne un affreux despotisme.

Dans les républiques d'Italie, où ces trois pouvoirs sont réunis, la liberté se trouve moins que dans nos monarchies.

---

1. C'est pour cela qu'on a établi l'*inamovibilité* des magistrats judiciaires. On objecte seulement que cette inamovibilité, qui les empêche de descendre, ne les empêche pas d'avoir de l'*avancement*, et que, par là, ils rentrent sous l'action du pouvoir exécutif.

Aussi le gouvernement a-t-il besoin, pour se maintenir, de moyens aussi violents que le gouvernement des Turcs ; témoin les inquisiteurs d'État [1], et le tronc où tout délateur peut, à tous les moments, jeter avec un billet son accusation.

Voyez quelle peut être la situation d'un citoyen dans ces républiques. Le même corps de magistrature a, comme exécuteur des lois, toute la puissance qu'il s'est donnée comme législateur. Il peut ravager l'État par ses volontés générales ; et comme il a encore la puissance de juger, il peut détruire chaque citoyen par ses volontés particulières.

Toute la puissance y est une, et quoiqu'il n'y ait point de pompe extérieure qui découvre un prince despotique, on le sent à chaque instant.

Aussi les princes qui ont voulu se rendre despotiques ont-ils toujours commencé par réunir en leur personne toutes les magistratures, et plusieurs rois d'Europe, toutes les grandes charges de leur État.

... La puissance de juger ne doit pas être donnée à un sénat permanent, mais exercée par des personnes tirées du corps du peuple, dans certains temps de l'année, de la manière prescrite par la loi, pour former un tribunal qui ne dure qu'autant que la nécessité le requiert [2].

De cette façon, la puissance de juger, si terrible parmi les hommes, n'étant attachée ni à un certain état ni à une certaine profession, devient, pour ainsi dire, invisible et nulle. On n'a point continuellement des juges devant les yeux, et l'on craint la magistrature et non pas les magistrats.

Il faut même que, dans les grandes accusations, le criminel, concurremment avec la loi, se choisisse des juges, ou du moins qu'il en puisse récuser un si grand nombre, que ceux qui restent soient censés être de son choix.

... Mais si les tribunaux ne doivent pas être fixes, les jugements doivent l'être à tel point qu'ils ne soient jamais qu'un texte précis de la loi. S'ils étaient une opinion particulière du juge, on vivrait dans la société sans savoir précisément les engagements que l'on y contracte.

---

1. La république aristocratique de Venise.
2. Tel est le jury.

Il faut même que les juges soient de la condition de l'accusé ou ses pairs, pour qu'il ne puisse pas se mettre dans l'esprit qu'il soit tombé entre les mains de gens portés à lui faire violence.

Si la puissance législative laisse à l'exécutrice le droit d'emprisonner des citoyens qui peuvent donner caution de leur conduite, il n'y a plus de liberté, à moins qu'ils ne soient arrêtés pour répondre, sans délai, à une accusation que la loi a rendue capitale ; auquel cas ils sont réellement libres, puisqu'ils ne sont soumis qu'à la puissance de la loi.

... Comme, dans un État libre, tout homme qui est censé avoir une âme libre doit être gouverné par lui-même, il faudrait que le peuple en corps eût la puissance législative ; mais comme cela est impossible dans les grands États, et est sujet à beaucoup d'inconvénients dans les petits, il faut que le peuple fasse par représentants tout ce qu'il ne peut faire par lui-même.

L'on connaît beaucoup mieux les besoins de sa ville que ceux des autres villes, et on juge mieux de la capacité de ses voisins que de celle de ses autres compatriotes. Il ne faut donc pas que les membres du corps législatif soient tirés en général du corps de la nation, mais il convient que, dans chaque lieu principal, les habitants se choisissent un représentant.

... Tous les citoyens, dans les divers districts, doivent avoir droit de donner leur voix pour choisir le représentant, excepté ceux qui sont dans un tel état de bassesse, qu'ils sont réputés n'avoir point de volonté propre.

Il y avait un grand vice dans la plupart des anciennes républiques : c'est que le peuple avait droit d'y prendre des résolutions actives et qui demandent quelque exécution ; chose dont il est entièrement incapable. Il ne doit entrer dans le gouvernement que pour choisir ses représentants, ce qui est très à sa portée, car, s'il y a peu de gens qui connaissent le degré précis de la capacité des hommes, chacun est pourtant capable de savoir, en général, si celui qu'il choisit est plus éclairé que la plupart des autres.

Le corps représentant ne doit pas être choisi non plus pour prendre quelque résolution active, chose qu'il ne ferait pas bien ; mais pour faire des lois, ou pour voir si l'on a bien exécuté celles qu'il a faites, chose qu'il peut très-bien faire et même qu'il n'y a que lui qui puisse faire.

Montesquieu, *Esprit des Lois*, XI, III, IV, VI.

Sur l'esclavage.

Si j'avais à soutenir le droit que nous avons eu de rendre les nègres esclaves, voici ce que je dirais :

Les peuples d'Europe ayant exterminé ceux de l'Amérique, ils ont dû mettre en esclavage ceux de l'Afrique pour s'en servir à défricher tant de terres.

Le sucre serait trop cher, si l'on ne faisait travailler la plante qui le produit par des esclaves.

Ceux dont il s'agit sont noirs depuis les pieds jusqu'à la tête, et ils ont le nez si écrasé, qu'il est presque impossible de les plaindre.

On ne peut se mettre dans l'esprit que Dieu, qui est un être très-sage, ait mis une âme, surtout une âme bonne, dans un corps tout noir.

On peut juger de la couleur de la peau par celle des cheveux qui, chez les Égyptiens, les meilleurs philosophes du monde, étaient d'une si grande conséquence, qu'ils faisaient mourir tous les hommes roux qui leur tombaient entre les mains.

Une preuve que les nègres n'ont pas le sens commun, c'est qu'ils font plus de cas d'un collier de verre que de l'or, qui, chez des nations policées, est d'une si grande conséquence.

Il est impossible que nous supposions que ces gens-là soient des hommes, parce que si nous les supposions des hommes, on commencerait à croire que nous ne sommes pas nous-mêmes chrétiens.

De petits esprits exagèrent trop l'injustice que l'on fait aux Africains, car, si elle était telle qu'ils le disent, ne serait-il pas venu dans la tête des princes d'Europe, qui font entre eux tant de conventions inutiles, d'en faire une générale en faveur de la miséricorde et de la pitié [1] ?

MONTESQUIEU, *Esprit des Lois*, XV, v.

[1]. Montesquieu est le premier qui ait protesté, au XVIIIe siècle, contre l'esclavage, que Bossuet avait approuvé.

De la sévérité des peines. Ses inconvénients.

La sévérité des peines convient mieux au gouvernement despotique, dont le principe est la terreur, qu'à la monarchie et à la république, qui ont pour ressort l'honneur et la vertu.

Dans les États modérés, l'amour de la patrie, la honte et la crainte du blâme, sont des motifs réprimants qui peuvent arrêter bien des crimes. La plus grande peine d'une mauvaise action sera d'en être convaincu. Les lois civiles y corrigeront donc plus facilement, et n'auront pas besoin de tant de force.

Dans ces États, un bon législateur s'attachera moins à punir les crimes qu'à les prévenir ; il s'appliquera plus à donner des mœurs qu'à infliger des supplices.

C'est une remarque perpétuelle des auteurs chinois, que plus, dans leur empire, on voyait augmenter les supplices, plus la révolution était prochaine. C'est qu'on augmentait les supplices à mesure qu'on manquait de mœurs.

Il serait aisé de prouver que, dans tous ou presque tous les États d'Europe, les peines ont diminué ou augmenté à mesure qu'on s'est plus approché ou plus éloigné de la liberté.

Dans les pays despotiques, on est si malheureux que l'on y craint plus la mort qu'on ne regrette la vie ; les supplices y doivent donc être plus rigoureux. Dans les États modérés, on craint plus de perdre la vie qu'on ne redoute la mort en elle-même ; les supplices qui ôtent simplement la vie y sont donc suffisants.

Les hommes extrêmement heureux et les hommes extrêmement malheureux sont également portés à la dureté, témoin les moines et les conquérants. Il n'y a que la médiocrité et le mélange de la bonne et de la mauvaise fortune qui donnent de la douceur et de la pitié.

Ce que l'on voit dans les hommes en particulier, se trouve dans les diverses nations. Chez les peuples sauvages qui mènent une vie très-dure, et chez les peuples des gouvernements despotiques, où il n'y a qu'un homme exorbitamment favorisé de la fortune, tandis que tout le reste en est outragé, on est également cruel. La douceur règne dans les gouvernements modérés.

Lorsque nous lisons dans les histoires les exemples de la justice atroce des sultans, nous sentons, avec une espèce de douleur, les maux de la nature humaine [1].

L'expérience a fait remarquer que, dans les pays où les peines sont douces, l'esprit du citoyen en est frappé comme il l'est ailleurs par les grandes.

Quelque inconvénient se fait-il sentir dans un État, un gouvernement violent veut soudain le corriger, et, au lieu de songer à faire exécuter les anciennes lois, on établit une peine cruelle qui arrête le mal sur-le-champ. Mais on use le ressort du gouvernement : l'imagination se fait à cette grande peine, comme elle s'était faite à la moindre ; et comme on diminue la crainte pour celle-ci, l'on est bientôt forcé d'établir l'autre dans tous les cas. Les vols sur les grands chemins étaient communs dans quelques États, on voulut les arrêter : on inventa le supplice de la roue, qui les suspendit pendant quelque temps. Depuis ce temps, on a volé comme auparavant sur les grands chemins.

De nos jours, la désertion fut très-fréquente : on établit la peine de mort contre les déserteurs, et la désertion n'est pas diminuée. La raison en est bien naturelle : un soldat, accoutumé tous les jours à exposer sa vie, en méprise ou se flatte d'en mépriser le danger. Il est tous les jours accoutumé à craindre la honte, il fallait donc laisser une peine qui faisait porter une flétrissure pendant la vie. On a prétendu augmenter la peine, et on l'a réellement diminuée.

Il ne faut point mener les hommes par les voies extrêmes : on doit être ménager des moyens que la nature nous donne pour les

---

1. La protestation de Montaigne contre la rigueur et l'absurdité des peines n'avait point trouvé d'écho au xviie siècle. Le code de Richelieu semble avoir été écrit avec du sang. Dans les fameuses ordonnances de Louis XIV, comme la peine de mort est prodiguée, et quelle riche variété de supplices! Heureux encore s'ils n'avaient fait que suivre la condamnation! Mais ils la précédaient, et l'innocent expiait, dans les tortures de la question, le crime de ne pouvoir avouer aucun crime. — Mme de Sévigné parle, sur un ton de plaisanterie, des atroces vengeances du duc de Chaulnes, en Bretagne. Elle rit de ces paysans bretons qui ne se *lassent pas de se faire pendre;* elle appelle même cette pendaison un *divertissement* et déclare que *tout est bien, pourvu qu'elle puisse errer sous ses grands arbres.* La pitié, qu'une femme de cour n'a point connue, le philosophe du xviiie siècle l'a ressentie. Montesquieu a réclamé l'abolition de la torture et l'institution du jury. Un de ses disciples, Beccaria, a même demandé l'abolition de la peine de mort. C'est à Montesquieu et à son école que nous devons la sécurité dont nous jouissons, et la sagesse de ces lois, à la fois fermes et douces, qui respectent, jusque dans l'individu coupable, le caractère auguste de l'humanité.

conduire. Qu'on examine la cause de tous les relâchements, on verra qu'elle vient de l'impunité des crimes, et non pas de la modération des peines.

Suivons la nature qui a donné aux hommes la honte comme leur fléau, et que la plus grande partie de la peine soit l'infamie de la souffrir.

Que s'il se trouve des pays où la honte ne soit pas une suite du supplice, cela vient de la tyrannie qui a infligé les mêmes peines aux scélérats et aux gens de bien.

Et si vous en voyez d'autres où les hommes ne sont retenus que par des supplices cruels, comptez encore que cela vient, en grande partie, de la violence du gouvernement qui a employé ces supplices pour des fautes légères.

Souvent un législateur, qui veut corriger un mal, ne songe qu'à cette correction ; ses yeux sont ouverts sur cet objet et fermés sur les inconvénients. Lorsque le mal est une fois corrigé, on ne voit plus que la dureté du législateur ; mais il reste un vice dans l'État que cette dureté a produit ; les esprits sont corrompus, ils se sont accoutumés au despotisme.

Lysandre ayant remporté la victoire sur les Athéniens, on jugea les prisonniers ; on accusa les Athéniens d'avoir précipité tous les captifs de deux galères et résolu, en pleine assemblée, de couper le poing aux prisonniers qu'ils feraient. Ils furent tous égorgés, excepté Adymante qui s'était opposé à ce décret. Lysandre reprocha à Philoclès, avant de le faire mourir, qu'il avait dépravé les esprits et fait des leçons de cruauté à toute la Grèce.

« Les Argiens, dit Plutarque, ayant fait mourir quinze cents de leurs citoyens, les Athéniens firent apporter les sacrifices d'expiation, afin qu'il plût aux dieux de détourner du cœur des Athéniens une si cruelle pensée. »

Il y a deux genres de corruption ; l'un, lorsque le peuple n'observe pas les lois ; l'autre, lorsqu'il est corrompu par les lois, mal incurable, parce qu'il est dans le remède même.

Montesquieu, *Esprit des Lois*.

De la puissance législative chez les Romains. (Appendice au livre II de la *République*.)

On n'avait point de droits à se disputer sous les décemvirs; mais quand la liberté revint, on vit des jalousies renaître; tant qu'il resta quelques priviléges aux patriciens, les plébéiens les leur ôtèrent.

Il y aurait eu peu de mal si les plébéiens s'étaient contentés de priver les patriciens de leurs prérogatives, et s'ils ne les avaient pas offensés dans leur qualité même de citoyens. Lorsque le peuple était assemblé par curies ou par centuries, il était composé de sénateurs, de patriciens et de plébéiens. Dans les disputes, les plébéiens gagnèrent ce point que seuls, sans les patriciens et sans le sénat, ils pourraient faire des lois qu'on appela plébiscites; et les comices où on les fit s'appelèrent comices par tribus. Ainsi il y eut des cas où les patriciens n'eurent point de part à la puissance législative, et où ils furent soumis à la puissance législative d'un autre corps de l'État. Ce fut un délire de la liberté. Le peuple, pour établir la démocratie, choqua les principes mêmes de la démocratie. Il semblait qu'une puissance aussi exorbitante aurait dû anéantir l'autorité du sénat; mais Rome avait des institutions admirables. Elle en avait deux surtout: par l'une, la puissance législative du peuple était réglée; par l'autre, elle était bornée.

Les censeurs, et avant eux les consuls, formaient et créaient, pour ainsi dire, tous les cinq ans le corps du peuple; ils exerçaient la législation sur le corps même qui avait la puissance législative. « Tibérius Gracchus, censeur, dit Cicéron, transféra les affranchis dans les tribus de la ville, non par la force de son éloquence, mais par une parole et par un geste; et s'il ne l'eût pas fait, cette république, qu'aujourd'hui nous soutenons à peine, nous ne l'aurions plus. »

D'un autre côté, le sénat avait le pouvoir d'ôter, pour ainsi dire, la république des mains du peuple par la création d'un dictateur devant lequel le souverain baissait la tête et les lois les plus populaires restaient dans le silence.

MONTESQUIEU, *Esprit des Lois.*

De la puissance exécutive chez les Romains. (Appendice au livre II de la *République*.)

Si le peuple fut jaloux de sa puissance législative, il le fut moins de sa puissance exécutrice. Il la laissa presque tout entière au sénat et aux consuls, et il ne se réserva guère que le droit d'élire les magistrats et de confirmer les actes du sénat et des généraux.

Rome, dont la passion était de commander, dont l'ambition était de tout soumettre, qui avait toujours usurpé, qui usurpait encore, avait continuellement de grandes affaires : ses ennemis conjuraient contre elle, ou elle conjurait contre ses ennemis.

Obligée de se conduire, d'un côté, avec un courage héroïque, et de l'autre avec une sagesse consommée, l'état des choses demandait que le sénat eût la direction des affaires. Le peuple disputait au sénat toutes les branches de la puissance législative, parce qu'il était jaloux de sa liberté ; il ne lui disputait point les branches de la puissance exécutrice, parce qu'il était jaloux de sa gloire.

La part que le sénat prenait à la puissance exécutrice était si grande, que Polybe dit que les étrangers pensaient tous que Rome était une aristocratie. Le sénat disposait des deniers publics, et donnait les revenus à ferme ; il était l'arbitre des affaires des alliés ; il décidait de la guerre et de la paix, et dirigeait, à cet égard, les consuls ; il fixait le nombre des troupes romaines et des troupes alliées, distribuait les provinces et les armées aux consuls ou aux préteurs, et l'an du commandement expiré, il pouvait leur donner un successeur ; il décernait les triomphes ; il recevait des ambassades et en envoyait ; il nommait les rois, les récompensait, les punissait, les jugeait, leur donnait ou leur faisait perdre le titre d'alliés du peuple romain.

Les consuls faisaient la levée des troupes qu'ils devaient mener à la guerre ; ils commandaient les armées de terre ou de mer, disposaient des alliés ; ils avaient dans les provinces toute la puissance de la république ; ils donnaient la paix aux peuples vaincus, leur en imposaient les conditions, ou les renvoyaient au sénat.

Dans les premiers temps, lorsque le peuple prenait quelque part aux affaires de la guerre et de la paix, il exerçait plutôt sa puissance législative que sa puissance exécutrice. Il ne faisait guère que confirmer ce que les rois et, après eux, les consuls ou le sénat avaient fait. Bien loin que le peuple fût l'arbitre de la guerre, nous voyons que les consuls ou le sénat la faisaient souvent malgré l'opposition de ses tribuns. Mais, dans l'ivresse des prospérités, il augmenta sa puissance exécutrice : ainsi il créa lui-même les tribuns des légions, que les généraux avaient nommés jusqu'alors, et quelque temps avant la première guerre punique, il régla qu'il aurait seul le droit de déclarer la guerre.

MONTESQUIEU, *Esprit des Lois*, XI.

De la puissance judiciaire chez les Romains. (Appendice au livre II de la *République*.)

La puissance de juger fut donnée au peuple, au sénat, aux magistrats, à de certains juges. Il faut voir comment elle fut distribuée. Je commence par les affaires civiles.

Les consuls jugèrent après les rois, comme les préteurs jugèrent après les consuls. Servius Tullius s'était dépouillé du jugement des affaires civiles ; les consuls ne les jugèrent pas non plus, si ce n'est dans des cas très-rares que l'on appela, pour cette raison, *extraordinaires*. Ils se contentèrent de nommer les juges et de former les tribunaux qui devaient juger. Il paraît, par le discours d'Appius Claudius, dans Denys d'Halicarnasse, que, dès l'an de Rome 259, ceci était regardé comme une coutume établie chez les Romains, et ce n'est pas la faire remonter bien haut que de la rapporter à Servius Tullius.

Chaque année, le préteur formait une liste ou tableau de ceux qu'il choisissait pour faire la fonction de juges pendant l'année de sa magistrature. On en prenait le nombre suffisant pour chaque affaire. Cela se pratique à peu près de même en Angleterre. Et, ce qui était très-favorable à la liberté, c'est que le préteur prenait les juges du consentement des parties. Le grand nombre de récusations que l'on peut faire aujourd'hui en Angleterre revient à peu près à cet usage.

Ces juges ne décidaient que des questions de fait : par exemple, si une somme avait été payée ou non, si une action avait été commise ou non. Mais pour les questions de droit, comme elles demandaient une certaine capacité, elles étaient portées au tribunal des centumvirs.

Les rois se réservèrent le jugement des affaires criminelles, et les consuls leur succédèrent en cela. Ce fut en conséquence de cette autorité que le consul Brutus fit mourir ses enfants et tous ceux qui avaient conjuré pour les Tarquins. Ce pouvoir était exorbitant. Les consuls ayant déjà la puissance militaire, ils en portaient l'exercice même dans les affaires de la ville, et leurs procédés, dépouillés des formes de la justice, étaient des actions violentes plutôt que des jugements.

Cela fit faire la loi *Valérienne*, qui permit d'appeler au peuple de toutes les ordonnances des consuls qui mettaient en péril la vie d'un citoyen. Les consuls ne purent plus prononcer une peine capitale contre un citoyen romain que par la volonté du peuple.

On voit, dans la première conjuration pour le retour des Tarquins, que le consul Brutus juge les coupables ; dans la seconde, on assemble le sénat et les comices pour juger.

Les lois qu'on appelle *sacrées* donnèrent aux plébéiens des tribuns qui formèrent un corps qui eut d'abord des prétentions immenses. On ne sait quelle fut plus grande, ou dans les plébéiens la lâche hardiesse de demander, ou dans le sénat la condescendance et la facilité d'accorder. La loi *Valérienne* avait permis les appels au peuple, c'est-à-dire au peuple composé de sénateurs, de patriciens et de plébéiens. Les plébéiens établirent que ce serait devant eux que les appellations seraient portées. Bientôt on mit en question si les plébéiens pourraient juger les patriciens ; cela fut le sujet d'une dispute que l'affaire de Coriolan fit naître, et qui finit avec cette affaire. Coriolan, accusé par les tribuns devant le peuple, soutenait, contre l'esprit de la loi *Valérienne*, qu'étant patricien, il ne pouvait être jugé que par les consuls ; les plébéiens, contre l'esprit de la même loi, prétendirent qu'il ne pouvait être jugé que par eux seuls, et ils le jugèrent.

La loi des Douze-Tables modifia ceci. Elle ordonna qu'on ne pourrait décider de la vie d'un citoyen que dans les grands *états* du peuple. Ainsi le corps des plébéiens ou, ce qui est la même chose, les comices par tribus ne jugèrent plus que les crimes dont la peine n'était qu'une amende pécuniaire. Il fallait une *loi* pour infliger un peine capitale ; pour condamner à une peine pécuniaire, il ne fallait qu'un *plébiscite*.

Cette disposition de loi des Douze-Tables fut très-sage. Elle forma une conciliation admirable entre le corps des plébéiens et le sénat; car, comme la compétence des uns et des autres dépendit de la grandeur de la peine et de la nature du crime, il fallut qu'ils se concertassent ensemble.

La loi *Valérienne* ôta tout ce qui restait à Rome du gouvernement qui avait du rapport à celui des rois grecs des temps héroïques. Les consuls se trouvèrent sans pouvoir pour la punition des crimes. Quoique tous les crimes soient publics, il faut pourtant distinguer ceux qui intéressent plus les citoyens entre eux de ceux qui intéressent plus l'État dans le rapport qu'il a avec un citoyen. Les premiers sont appelés privés, les seconds sont les crimes publics; et, à l'égard des privés, il nomma pour chaque crime, par une commission particulière, un questeur pour en faire la poursuite. C'était souvent un des magistrats, quelquefois un homme privé que le peuple choisissait. On l'appelait *questeur du parricide*. Il en est fait mention dans la loi des Douze-Tables.

Le questeur nommait ce qu'on appelait le juge de la question, qui tirait au sort les juges, formait le tribunal et présidait sous lui au jugement.

Il est bon de faire remarquer ici la part que prenait le sénat dans la nomination du questeur, afin que l'on voie comment les puissances étaient, à cet égard, balancées. Quelquefois le sénat faisait élire un dictateur pour faire la fonction de questeur; quelquefois il ordonnait que le peuple serait convoqué par un tribun pour qu'il nommât un questeur; enfin le peuple nommait quelquefois un magistrat pour faire son rapport au sénat sur un certain crime et lui demander qu'il donnât un questeur, comme on voit dans le jugement de Lucius Scipion, dans Tite-Live....

Les juges furent pris dans l'ordre des sénateurs jusqu'au temps des Gracques. Tibérius Gracchus fit ordonner qu'on les prendrait dans celui des chevaliers; changement si considérable, que le tribun se vanta d'avoir, par une seule *rogation*, coupé les nerfs de l'ordre des sénateurs.

Il faut remarquer que les trois pouvoirs peuvent être bien distribués par rapport à la liberté de la constitution, quoiqu'ils ne le soient pas si bien dans le rapport avec la liberté du citoyen. A Rome, le peuple ayant la plus grande partie de la puissance législative, une partie de la puissance exécutrice et une partie de la puissance de juger, c'était un grand pouvoir qu'il fallait balancer par un autre. Le sénat avait bien une partie de la puissance exécutrice, il avait quelque branche de la puissance législative, mais cela ne suffisait pas pour contre-balancer le peuple; il fallait qu'il eût part à la puissance de juger, et il y avait part lorsque les juges étaient choisis parmi les sénateurs. Quand les Gracques privèrent les sénateurs de la puissance de juger, le sénat ne put plus résister au peuple. Ils choquèrent donc la liberté de la constitution pour favoriser la liberté du citoyen; mais celle-ci se perdit avec celle-là.

Il en résulta des maux infinis. On changea la constitution dans un temps où, dans le feu des discordes civiles, il y avait à peine une constitution. Les chevaliers ne furent plus cet ordre moyen qui unissait le peuple au sénat, et la chaîne de la constitution fut rompue.

Montesquieu, Esprit des Lois.

EXTRAITS DE ROUSSEAU.

Qu'est-ce que la loi ? — La loi civile et politique doit être l'expression de la volonté nationale.

Ce qui est bien et conforme à l'ordre est tel par la nature des choses et indépendamment des conventions humaines. Toute justice vient de Dieu, lui seul en est la source. Mais si nous savions la recevoir de si haut, nous n'aurions besoin ni de gouvernement ni de lois. Sans doute, il est une justice universelle émanée de la raison seule ; mais cette justice, pour être admise entre nous, doit être réciproque. A considérer humainement les choses, faute de sanction naturelle, les lois de la justice seraient vaines parmi les hommes ; elles ne feraient que le bien du méchant et le mal du juste, quand celui-ci les observerait avec tout le monde sans que personne les observât avec lui. Il faut donc des conventions et des lois pour unir les *droits* aux *devoirs* et ramener la justice à son objet.

Mais qu'est-ce donc enfin qu'une loi ? Tant qu'on se contentera de n'attacher à ce mot que des idées métaphysiques, on continuera de raisonner sans s'entendre, et quand on aura dit ce que c'est qu'une loi de la nature, on n'en saura pas mieux ce que c'est qu'une loi de l'État [1].....

Quand tout le peuple statue sur tout le peuple, il ne considère que lui-même, et s'il se forme alors un rapport, c'est de l'objet entier sous un point de vue à l'objet entier sous un autre point de vue, sans aucune division du tout. Alors la matière sur laquelle on statue est générale comme la volonté qui statue. C'est cet acte que j'appelle loi [2].

---

1. Rousseau ne veut pas dire qu'il n'y ait aucun rapport entre les lois de la nature et les lois civiles. Il vient de dire lui-même que les lois ont pour objet d'exprimer la justice et la raison universelle. Mais, connaître la loi naturelle, ce n'est pas encore savoir comment cette loi naturelle deviendra loi civile, et à qui il appartient de la formuler.

2. C'est-à-dire que la loi *civile* est l'expression de la volonté générale, non sur n'importe quel objet, mais seulement sur les affaires générales. En d'autres ter-

Quand je dis que l'objet des lois est toujours général, j'entends que la loi considère les sujets en corps et les actions comme abstraites, jamais un homme comme individu ni une action particulière... en un mot, toute fonction qui se rapporte à un objet individuel n'appartient point à la puissance législative.

Sur cette idée, on voit à l'instant qu'il ne faut plus demander à qui il appartient de faire des lois, puisqu'elles sont des actes de la volonté générale ; ni si le prince est au-dessus des lois, puisqu'il est membre de l'État ; ni si la loi peut être injuste, puisque nul n'est injuste envers lui-même[1] ; ni comment on est libre et soumis aux lois, puisqu'elles ne sont que des registres de nos volontés.

On voit encore que la loi réunissant l'universalité de la volonté et celle de l'objet, ce qu'un homme, quel qu'il puisse être, ordonne de son chef, n'est point une loi ; ce qu'ordonne même le souverain sur un objet particulier n'est pas non plus une *loi,* mais un *décret;* ni un acte de souveraineté, mais de magistrature.

Les lois ne sont proprement que les conditions de l'association civile. Le peuple, soumis aux lois, en doit être l'auteur : il n'appartient qu'à ceux qui s'associent de régler les conditions de la société. Mais comment les régleront-ils? Sera-ce d'un commun accord, par une inspiration subite? Le corps politique a-t-il un organe pour énoncer ses volontés? Qui lui donnera la prévoyance nécessaire pour en former les actes et les publier d'avance? ou comment les prononcera-t-il au moment du besoin? Comment une multitude aveugle, qui ne sait ce qu'elle veut, parce qu'elle sait rarement ce qui lui est bon, exécuterait-elle d'elle-même une entreprise aussi grande, aussi difficile qu'un système de législation? De lui-même le peuple *veut* toujours le bien, mais de lui-même il ne le *voit* pas toujours. La *volonté* générale est toujours droite (d'intention), mais le *jugement* qui la guide n'est pas toujours

---

mes, la loi civile ou nationale est l'expression de la volonté *nationale* sur les affaires *nationales.* Cette restriction est très-juste. La volonté nationale n'a rien à statuer sur mes affaires privées ou sur mes devoirs religieux.

1. Ici est l'erreur capitale de Rousseau, et cette erreur est féconde en conséquences fâcheuses. Un peuple qui statue peut être injuste envers la minorité ; et quand il y aurait unanimité, il peut encore être injuste envers lui-même en manquant à ses devoirs ou en abdiquant ses droits. Un peuple n'a-t-il pas des devoirs envers lui-même, comme l'individu? et des devoirs envers ses descendants? V sur ce sujet, page 242 de ce volume.)

éclairé. Les particuliers voient le bien qu'ils rejettent, le public veut le bien qu'il ne voit pas. Tous ont également besoin de guides. Il faut obliger les uns à conformer leurs volontés à leur raison ; il faut apprendre à l'autre à connaître ce qu'il veut. Alors des lumières publiques résulte l'union de l'entendement et de la volonté dans le corps social ; de là l'exact concours des parties, et enfin la plus grande force du tout.

ROUSSEAU, Contrat social.

Du gouvernement. — Divers pouvoirs qui le constituent. — Rapport du gouvernement à l'État.

Toute action libre a deux causes qui concourent à la produire : l'une morale, savoir la volonté qui détermine l'acte ; l'autre physique, savoir la puissance qui l'exécute. Quand je marche vers un objet, il faut premièrement que j'y veuille aller, en second lieu, que mes pieds m'y portent. Qu'un paralytique veuille courir, qu'un homme agile ne le veuille pas, tous deux resteront en place. Le corps politique a les mêmes mobiles : on y distingue de même la force et la volonté ; celle-ci sous le nom de *puissance législative*, l'autre sous le nom de *puissance exécutive*. Rien ne s'y fait ou ne doit s'y faire sans leur concours.

Nous avons vu que la puissance législative appartient au peuple, et ne peut appartenir qu'à lui. Il est aisé de voir, au contraire, par les principes ci-devant établis, que la puissance exécutive ne peut appartenir à la généralité *comme législatrice ou souveraine*, parce que cette puissance ne consiste qu'en des actes particuliers qui ne sont point du ressort de la loi ni par conséquent de celui du souverain, dont tous les actes ne peuvent être que des lois.

Il faut donc à la force publique un agent propre qui la réunisse et la mette en œuvre selon les directions de la volonté générale, qui serve à la communication de l'État et du souverain, qui fasse en quelque sorte dans la personne publique ce que fait dans l'homme l'union de l'âme et du corps. Voilà quelle est, dans l'État, la raison du *gouvernement*, confondu mal à propos avec le *souverain* (c'est-à-dire avec la nation), dont il n'est que le ministre.

Qu'est-ce donc que le gouvernement ? Un corps intermédiaire établi entre les sujets (les individus) et le souverain (la nation), pour leur mutuelle correspondance, chargé de l'exécution des lois et du maintien de la liberté tant civile que politique.

Les membres de ce corps s'appellent *magistrats*.

Ainsi ceux qui prétendent que l'acte par lequel un peuple se soumet à des chefs n'est point un contrat (proprement dit), ont grande raison. Ce n'est absolument qu'une *commission*, un emploi dans lequel, simples officiers du souverain, ils exercent en son nom le pouvoir dont il les a faits dépositaires, et qu'il peut limiter, modifier et reprendre quand il lui plaît. L'aliénation d'un tel droit, étant incompatible avec la nature du corps social, est contraire au but de l'association.

J'appelle donc *gouvernement* ou suprême administration l'exercice légitime de la puissance exécutive, et prince ou magistrat l'homme ou le corps chargé de cette administration.

... Il y a cette différence essentielle que l'État existe par lui-même, et que le gouvernement n'existe que par le souverain. Ainsi la volonté dominante du prince n'est ou ne doit être que la volonté générale ou la loi; sa force n'est que la force publique concentrée en lui : sitôt qu'il veut tirer de lui-même quelque acte absolu et indépendant, la liaison du tout commence à se relâcher. S'il arrivait enfin que le prince eût une volonté particulière plus active que celle du souverain, et qu'il usât, pour obéir à cette volonté particulière, de la force publique qui est dans ses mains, en sorte qu'on eût pour ainsi dire deux souverains, l'un de droit et l'autre de fait, à l'instant l'union sociale s'évanouirait, et le corps politique serait dissous.

... Les difficultés sont dans la manière d'ordonner dans le tout, ce tout subalterne (le gouvernement), de sorte qu'il n'altère point la constitution générale en affermissant la sienne; qu'il distingue toujours sa force particulière, destinée à sa propre conservation, de la force publique destinée à la conservation de l'État, et que, en un mot, il soit toujours prêt à sacrifier le gouvernement au peuple, et non le peuple au gouvernement.

ROUSSEAU, *Contrat social*, III, 1.

Nécessité de séparer le pouvoir législatif et le pouvoir exécutif. — Le peuple en corps ne peut pas être à la fois législateur et magistrat

Celui qui fait la loi sait mieux que personne comment elle doit être exécutée et interprétée. Il semble donc qu'on ne saurait avoir une meilleure constitution que celle où le pouvoir exécutif est joint au législatif; mais c'est cela même qui rend ce gouvernement insuffisant à certains égards, parce que les choses qui doivent être distinguées ne le sont pas, et que le prince et le souverain, n'étant que la même personne, ne forment pour ainsi dire qu'un gouvernement sans gouvernement.

Il n'est pas bon que celui qui fait les lois les exécute, ni que le corps du peuple détourne son attention des vues générales pour la donner aux objets particuliers. Rien n'est plus dangereux que l'influence des intérêts privés dans les affaires publiques, et l'abus des lois par le gouvernement est un mal moindre que la corruption du législateur, suite infaillible des vues particulières. Alors, l'État étant altéré dans sa substance, toute réforme devient impossible. Un peuple qui n'abuserait jamais du gouvernement n'abuserait pas non plus de l'indépendance; un peuple qui gouvernerait toujours bien n'aurait pas besoin d'être gouverné.

ROUSSEAU, *Contrat social*, III, IV.

Du droit du plus fort. — Différence de la force et du droit. — La puissance n'oblige que si elle est légitime. (Appendice au livre III de la *République*.)

Le plus fort n'est jamais assez fort pour être toujours le maître s'il ne transforme sa force en droit et l'obéissance en devoir. De là le *droit* du plus fort, droit pris ironiquement en apparence, et réellement établi en principe. Mais ne nous expliquera-t-on jamais ce mot? La force est une puissance physique; je ne vois point quelle moralité peut résulter de ses effets. Céder à la force est un acte de nécessité, non de volonté; c'est tout au plus un acte de prudence. En quel sens pourra-ce être un devoir?

Supposons un moment ce prétendu droit. Je dis qu'il n'en résulte qu'un galimatias inexplicable; car, sitôt que c'est la force qui fait le droit, l'effet change avec la cause; toute force qui surmonte la première succède à son droit. Sitôt qu'on peut désobéir impunément, on le peut légitimement ; et puisque le plus fort a toujours raison, il ne s'agit que de faire en sorte qu'on soit le plus fort. Or, qu'est-ce qu'un droit qui périt quand la force cesse ? S'il faut obéir par force, on n'a pas besoin d'obéir par devoir ; et si l'on n'est plus forcé d'obéir, on n'y est plus obligé. On voit donc que ce mot de *droit* n'ajoute rien à la force ; il ne signifie ici rien du tout.

Obéissez aux puissances. Si cela veut dire, cédez à la force, le précepte est bon, mais superflu ; je réponds qu'il ne sera jamais violé. Toute puissance vient de Dieu, je l'avoue ; mais toute maladie en vient aussi : est-ce à dire qu'il soit défendu d'appeler le médecin ? Qu'un brigand me surprenne au fond d'un bois, non-seulement il faut par force donner la bourse ; mais, quand je pourrais la soustraire, suis-je en conscience obligé de la donner ? car enfin le pistolet qu'il tient est aussi une puissance.

Convenons donc que force ne fait pas droit, et qu'on n'est obligé d'obéir qu'aux puissances légitimes.

Rousseau, Contrat social, I, III.

De l'esclavage. — Caractère sacré et inaliénable de la liberté humaine. — Réfutation des théories de Grotius sur l'esclavage.

Si un particulier, dit Grotius, peut aliéner sa liberté et se rendre esclave d'un maître, pourquoi tout un peuple ne pourrait-il pas aliéner la sienne et se rendre sujet d'un roi ? Il y a là bien des mots équivoques qui auraient besoin d'explication ; mais tenons-nous-en à celui d'*aliéner*. Aliéner, c'est donner ou vendre. Or, un homme qui se fait esclave d'un autre ne se donne pas ; il se vend tout au moins pour sa subsistance : mais un peuple pourquoi se vend-il ? Bien qu'un roi fournisse à ses sujets leur subsistance, il ne tire la sienne que d'eux ; et, selon Rabelais, un roi ne vit pas de peu. Les sujets donnent donc leur personne à condition qu'on prendra aussi leur bien. Je ne vois pas ce qu'il leur reste à conserver.

On nous dira que le despote assure à ses sujets la tranquillité civile ; soit, mais qu'y gagnent-ils, si les guerres que son ambition leur attire, si son insatiable avidité, si les vexations de son ministère les désolent plus que ne feraient leurs dissensions ? Qu'y gagnent-ils, si cette tranquillité même est une de leurs misères? On vit tranquille aussi dans les cachots : en est-ce assez pour se trouver bien? Les Grecs enfermés dans l'antre du cyclope y vivaient tranquilles en attendant que leur tour vînt d'être dévorés.

Dire qu'un homme se donne gratuitement, c'est dire une chose absurde et inconcevable; car tel acte est illégitime et nul, par cela seul que celui qui le fait n'est pas dans son bon sens. Dire la même chose de tout un peuple, c'est supposer un peuple de fous : la folie ne fait pas droit.

Quand chacun pourrait s'aliéner lui-même, il ne peut aliéner ses enfants; ils naissent hommes et libres; leur liberté leur appartient : nul n'a droit d'en disposer qu'eux. Avant qu'ils soient en âge de raison, le père peut, en leur nom, stipuler des conditions pour leur conservation, pour leur bien-être, mais non les donner irrévocablement et sans condition; car un tel don est contraire aux fins de la nature, et passe les droits de la paternité. Il faudrait donc, pour qu'un gouvernement arbitraire fût légitime, qu'à chaque génération le peuple fût le maître de l'admettre ou de le rejeter : mais alors ce gouvernement ne serait plus arbitraire; renoncer à sa liberté, c'est renoncer à sa qualité d'homme, aux droits de l'humanité, même à ses devoirs. Il n'y a nul dédommagement possible pour quiconque renonce à tout. Une telle renonciation est incompatible avec la nature de l'homme; et c'est ôter toute moralité à ses actions que d'ôter toute liberté à sa volonté[1]. Enfin c'est une convention vaine et contradictoire de stipuler d'une part une autorité absolue, et de l'autre une obéissance sans bornes. N'est-il pas clair qu'on n'est engagé à rien envers celui dont on a droit de tout exiger? Et cette seule condition sans équivalent, sans échange, n'entraîne-t-elle pas la nullité de l'acte? Car quel droit mon esclave aurait-il contre moi, puisque tout ce qu'il a m'appartient, et que son droit étant le

---

1. « Ce remarquable passage nous montre le lien de la liberté civile et politique avec la liberté morale, et met hors de doute le titre sacré et inviolable de la personne humaine. J'ose dire qu'aucun publiciste n'avait encore pénétré aussi avant. Rousseau est un des premiers politiques qui aient fait voir qu'il y a dans l'homme quelque chose d'inaliénable, indépendant de toute convention. Il est malheureux que lui-même démente si vite son principe, et, qu'oubliant à son tour le droit des individus et des personnes, il le sacrifie presque absolument à la suprématie illimitée de l'État. » — P. Janet.

mien, ce droit de moi contre moi-même serait un mot qui n'a aucun sens?

Grotius et les autres tirent de la guerre une autre origine du prétendu droit d'esclavage. Le vainqueur ayant, selon eux, le droit de tuer le vaincu, celui-ci peut racheter sa vie aux dépens de sa liberté ; convention d'autant plus légitime qu'elle tourne au profit de tous deux.

Mais il est clair que ce prétendu droit de tuer les vaincus ne résulte en aucune manière du droit de guerre... La guerre n'est point une relation d'homme à homme, mais une relation d'État à État, dans laquelle les particuliers ne sont ennemis qu'accidentellement, non point comme hommes, ni même comme citoyens, mais comme soldats ; non point comme membres de la patrie, mais comme ses défenseurs. Enfin chaque État ne peut avoir pour ennemis que d'autres États, et non pas des hommes, attendu qu'entre choses de diverses natures on ne peut fixer aucun vrai rapport.

Ce principe est même conforme aux maximes établies de tous les temps et à la pratique constante de tous les peuples policés. Les déclarations de guerre sont moins des avertissements aux puissances qu'à leurs sujets. L'étranger, soit roi, soit particulier, soit peuple, qui vole, tue ou détient les sujets, sans déclarer la guerre au prince, n'est pas un ennemi ; c'est un brigand. Même en pleine guerre un prince juste s'empare bien, en pays ennemi, de tout ce qui appartient au public ; mais il respecte la personne et les biens des particuliers ; il respecte des droits sur lesquels sont fondés les siens. La fin de la guerre étant la destruction de l'État ennemi, on a droit d'en tuer les défenseurs tant qu'ils ont des armes à la main ; mais sitôt qu'ils les posent et se rendent, cessant d'être ennemis ou instruments de l'ennemi, ils redeviennent simplement hommes ; et l'on n'a plus de droit sur leur vie...

A l'égard du droit de conquête, il n'a d'autre fondement que la loi du plus fort. Si la guerre ne donne point au vainqueur le droit de massacrer les peuples vaincus, ce droit, qu'il n'a pas, ne peut fonder celui de les asservir. On n'a le droit de tuer l'ennemi que quand on ne peut le faire esclave ; le droit de le faire esclave ne vient donc pas du droit de le tuer : c'est donc un échange inique de lui faire acheter au prix de sa liberté sa vie, sur laquelle on n'a aucun droit. En établissant le droit de vie et de mort sur le droit d'esclavage, et le droit d'esclavage sur le droit de vie et de mort, n'est-il pas clair qu'on tombe dans un cercle vicieux ?

En supposant même ce terrible droit de tout tuer, je dis qu'un esclave fait à la guerre, ou un peuple conquis n'est tenu à rien du tout envers son maître, qu'à lui obéir autant qu'il y est forcé. En prenant un équivalent à sa vie, le vainqueur ne lui en a point fait grâce; au lieu de le tuer sans fruit, il l'a tué utilement. Loin donc qu'il ait acquis sur lui nulle autorité jointe à la force, l'état de guerre subsiste entre eux comme auparavant, leur relation même en est l'effet; et l'usage du droit ne suppose aucun traité de paix. Ils ont fait une convention; soit : mais cette convention, loin de détruire l'état de guerre, en suppose la continuité.

Ainsi, de quelque sens qu'on envisage les choses, le droit d'esclavage est nul, non-seulement parce qu'il est illégitime, mais parce qu'il est absurde et ne signifie rien. Ces mots *esclavage* et *droit* sont contradictoires, ils s'excluent mutuellement; soit d'un homme à un homme, soit d'un homme à un peuple, ce discours sera toujours également insensé : « Je fais avec toi une convention toute à ta charge et toute à mon profit, que j'observerai tant qu'il me plaira, et que tu observeras tant qu'il me plaira. »

ROUSSEAU, *Contrat social*, I, vi.

EXTRAITS DE V. COUSIN.

Appréciation de la doctrine qui nie le droit naturel et la sociabilité naturelle de l'homme. (Doctrine de Calliclès dans le *Gorgias* de *Thrasymaque*, dans la *République* de Platon, de Philus dans la *République* de Cicéron, ou de Hobbes dans les temps modernes.) (Appendice au ch. xxiv du Ier livre et aux ch. ix, x, xi et suivants du livre III de la *République*.)

Il n'est pas vrai, selon Hobbes, que l'homme ait une disposition naturelle à la société. « La plupart de ceux qui ont écrit touchant les républiques supposent ou demandent comme une chose qui ne leur doit pas être refusée, que l'homme est un animal politique, ξῶον πολιτικόν, selon le langage des Grecs, né avec une certaine disposition naturelle à la société. Sur ce fondement-là, ils bâtissent la doctrine civile, de sorte que, pour la conservation de la paix et pour la conduite de tout le genre humain, il ne faut plus rien, sinon que les hommes s'accordent et conviennent de l'observation de certains pactes et conditions, auxquels alors ils donnent le titre de lois. Cet axiome, quoique reçu si communément, ne laisse pas d'être faux, et l'erreur vient d'une trop légère contemplation de la nature humaine. Car, si l'on considère de plus près les causes pour lesquelles les hommes s'assemblent et se plaisent à une mutuelle société, il apparaîtra bientôt que cela n'arrive que par accident, et non pas par une disposition nécessaire de la nature... C'est une chose tout avérée que l'origine des plus grandes et des plus durables sociétés ne vient point d'une réciproque bienveillance que les hommes se portent, mais d'une crainte mutuelle qu'ils ont les uns des autres. » *Du citoyen*, ch. 1.

Ainsi la crainte est le fondement de la société. Et d'où vient cette crainte ?

« La cause de la crainte mutuelle dépend en partie de l'égalité naturelle de tous les hommes, en partie de la réciproque volonté qu'ils ont de nuire ; ce qui fait que nous ne pouvons attendre des autres ni nous procurer à nous-mêmes quelque sûreté ; car si nous considérons les hommes faits, et prenons garde à la fragilité de la structure du corps humain (sous les ruines duquel toutes les facultés, la force et la sagesse qui nous accompagnent, demeurent accablées), et combien aisé il est au plus faible de tuer l'homme du monde le plus robuste, il ne nous restera point de sujet de nous fier à nos forces, comme si la nature nous avait donné par là quelque supériorité sur les autres. Ceux-là sont égaux qui peuvent choses égales. Or, ceux qui peuvent ce qu'il y a de plus grand et de pire, à savoir, ôter la vie, peuvent choses égales. Tous les hommes sont donc naturellement égaux ; l'inégalité qui règne maintenant a été introduite par la loi civile. » *Ibid.*, § 3.

Outre l'égalité naturelle, Hobbes assigne encore pour cause à la crainte mutuelle que s'inspirent les hommes, la volonté réciproque de se nuire.

Ibid., § 4 : « La volonté de nuire en l'état de nature est aussi en tous les hommes ; mais elle ne procède pas toujours d'une même cause, et n'est pas toujours également blâmable. Il y en a qui, reconnaissant notre égalité naturelle, permettent aux autres tout ce qu'ils se permettent à eux-mêmes ; et c'est là vraiment un effet de modestie et de juste estimation de ses forces. Il y en a d'autres qui, s'attribuant une certaine supériorité, veulent que tout leur soit permis et que tout l'honneur leur appartienne. En ceux-ci donc la volonté de nuire naît d'une vaine gloire et d'une fausse estimation de ses forces ; en ceux-là elle procède d'une nécessité inévitable de défendre son bien et sa liberté contre l'insolence de ces derniers. »

Ibid., § 6 : « Mais la plus ordinaire cause qui excite les hommes au désir de s'offenser et de se nuire les uns aux autres est que, plusieurs recherchant en même temps une même chose, il arrive fort souvent qu'ils ne peuvent pas la posséder en commun, et qu'elle ne peut pas être divisée. Alors il faut que le plus fort l'emporte, et c'est au sort du combat à décider la question de la vaillance. »

La guerre universelle est donc inévitable. Il y a plus : elle est légitime et juste en elle-même.

Ibid., § 7 : « Parmi tant de dangers auxquels les désirs naturels des hommes nous exposent tous les jours, il ne faut pas trouver étrange que nous nous tenions sur nos gardes, et nous avons malgré nous à en user de la sorte. Il n'y a aucun de nous qui ne se porte à désirer ce qui lui semble bon, et à éviter ce qui lui semble mauvais, surtout à fuir le pire de tous les maux de la nature, qui sans doute est la mort. Cette inclination ne nous est pas moins naturelle qu'à une pierre celle d'aller au centre lorsqu'elle n'est pas retenue ; il n'y a donc rien à blâmer ni à reprendre, il ne se fait rien contre l'usage de la droite raison, lorsque par toute sorte de moyens on travaille à sa conservation propre, on défend son corps et ses membres de la mort ou de la douleur qui la précède. Or tous avouent que ce qui n'est pas contre la droite raison est juste et fait à très-bon droit. »

La légitimité du but entraîne la légitimité des moyens.

Ibid., § 8 : « Ce serait en vain qu'on aurait droit de tendre à une fin, si on n'avait aussi le droit d'employer tous les moyens nécessaires pour y parvenir ; il s'ensuit que, puisque chacun a droit de travailler à sa conservation, il a pareillement droit d'user de tous les moyens et de faire toutes les choses sans lesquelles il ne se pourrait point conserver. »

Hobbes démontre aisément que celui dont le salut est en question est le seul juge des moyens nécessaires à sa conservation.

Ibid., § 9 : « Mais de juger si les moyens desquels quelqu'un se servira, et si les actions qu'il fera pour la conservation de sa vie ou de ses membres sont absolument nécessaires ou non, c'est à celui du salut duquel il s'agit : il en est le plus compétent juge selon le droit de nature. Et pour vous le montrer : si c'est une chose qui choque la droite raison que je juge du danger qui me menace, établissez-en donc juge quelque autre. Cela étant, puisqu'un autre entreprend de juger de ce qui me regarde, pourquoi, par la même raison, et selon l'égalité naturelle qui est entre nous, ne jugerais-je point réciproquement de ce qui le touche ? Je me trouve donc fondé en la droite raison, c'est-à-dire dans le droit de nature, si j'entreprends de juger de son opinion, d'examiner combien il importe à ma conservation que je la suive. »

Encore une fois, tout ce qu'il plaît d'appeler instinct social, sympathie, bienveillance naturelle, sont des chimères. L'individu n'a qu'un seul instinct, une seule fin, une seule loi naturelle, son intérêt propre, l'intérêt de sa conservation d'abord, ensuite celui de son plus grand bien.

Des intérêts différents mis en présence les uns des autres produisent non-seulement une crainte mutuelle, mais une hostilité nécessaire, une guerre universelle des hommes entre eux dans l'état de nature.

« L'état naturel des hommes, dit Hobbes, *ibid.*, § 13, avant qu'ils eussent formé des sociétés, était une guerre perpétuelle ; et non-seulement cela, mais une guerre de tous contre tous. »

Hobbes prouve sans peine qu'un pareil état est intolérable. *Ibid.*, § 14 : « Il est aisé de juger combien la guerre est mal propre à la conservation du genre humain, ou même de quelque homme que ce soit en particulier. Mais cette guerre doit être naturellement d'une éternelle durée, en laquelle il n'y a pas à espérer, à cause de l'égalité des combattants, qu'aucune victoire la finisse ; car les vainqueurs se trouvent toujours enveloppés dans de nouveaux dangers, et c'est une merveille de voir mourir un vaillant homme chargé d'années et accablé de vieillesse. »

Il faut sortir de cette situation, il en faut sortir à *tout prix* ; et, pour y parvenir, il faut reconnaître le droit de la force, le droit de la conquête et la légitimité de la servitude.

Ibid., § 15 : « On cherche des compagnons qu'on s'associe de vive force ou par leur consentement. La première façon s'exerce quand le vainqueur contraint le vaincu à le servir par la crainte de la mort ou par les chaînes dont il le lie. La dernière se pratique lorsqu'il se fait une alliance pour le mutuel besoin que les parties ont, l'une et l'autre, d'une volonté franche et sans souffrir de contrainte. Le vainqueur a droit de contraindre le vaincu, et le plus fort d'obliger le plus faible, s'il n'aime mieux perdre la vie, à lui donner des assurances pour l'avenir qu'il se tiendra dans l'obéissance. »

Hobbes passe de là aux précautions que doit prendre le vainqueur envers le vaincu, le plus fort envers le plus faible. Ces précautions sont indispensables, car le droit et la nécessité de se garantir naissent du danger que l'on court. Ce danger vient de ce que tous ont conservé le sentiment de l'égalité qui est entre tous. Or, dès que le vaincu ou le plus faible pourrait se venger du vainqueur, il le ferait en vertu de ce sentiment de l'égalité, s'il n'était enchaîné d'avance par les précautions de ses adversaires.

La conclusion définitive, *ibid.*, § 15, est « qu'en l'état naturel des hommes, une puissance assurée et qui ne souffre point de résistance confère le droit de régner et de commander à ceux qui ne peuvent pas résister ; de sorte que la toute-puissance possède immédiatement et essentiellement le droit de faire tout ce que bon lui semble. »

Toutes ces propositions, fidèlement tirées du premier chapitre du traité *Du citoyen*, composent, dans leur enchaînement rigoureux, une théorie à laquelle il est impossible de répondre si on en accepte le principe. Si l'homme n'a pas d'autre instinct, d'autre fin, d'autre loi que son intérêt propre, ce droit de l'intérêt propre engendre en effet le droit de la guerre, et le droit de la guerre engendre à son tour le droit de la force, de la conquête, du despotisme, quel qu'il soit.

Cette théorie soulève trois questions principales :

1° Est-il en général d'une sage méthode de commencer par rechercher l'origine du droit, de la société, du gouvernement, pour en trouver les vrais fondements ?

2° En particulier, l'origine assignée par Hobbes au droit, à la société, au gouvernement, est-elle l'origine véritable ?

3° La société est-elle le résultat d'un accident, ou n'est-elle pas naturelle à l'homme ?

1° Les questions d'origine ont, il faut l'avouer, un vif attrait pour l'esprit humain. L'ancienne physique, négligeant l'observation des phénomènes du monde, se posa d'abord le problème de son origine, et elle n'enfanta que des hypothèses. Non-seulement l'origine véritable des choses lui échappa ; mais, comme de l'origine qu'elle supposait elle prétendait déduire la réalité actuelle, elle méconnut et défigura cette réalité. C'est en descendant des hauteurs de ces spéculations stériles et dangereuses sur l'origine des choses à l'observation des faits, que la physique moderne a produit, après deux mille ans, toutes les merveilleuses et solides découvertes que, chaque jour, la même méthode augmente. La question de l'origine des idées n'a pas été un moindre obstacle aux progrès de la vraie science de l'esprit humain. Cette science n'a été définitivement constituée que le jour où l'on reconnut la nécessité d'étudier les idées telles qu'elles sont aujourd'hui dans l'esprit de tous les hommes, comme on étudie les faits de la nature, de constater leurs caractères certains, et de là, d'induire leurs lois avant de s'enquérir de leur mystérieuse origine. Nous avons sérieusement insisté sur ce point[1] dans l'examen de la psy-

---

1. Sur cette question de méthode, voyez leç. 1re, p. 8; leç. IIe, p. 49 et 50; leç. IIIe, p. 73.

chologie de Locke et de Condillac; nous n'y attachons pas une moindre importance dans le droit naturel.

C'est faire fausse route que de rechercher l'origine du droit avant d'en avoir constaté la nature et le caractère. Pour reconnaître en quoi consiste l'idée du juste et du droit, telle qu'elle est dans l'esprit et dans l'âme, il suffit d'interroger la conscience et dans soi-même et dans les autres. Mais la conscience est muette, le raisonnement chancelle faute de données solides, l'expérience nous fait défaut et cède la place à une érudition hasardeuse ou à l'esprit d'hypothèse, lorsque nous essayons de remonter jusqu'au berceau des sociétés : l'état primitif du monde est un sujet perpétuel de conjectures opposées.

2° C'est ici qu'on peut se donner le spectacle de la puissance de la méthode. Telle méthode, tels résultats. Qu'un philosophe étudie d'abord l'idée du droit en elle-même, avec les caractères certains sans lesquels nous ne pouvons la concevoir, il reconnaît infailliblement que, s'il y a des droits qui dérivent des lois positives, et particulièrement des conventions et des contrats, il est des droits aussi qui ne dérivent d'aucun contrat, puisque les contrats les prennent pour principes et pour règles, d'aucune convention, puisqu'ils servent de fondement à toutes les conventions pour que ces conventions soient réputées justes, des droits que la société consacre et développe, mais qu'elle ne fait pas, des droits inviolables aux caprices de la volonté générale ou particulière, qui appartiennent essentiellement à la nature humaine et qui sont sacrés comme elle. Mais Hobbes, au lieu de chercher en quoi consiste actuellement l'idée du droit, remonte à son origine ; et, comme il trouve, à l'origine des choses, l'humanité dans l'état où nous voyons aujourd'hui l'enfant, c'est-à-dire, sous l'empire des besoins physiques, s'efforçant de se conserver et d'être le moins mal possible, recourant à la force pour satisfaire ses besoins et ses désirs, Hobbes, parce qu'il rencontre la force dans le berceau de l'humanité, en conclut que la force est tout, qu'elle est l'origine du droit, le seul droit primitif, et, partant, le seul droit réel. Autant d'erreurs. Aussi loin que nous pouvons remonter dans la nuit des temps, en nous appuyant sur des monuments certains, nous trouvons l'idée du droit contemporaine et distincte de celle de la force. Sans doute la force est à l'origine de toute institution et de tout gouvernement. Mais n'y a-t-il eu que la force? si rien ne s'est fait sans elle, rien non plus ne s'est fait par elle seule. Il n'y a pas eu de gouvernement au monde si violent et si tyrannique, qui n'ait tâché d'emprunter ses titres à la raison, à la justice ou à la religion; il n'en est pas un qui ait osé réclamer, au nom de la force toute seule, le respect et l'obéissance des peuples. Les conquérants mêmes font consacrer dans les temples le pouvoir conquis sur les champs de bataille Prenez la première guerre que l'histoire raconte, et vous verrez les deux partis inscrivant sur leur drapeau le nom de la justice. Les peuplades les moins civilisées qui aient pu être découvertes possédaient l'idée de tel ou tel droit, vrai ou faux, extravagant ou raisonnable, image grossière de cette justice éternelle qui éclaire les rapports des hommes, dès qu'ils savent qu'ils sont des hommes et ce que c'est qu'être des hommes.

3° Est-il bien vrai aussi que les hommes ne s'associent, comme Hobbes l'assure, « que par accident et non par disposition nécessaire de la nature ? » Où sont les expériences qui donnent le droit d'affirmer que l'homme n'est pas né pour la société ? Prenez garde que l'homme que vous faites passer par un certain état naturel, avant de l'initier à la société, n'est qu'un être de raison. Avez-vous jamais surpris la nature humaine se développant autre part que dans la société ? La différence des temps, des lieux, des races, a revêtu le principe social des formes les plus diverses; mais le principe est demeuré le même; s'il a semblé s'éclipser à chaque révolution qui s'est opérée, s'il a menacé parfois de se perdre sous les ruines des sociétés qui s'écroulaient, il a toujours reparu avec la même puissance. Les sauvages du nouveau monde et des îles de l'Océan sont en société. Leurs sociétés grossières sont ou des débris ou des commencements de sociétés meilleures. Comment! dit quelque part Montesquieu, l'homme est partout en société, et on demande s'il est né pour la société! En vérité, la question est absurde. Qu'est-ce qu'un fait qui se reproduit dans toutes les vicissitudes de la vie de l'humanité, sinon une loi de l'humanité ? Le fait universel et permanent de la société nous atteste le principe univerel et permanent de la sociabilité. Ce principe éclate dans tous nos penchants, dans nos sentiments, dans nos croyances. Nous aimons la société pour les avantages qu'elle procure; mais nous l'aimons aussi pour elle-même, et nous la recherchons indépendamment de tout calcul. La solitude nous attristé, elle n'est pas moins mortelle à la vie de l'être moral que le vide absolu à la respiration de l'être physique. Que deviendrait, sans la société, l'un des principes les plus puissants de notre âme, la sympathie, qui établit entre tous les hommes une communion de sentiments par laquelle chacun vit en tous et tous vivent en chacun? Qui serait assez aveugle pour ne pas voir là un appel énergique de la nature humaine à la société? Et l'attrait des sexes, leur union, l'amour des parents pour les enfants, ne fondent-ils pas une sorte de société naturelle qui s'accroît et se développe par la puissance des mêmes causes qui l'ont produite? Nous l'avons déjà dit[1] : si le besoin et l'instinct commencent la société, c'est la justice qui la cimente et qui l'achève. En présence d'un homme, l'homme reconnaît son semblable ; comme il se sait lui-même un être intelligent et libre, et à ce titre ayant droit d'être respecté, il admet irrésistiblement dans son semblable le même droit, et là est le vrai fondement du devoir et du droit, c'est-à-dire de la justice, indépendante de la force. Divisés par l'intérêt, rapprochés par le sentiment, les hommes se respectent au nom de la justice. Ajoutons qu'ils s'aiment en vertu de la charité naturelle[2]. Égaux en droit aux yeux de la justice, la charité nous inspire de nous considérer comme des frères, et de nous porter les uns aux autres secours et consolation. Chose admirable! Dieu n'a pas laissé à notre sagesse ni même à notre expérience le soin de former et de conserver la société : il a voulu que la sociabilité fût une loi de notre nature, et une loi tellement impérieuse, qu'aucune tendance à la singularité, aucun égoïsme, aucun dégoût même, ne pussent prévaloir contre elle. Il fallait toute la puissance de l'esprit de système pour faire dire à Hobbes que la société est un accident, et un incroyable accès de mélancolie pour arracher à Rousseau cette parole extravagante, que la société est un mal.

Cousin, *Philosophie sensualiste*, vi^e leçon.

Différence du droit et du désir. (Appendice au livre III de la *République*.)

Saint Lambert a défini la justice : « Une disposition à nous conduire envers les autres comme nous *désirons* qu'ils se conduisent envers nous. »

---

1. Du Vrai, du Beau et du Bien, leç. xve, p. 892.
2. *Ibid.*, p. 397.

Mais ce n'est pas seulement parce que nous désirons que les autres nous respectent, que nous devons les respecter; nous les devons respecter parce qu'ils sont respectables en eux-mêmes, dans leur personne, dans leur honneur, et par conséquent aussi, dans leurs biens; et ils sont respectables parce qu'ils sont des hommes et non des choses, parce qu'ils sont des êtres intelligents et libres, d'une nature excellente qui a en elle une dignité inviolable à la passion. Oui, l'homme est digne de respect; voilà pourquoi nous le devons respecter; le désir d'un autre d'être respecté par nous, et notre désir de l'être par lui, n'est le fondement ni de son devoir ni du nôtre. Quand même, à force de magnanimité ou d'humilité, nous serions parvenus à n'éprouver pas le désir de n'être point offensés dans notre honneur, les autres n'auraient pas pour cela le droit de nous offenser; quand nous nous serions mis, par exemple, au-dessus de la calomnie dirigée contre nous, nous n'aurions pas acquis le droit de calomnier les autres, et ils n'auraient pas celui de nous calomnier; quand nous serions assez généreux ou assez riches pour nous laisser dérober avec indifférence la moitié de notre fortune, nul autre n'aurait le droit de nous dérober une obole. Il y a plus : quand un autre aurait le désir de nous servir comme un esclave, sans conditions et sans limites, d'être pour nous une chose à notre usage, un pur instrument, un bâton, un vase, et quand nous aurions l'ardent désir de nous servir de lui en cette manière, et de le laisser se servir de nous en la même façon, cette réciprocité de désirs ne nous autoriserait ni l'un ni l'autre à cet absolu sacrifice, parce que le désir ne peut jamais être le titre d'un droit, parce qu'il y a quelque chose en nous qui est au-dessus de tous les désirs, partagés ou non partagés, à savoir, le devoir et le droit, la justice. C'est à la justice qu'il appartient d'être la règle de nos désirs, et non pas à nos désirs d'être la règle de la justice. L'humanité tout entière oublierait sa dignité, elle consentirait à sa dégradation, elle tendrait les mains à l'esclavage, que la tyrannie n'en serait pas plus légitime; la justice éternelle protesterait contre un contrat, qui, fût-il appuyé sur les désirs réciproques les plus authentiquement exprimés et convertis en lois solennelles, n'en est pas moins nul de plein droit, parce que, comme l'a très-bien dit Bossuet, il n'y a pas de droit contre le droit, c'est-à-dire point de contrats, de conventions, de lois humaines contre la loi des lois, la loi naturelle. C'est cette loi naturelle, cette justice, indépendante des désirs souvent insensés et toujours mobiles des hommes, que Saint-Lambert et son école n'ont pas connues.

Cousin, *Philosophie sensualiste*, page 207, v^e leçon.

Des droits naturels de l'homme. Leur rapport avec la justice. — Du droit de propriété. — Le but de tout gouvernement est la protection des droits. (Appendice au ch. XXV du livre Ier et au livre III de la *République*.)

L'homme, matériellement si faible et si petit en face de la nature, se sent et se sait grand par l'intelligence et la liberté. Pascal l'a dit : « L'homme n'est qu'un roseau, mais un roseau pensant. Quand l'univers l'écraserait, l'homme serait encore plus noble que ce qui le tue; car l'avantage que l'univers a sur lui, l'univers n'en sait rien. » Ajoutons que non-seulement l'univers ne connaît pas sa puissance, mais qu'il n'en dispose pas, et qu'il suit en esclave des lois irrésistibles, tandis que le peu que je fais, je le fais parce que je le veux, et que, si je le veux encore, je cesserai de le faire, ayant en moi le pouvoir de commencer, de suspendre, de continuer ou de mettre à néant le mouvement que j'ai résolu d'accomplir.

Relevé à ses propres yeux par le sentiment de sa liberté, l'homme se juge supérieur aux choses qui l'environnent; il estime qu'elles n'ont d'autre prix que celui qu'il leur donne, parce qu'elles ne s'appartiennent point à elles-mêmes. Il se reconnaît le droit de les occuper, de les appliquer à son usage, de changer leur forme, d'altérer leur arrangement naturel, d'en faire, en un mot, ce qu'il lui plaît, sans qu'aucun remords pénètre dans son âme.

Le premier fait moral que la conscience atteste est donc la dignité de la personne relativement aux choses, et cette dignité réside particulièrement dans la liberté.

La liberté, qui élève l'homme au-dessus des choses, l'oblige par rapport à lui-même. S'il s'attribue le droit de faire des choses ce qu'il lui plaît, il ne se sent pas celui de pervertir sa propre nature; au contraire, il se sent le devoir de la maintenir et de perfectionner sans cesse la liberté qui est en lui. Telle est la loi première, le devoir le plus général que la raison impose à la liberté. Ainsi le caprice, la violence, l'orgueil, l'envie, la paresse, l'intempérance, sont des passions que la raison ordonne à l'homme de combattre, parce qu'elles portent atteinte à la liberté et altèrent la dignité de la nature humaine.

La force libre qui constitue l'homme lui est respectable à lui-même; de même, toute force libre lui est respectable, et la liberté lui paraît grande et noble en soi, partout où il la rencontre. Or, quand les hommes se considèrent, ils se trouvent, les uns comme les autres, des êtres libres.

Inégaux par tout autre endroit, en force physique, en santé, en beauté, en intelligence, ils ne sont égaux que par la liberté : car nul homme n'est plus libre qu'un autre. Ils font tous de leur liberté des usages différents; ils ne sont pas plus ou moins libres, ils ne s'appartiennent pas plus ou moins à eux-mêmes. A ce titre, mais à ce titre seul, ils sont égaux. Aussitôt que ce rapport naturel se manifeste, l'idée majestueuse de la liberté mutuelle développe celle de la mutuelle égalité, et par conséquent l'idée du devoir égal et mutuel de respecter cette liberté, sous peine de nous traiter les uns les autres comme des choses et non pas comme des personnes.

Envers les choses je n'ai que des droits; je n'ai que des devoirs envers moi-même; envers vous j'ai des droits et des devoirs qui dérivent du même principe. Le devoir que j'ai de vous respecter est mon droit à votre respect; et réciproquement, vos devoirs envers moi sont mes droits envers vous. Ni vous ni moi nous n'avons d'autre droit l'un envers l'autre que le devoir mutuel de nous respecter tous les deux.

Il ne faut pas confondre la puissance et le droit. Un être pourrait avoir une puissance immense, celle de l'ouragan, de la foudre, celle d'une des forces de la nature; s'il n'y joint la liberté, il n'est qu'une chose redoutable et terrible : il n'est point une personne, il n'a pas de droits. Il peut inspirer une terreur immense; il n'a pas droit au respect. On n'a pas de devoirs envers lui.

Le devoir et le droit sont frères. Leur mère commune est la liberté. Ils naissent le même jour, ils grandissent, ils se développent et périssent ensemble.

On pourrait dire que le droit et le devoir ne font qu'un et sont le même être envisagé de deux côtés différents. Qu'est-ce, en effet, nous venons de le dire, et on ne saurait trop se le répéter à soi-même et aux autres, qu'est-ce que mon droit à votre respect, sinon le devoir que vous avez de me respecter, parce que je suis un être libre? Mais vous-même, vous êtes un être libre; et le fondement de mon droit et de votre devoir devient pour vous le fondement d'un droit égal et en moi d'un égal devoir.

Je dis égal de l'égalité la plus rigoureuse, car la liberté, et la liberté seule, est égale à elle-même. Voilà ce qu'il importe de bien comprendre. Il n'y a d'identique en moi que la personne; tout le reste est divers; par tout le reste les hommes diffèrent, car la ressemblance est encore de la différence. Comme il n'y a pas deux feuilles qui soient les mêmes, il n'y a pas deux hommes absolument les mêmes par le corps, par la sensibilité, par l'imagination, par la mémoire, par l'entendement, par l'esprit, par le cœur. Mais il n'est pas possible de concevoir de différence entre le libre arbitre d'un homme et le libre arbitre d'un autre. Je suis libre ou je ne le suis pas. Si je le suis, je le suis autant que vous, et vous l'êtes autant que moi; il n'y a pas là de plus et de moins; on est une personne morale tout autant et au même titre qu'une autre personne morale. La volonté, qui est le siège de la liberté, est la même dans tous les hommes. Elle peut avoir à son service des instruments différents, des puissances différentes, et par conséquent inégales, soit matérielles, soit spirituelles. Mais les puissances dont la volonté dispose ne sont pas elle, et ne la mesurent pas exactement, car elle n'en dispose point d'une manière absolue. Le seul pouvoir libre est celui de la volonté, et celui-là l'est essentiellement. Si la volonté reconnaît des lois, ces lois ne sont pas des mobiles, des ressorts qui la meuvent : ce sont des lois idéales, celle de la justice, par exemple; la volonté reconnaît cette loi, et en même temps elle a la conscience de pouvoir s'y conformer ou l'enfreindre, ne faisant l'un qu'avec la conscience de pouvoir faire l'autre, et réciproquement. Là est le type de la liberté et en même temps de la vraie égalité; toute autre est un mensonge.

Il n'est pas vrai que les hommes aient le droit d'être également riches, beaux, robustes, de jouir également, en un mot d'être également heureux; car ils diffèrent originellement et nécessairement par tous les points de leur nature qui correspondent au plaisir, à la richesse, au bonheur. Dieu nous a faits avec des puissances inégales pour toutes ces choses. Ici l'égalité est contre nature et contre l'ordre éternel; car la diversité est, tout aussi bien que l'harmonie, la loi de la création. Rêver une telle égalité est une méprise étrange, un égarement déplorable. La fausse égalité est l'idole des esprits et des cœurs mal faits, de l'égoïsme inquiet et ambitieux. La noble liberté n'a rien à démêler avec les furies de l'orgueil et de l'envie. Comme elle n'aspire point à la domination, elle ne prétend pas davantage à une égalité chimérique d'esprit, de beauté, de fortune, de jouissance.

D'ailleurs, cette égalité-là, fût-elle possible, serait de peu de prix à ses yeux; elle demande quelque chose de bien autrement grand que le plaisir, la fortune, le rang : elle demande le respect.

Il ne faut pas confondre le respect avec les hommages. Je rends hommage au génie et à la beauté, je respecte l'humanité seule ; et par là j'entends toutes les natures libres, car tout ce qui n'est pas libre dans l'homme lui est étranger. L'homme est donc l'égal de l'homme précisément par ce qui le fait homme, et le règne de l'égalité véritable n'exige de la part de tous que le respect même de ce que chacun possède également en soi, et le jeune et le vieux, et le laid et le beau, et le riche et le pauvre, et l'homme de génie et l'homme médiocre, et la femme et l'homme, tout ce qui a la conscience d'être une personne et non une chose.

La liberté, avec l'égalité ainsi définie, engendre tous les droits et tous les devoirs. Le développement le plus intime du moi libre est la pensée. Toute pensée, comme telle, considérée dans les limites de la sphère individuelle, est sacrée. La pensée en soi, uniquement occupée à la recherche de la vérité, c'est la philosophie proprement dite. La philosophie exprime dans son degré le plus pur et le plus élevé la liberté et la dignité de la pensée. La liberté philosophique est donc la première de toutes les libertés.

Un autre développement intime de la pensée est la pensée religieuse. Les religions, comme les philosophies, contiennent plus ou moins de vérité; il en est une qui surpasse incomparablement toutes les autres; mais toutes ont un droit égal à leur libre exercice, en tant du moins qu'elles n'ont rien de contraire à la dignité de la personne humaine.

Une religion, par exemple, qui autoriserait la polygamie, c'est-à-dire l'oppression et l'avilissement de la femme, cette moitié de l'humanité, ne pourrait être soufferte. Un culte qui, en recommandant à ses fidèles d'observer entre eux la bonne foi et la sincérité, les en dispenserait envers les fidèles des autres cultes, devrait être interdit. Il en serait de même de toute congrégation religieuse qui imposerait à ses membres l'entière abdication de leur libre arbitre, et leur prescrirait de se considérer à l'égard de leur chef comme de simples choses, comme un bâton, ou comme un cadavre.

« La propriété est sacrée, parce qu'elle représente le droit de la personne elle-même. Le premier acte de pensée libre et personnelle est déjà un acte de propriété. Notre première propriété, c'est nous-mêmes, c'est notre moi, c'est notre liberté, c'est notre pensée; toutes les autres propriétés dérivent de celle-là et la réfléchissent.

L'acte primitif de propriété consiste dans l'imposition libre de la personne humaine sur les choses; c'est par là que je les fais miennes : dès lors, assimilées à moi-même, marquées du sceau de ma personne et de mon droit, elles cessent d'être de simples choses à l'égard des autres, et par conséquent elles ne tombent plus sous leur occupation et sous leur appropriation. Ma propriété participe de ma personne; elle a des droits par moi, si je puis m'exprimer ainsi, ou, pour mieux dire, mes droits me suivent en elle, et ce sont ces droits qui sont dignes de respect.

Il est difficile aujourd'hui de reconnaître le fondement de nos droits. Une longue habitude nous porte à croire que les lois qui depuis un temps immémorial protègent nos droits, les constituent; que, par conséquent, si nous avons le droit de posséder, et s'il est interdit de nous ravir notre propriété, nous en sommes redevables aux lois qui ont déclaré la propriété inviolable. Mais en est-il réellement ainsi?

Si la loi établie reposait sur elle-même, si elle n'avait point sa raison dans quelque principe supérieur, elle serait le seul fondement du droit de propriété, et l'esprit satisfait ne chercherait pas à remonter plus haut. Mais toute loi suppose évidemment des principes qui en ont suggéré l'idée, qui la maintiennent et qui l'autorisent.

Quelques publicistes ont prétendu asseoir le droit de propriété sur un contrat primitif. Mais ce contrat primitif, à son tour, quelle en est la raison? Il en est du contrat primitif comme de la loi écrite. Ce n'est, après tout, qu'une loi aussi, que l'on suppose primitive. Ainsi, quand un prétendu contrat serait la raison de la loi écrite, il resterait à chercher la raison du contrat. La théorie qui fonde le droit de propriété sur un contrat primitif ne résout donc pas la difficulté, elle la recule.

Il y a plus : qu'est-ce qu'un contrat? une stipulation entre deux ou plusieurs volontés. D'où il suivrait que le droit de propriété est aussi mobile que l'accord des volontés. Un contrat fondé sur cet accord ne peut assurer au droit de propriété une inviolabilité qui n'est pas en lui. S'il a plu à la volonté des contractants de décréter l'inviolabilité de la propriété, un changement de leur volonté peut amener et justifier une autre convention par laquelle la propriété cesse d'être inviolable et subit telle ou telle modification.

Comprendre ainsi le droit de propriété, le faire reposer sur un contrat ou sur une législation arbitraire, c'est le détruire. Le droit de propriété n'est pas, ou il est absolu. La loi écrite n'est pas le fondement du droit : sinon, il n'y a de stabilité ni dans le droit ni dans la loi elle-même ; au contraire, la loi écrite a son fondement dans le droit qui lui préexiste, qu'elle traduit et qu'elle consacre ; elle met la force à son service, en échange du pouvoir moral qu'elle en reçoit.

Après les jurisconsultes et les publicistes, qui fondent le droit de propriété sur les lois et les lois sur un contrat primitif, nous rencontrons les économistes, qui, frappés à bon droit de l'importance du travail, y placent le principe du droit de propriété. Chacun, disent-ils, a un droit naturel exclusif sur ce qui est le fruit de son propre travail ; le travail est naturellement productif, et il est impossible au producteur de ne pas distinguer ses produits de ceux de tout autre, et d'attribuer à son voisin le moindre droit sur ce qu'il sait avoir produit lui-même. Cette théorie est déjà plus profonde que la précédente ; mais elle est encore incomplète. Pour produire, il me faut une matière quelconque, il me faut des instruments ; je ne produis qu'à l'aide de quelque chose que je possède déjà. Si cette matière sur laquelle je travaille ne m'appartient point, à quel titre les produits obtenus m'appartiendraient-ils ? Il suit de là que la propriété préexiste à la production, et que celle-ci suppose un droit antérieur qui, d'analyse en analyse, se résout dans le droit de premier occupant.

La théorie qui fonde le droit de propriété sur une occupation primitive touche à la vérité, elle est même vraie, mais elle a besoin d'être expliquée. Qu'est-ce qu'occuper ? C'est faire sien, c'est s'approprier. Il y avait donc, avant l'occupation, une propriété première que nous étendons par l'occupation ; cette propriété première, au delà de laquelle on ne peut remonter, c'est notre personne. Cette personne, ce n'est pas notre corps ; notre corps est à nous, il n'est pas nous. Ce qui constitue la personne, c'est essentiellement, nous l'avons établi depuis longtemps, notre activité volontaire et libre, car c'est dans la conscience de cette libre énergie que le moi s'aperçoit et s'affirme. Le moi, voilà la propriété primitive et originelle, la racine et le modèle de toutes les autres.

Quiconque ne part pas de cette propriété première, évidente par elle-même, est incapable d'en établir aucune légitimement, et, qu'il le sache ou l'ignore, il est condamné à un perpétuel paralogisme : il suppose toujours ce qui est précisément en question.

Le moi est donc une propriété évidemment sainte et sacrée. Pour effacer le titre des autres propriétés, il faut nier celle-là, ce qui est impossible ; et, si on la reconnaît, par une conséquence nécessaire il faut reconnaître toutes les autres, qui ne sont que celle-là manifestée et développée. Notre corps n'est à nous que comme le siége et l'instrument de notre personne, et il est après elle notre propriété la plus intime. Tout ce qui n'est pas une personne, c'est-à-dire tout ce qui n'est pas doué d'une activité intelligente et libre, c'est-à-dire encore tout ce qui n'est pas doué de conscience, est une chose. Les choses sont sans droit, le droit n'est que dans la personne. Et les personnes n'ont point de droit sur les personnes ; elles ne peuvent les posséder ni en user à leur gré fortes ou faibles, elles sont sacrées les unes aux autres.

La personne a le droit d'occuper les choses, et en les occupant elle se les approprie ; une chose devient par là propriété de la personne, elle lui appartient à elle seule, et nulle autre personne n'y a plus de droit. Ainsi le droit de première occupation est le fondement de la propriété hors de nous ; mais il suppose lui-même le droit de la personne sur les choses, et, en dernière analyse, celui de la personne, comme étant la source et le principe de tout droit.

La personne humaine, intelligente et libre, et qui à ce titre s'appartient à elle-même, se répand successivement sur tout ce qui l'entoure, se l'approprie et se l'assimile, d'abord son instrument immédiat, le corps, puis les diverses choses inoccupées dont elle prend possession la première, et qui servent de moyen, de matière ou de théâtre à son activité.

Après le droit de premier occupant, vient le droit qui naît du travail et de la production.

Le travail et la production ne constituent pas, mais confirment et développent le droit de propriété. L'occupation précède le travail, mais elle se réalise par le travail. Tant que l'occupation est toute seule, elle a quelque chose d'abstrait en quelque manière, d'indéterminé aux yeux des autres, et le droit qu'elle fonde est obscur; mais, quand le travail s'ajoute à l'occupation, il la déclare, la détermine, lui donne une autorité visible et certaine. Par le travail, en effet, au lieu de mettre simplement la main sur une chose inoccupée, nous y imprimons notre caractère, nous nous l'incorporons, nous l'unissons à notre personne. C'est là ce qui rend respectable et sacrée aux yeux de tous la propriété sur laquelle a passé le travail libre et intelligent de l'homme. Usurper la propriété qu'il possède en qualité de premier occupant est une action injuste; mais arracher à un travailleur la terre qu'il a arrosée de ses sueurs est aux yeux de tous une iniquité révoltante.

Dès qu'une chose est véritablement mienne, j'en puis disposer librement comme je l'ai librement acquise; je puis la prêter, je puis l'échanger, je puis la donner à telle ou telle condition ou sans aucune condition. Le droit de louage et de vente, le droit de donation, et tous les droits qui dérivent de ceux-là, reposent sur la base inébranlable du droit primitif et permanent de la personne.

Si je puis donner ce qui m'appartient, je puis aussi le transmettre après moi à qui me plaît, et à plus forte raison à mes enfants. Il serait étrange qu'on me contestât à l'égard de mes enfants le droit que j'ai manifestement à l'égard du premier venu. Cette transmission qu'il me plaît de faire de mon bien est parfaitement légitime, par cela seul qu'elle est libre. De plus, elle s'appuie sur un sentiment sublime, le désir inné de revivre tout entier avec tout ce qu'on a dans un autre soi-même qu'on appelle son enfant. Enfin, quand nous examinons cette transmission, elle nous paraît souverainement raisonnable, favorable ou plutôt nécessaire à la durée et à la perpétuité de la famille, de la société et du genre humain. Le droit d'héritage, si salutaire par ses conséquences, est donc sacré dans son principe : car il ne fait autre chose qu'exprimer dans les enfants le droit du père, et dans celui-ci le droit de quiconque possède de disposer de sa chose à son gré, à plus forte raison selon le penchant le plus doux de son cœur, et selon son intérêt propre, qui se confond ici avec l'intérêt général.

Ce droit de disposer de ce qu'on possède, les lois l'acceptent et le consacrent; elles ne le créent point; elles le tirent de quelque sorte de la conscience du genre humain ; elles ne le fondent pas, elles le garantissent.

Il résulte de ce qui vient d'être dit, que le droit naturel repose sur un seul principe, qui est la sainteté de la liberté de l'homme. Le droit naturel, dans ses applications aux diverses relations des hommes entre eux et à tous les actes de la vie sociale, contient et engendre le droit civil. Comme en réalité le seul sujet du droit civil est l'être libre, le principe qui domine le droit civil tout entier est le respect de la liberté ; le respect de la liberté s'appelle la justice.

La justice confère à chacun le droit de faire tout ce qu'il veut, sous cette réserve que l'exercice de ce droit ne porte aucune atteinte à l'exercice du droit d'autrui. L'homme qui, pour exercer sa liberté, violerait celle d'un autre, manquant ainsi à la loi même de la liberté, se rendrait coupable. C'est toujours envers la liberté qu'il est obligé, que cette liberté soit la sienne ou celle d'un autre. Tant que l'homme use de sa liberté sans nuire à la liberté de son semblable, il est en paix avec lui-même et avec les autres. Mais aussitôt qu'il entreprend sur des libertés égales à la sienne, il les trouble et les déshonore, il se trouble et se déshonore lui-même, car il porte atteinte au principe même qui fait son honneur et qui est son titre au respect des autres. Une loi de l'ordre éternel attache la misère au crime, et le bonheur ou du moins la paix à la vertu[1].

La paix est le fruit naturel de la justice, du respect que les hommes se portent ou doivent se porter les uns aux autres, à ce titre qu'ils sont tous égaux, c'est-à-dire qu'ils sont tous libres.

Mais vous concevez que la paix et la justice ont des adversaires permanents et infatigables dans les passions, filles du corps, et naturellement ennemies de la liberté, fille de l'âme. Quiconque enfreint la liberté est coupable, et par conséquent répréhensible ; car l'homme n'a pas seulement le droit de défendre sa liberté, il en a le devoir. De là l'idée de la répression et la légitimité du droit de punir. Si l'homme, coupable seulement envers sa propre liberté, ne relève que du tribunal de la raison et de la conscience ;

---

1. C'est cette loi qu'on appelle, dans l'école, le principe du mérite et du démérite ; voyez première série de nos cours, t. 1ᵉʳ, PREMIERS ESSAIS, p. 301, t. II, DU VRAI, DU BEAU ET DU BIEN, leç. XIᵉ et XIVᵉ; deuxième série, t. III, leç. XVᵉ, p. 189; troisième série, t. IV, p. 186. Voyez aussi la traduction de Platon, Argument du *Gorgias*.

dès qu'il trouble des libertés égales à la sienne, il est responsable devant ses semblables, il mérite d'être traduit devant un tribunal qui punisse les violateurs de la justice et de la paix, les ennemis de la liberté publique.

Mais qui composera ce tribunal? Qui pourra saisir et punir le coupable? Qui sera dépositaire de la puissance nécessaire pour faire respecter la liberté, la justice et la paix? Ici vient l'idée de gouvernement.

La société est le développement régulier, le commerce paisible de toutes les libertés, sous la protection de leurs droits réciproques. La société n'est pas l'œuvre des hommes : c'est l'œuvre même de la nature des choses. Il y a une société naturelle et légitime, dont toutes nos sociétés ne sont que des copies plus ou moins imparfaites. A cette société correspond un gouvernement tout aussi naturel, tout aussi légitime, envers lequel nous sommes obligés, qui nous défend et que nous devons défendre, et en qui nous avons le devoir de placer et de soutenir la force nécessaire à l'exercice de ses fonctions.

Mais la force qui doit servir peut nuire aussi. L'art social n'est autre chose que l'art d'organiser le gouvernement de manière qu'il puisse toujours veiller efficacement à la défense des institutions protectrices de la liberté, sans jamais pouvoir tourner contre ces institutions la force qui lui a été confiée pour les maintenir.

Le principe et l'objet de tout gouvernement humain digne de ce nom est la protection des droits naturels, comme l'ont reconnu les deux nations modernes qui ont porté le plus haut le génie de l'organisation sociale, l'Angleterre dans le fameux bill des droits, et surtout la France dans l'immortelle déclaration des droits de l'homme et du citoyen. Voilà ce que proclame la philosophie ; mais elle s'arrête là, ou du moins elle n'agite qu'avec une extrême circonspection la question de la meilleure forme de gouvernement, car cette question tient à la fois à des principes fixes et à des circonstances qui varient selon les lieux et selon les temps.

V. Cousin, *Justice et charité*.

Des devoirs de charité qui incombent au gouvernement, ou la charité publique.
(Appendice au livre Ier de la *République*.)

Le gouvernement d'une société humaine est aussi une personne morale. Il a un cœur comme l'individu ; il a de la générosité, de la bonté, de la charité. Il y a des faits légitimes et même universellement admirés, qui ne s'expliquent pas, si on réduit la fonction du gouvernement à la seule protection des droits. Le gouvernement doit aux citoyens, mais en une certaine mesure, de veiller à leur bien-être, de développer leur intelligence, de fortifier leur moralité.

Mais la charité n'échappe pas à la loi qui place le mal à côté du bien, et condamne les choses les meilleures aux périls qu'entraîne leur abus. C'est alors que s'applique la triste maxime : Ce qu'il y a de pire est la corruption de ce qu'il y a de meilleur. La justice elle-même, si on s'y renferme exclusivement, sans y joindre la charité, dégénère en une sécheresse insupportable. Un malheureux est là souffrant devant nous. Notre conscience est-elle satisfaite, si nous pouvons nous rendre le témoignage de n'avoir pas contribué à sa souffrance ? Non, quelque chose nous dit qu'il est bien encore de lui donner du pain, des secours, des consolations. De son côté, la charité peut avoir aussi ses dangers. Elle tend à substituer son action propre à l'action de celui qu'elle veut servir; elle efface un peu sa personnalité, et se fait en quelque sorte sa providence. Pour être utile aux autres, on s'impose à eux, et on risque d'attenter à leurs droits. L'amour, en se donnant, asservit. Sans doute il ne nous est pas interdit d'agir sur autrui; nous le pouvons toujours par la prière et l'exhortation; nous le pouvons aussi par la menace, quand nous voyons un de nos semblables s'engager dans une action criminelle ou insensée. Nous avons même le droit d'employer la force quand la passion emporte la liberté et fait disparaître la personne. C'est ainsi que nous pouvons, que nous devons même empêcher par la force le suicide d'un de nos semblables. La puissance légitime de la charité se mesure sur le plus ou moins de liberté et de raison de celui auquel elle s'applique. Quelle délicatesse ne faut-il pas dans l'exercice de cette vertu périlleuse ! Comment apprécier assez certainement le degré de liberté que possède encore un de nos semblables, pour savoir jusqu'où on peut se substituer à lui dans le gouvernement de sa destinée ? Et quand, pour servir une âme faible, on s'est emparé d'elle, qui est assez sûr de soi pour n'aller pas plus loin, pour ne passer pas de l'amour de la personne dominée à l'amour de la domination elle-même ? La charité est souvent le commencement et l'excuse, et toujours le prétexte des grandes usurpations. Pour avoir le droit de s'abandonner aux mouvements de la charité, il faut s'être affermi soi-même dans un long exercice de la justice.

La justice, le respect et le maintien de la liberté sont la grande loi de la société et de l'État; mais la justice n'est pas la seule loi morale. Nous avons montré qu'à côté de cette loi il en est une autre qui n'oblige pas seulement au respect des droits des autres, mais nous fait un devoir de soulager leurs misères de tout genre, de venir en aide à nos semblables, même au détriment de notre fortune et de notre bien-être. Examinez le principe de la plus petite aumône; vous ne pouvez le ramener à la seule justice, car cette petite somme d'argent que vous vous croyez le devoir de donner à un malheureux, lui, il n'a pas le droit de l'exiger de vous. Nous faisons de la justice le principe fondamental et la mission spéciale de l'État; mais nous pensons qu'il est absolument impossible de ne pas mettre aussi dans la société quelque chose au moins de ce devoir de la charité qui parle si énergiquement à toute âme humaine. Selon nous, l'État doit, avant tout, faire régner la justice, et il doit, de plus, avoir du cœur et des entrailles; il n'a pas rempli toute sa tâche quand il a fait respecter tous les droits; il lui reste quelque autre chose à faire, quelque chose de redoutable et de grand : il lui reste à exercer une mission d'amour et de charité, sublime à la fois et périlleuse; car, encore une fois, tout a ses dangers : la justice, en respectant la liberté d'un homme, peut, en toute conscience, le laisser mourir de faim; la charité, pour le sauver physiquement et surtout moralement, peut s'arroger le droit de lui faire violence. La charité a couvert le monde d'institutions admirables; mais c'est elle aussi, égarée et corrompue, qui a élevé, autorisé, consacré bien des tyrannies. Il faut contenir la charité par la justice, mais non pas l'abolir et en interdire l'exercice à la société.

Je puis ici indiquer quelques devoirs de la charité civile, qui sont à la fois manifestes et purs de tout danger:

1° L'État doit aux citoyens que le malheur accable aide et protection pour la conservation et pour le développement de leur vie physique. De là l'utilité, la nécessité même des institutions de bienfaisance, le plus possible volontaires et privées, quelquefois publiques, ou formées avec l'intervention de l'État en une certaine mesure qu'il est impossible de déterminer d'une manière unique et absolue pour des cas variables et différents. Sans multiplier abusivement les hospices pour l'enfance délaissée, pour les malades et les vieillards sans ressources, il faut bien se garder de les proscrire, comme le veut une étroite et impitoyable économie politique ;

2° L'État doit à qui en a besoin aide et protection aussi dans le développement de sa vie intellectuelle. Dieu a voulu que toute nature intelligente portât ses fruits. L'État est responsable de toutes les facultés qui avortent par une brutale oppression. La charité éclairée doit à tous cette première instruction qui empêche l'homme de déchoir de sa nature et de tomber du rang d'homme à celui d'animal ;

3° Il doit encore, il doit surtout, et à tout citoyen, aide et protection dans le développement de sa vie morale. L'homme n'est pas seulement un être intelligent, il est un être moral, c'est-à-dire capable de vertu ; la vertu est encore bien plus que la pensée le but de son existence ; elle est sainte entre toutes les choses saintes. L'État doit donc souvent procurer et toujours surveiller l'éducation des enfants, soit dans les écoles publiques, soit dans les écoles privées ; il a le devoir de venir en aide à ceux que la pauvreté priverait de ce grand bienfait. Que l'État leur ouvre des écoles appropriées à leurs besoins, et qu'il les y retienne jusqu'à ce qu'ils sachent ce que c'est que Dieu, l'âme et le devoir ; car la vie humaine, sans ces trois mots bien compris, n'est qu'une douloureuse et accablante énigme ;

4° La charité intervient jusque dans la punition des crimes : à côté du droit de punir, elle met le devoir de corriger. L'homme coupable est un homme encore ; ce n'est pas une chose dont on doive se débarrasser dès qu'elle nuit, une pierre qui tombe sur notre tête et que nous rejetons dans l'abîme, afin qu'elle ne blesse plus personne. L'homme est un être raisonnable, capable de comprendre le bien et le mal, de se repentir et de se réconcilier un jour avec l'ordre. Ces vérités ont donné naissance à des ouvrages qui honorent la fin du xviiie siècle et le commencement du xixe. Beccaria, Filangieri, Bentham, ont réclamé contre la rigueur excessive des lois pénales. Le dernier surtout, par la conception des maisons de pénitence, rappelle les premiers temps du christianisme, où le châtiment consistait, dit-on, en une expiation qui permettait au coupable de remonter par le repentir au rang qu'il avait perdu. Punir est juste, améliorer est charitable. Dans quelle mesure ces deux principes doivent-ils s'unir ? Rien de plus délicat, de plus difficile à déterminer. Ce qu'il y a de certain, c'est que la justice doit dominer. En entreprenant l'amendement du coupable, le gouvernement usurpe, d'une usurpation bien généreuse, sur les droits de la religion, mais il ne doit pas aller jusqu'à oublier sa fonction propre et son devoir rigoureux.

En résumé, respecter les droits d'autrui et faire du bien aux hommes, être à la fois juste et charitable, voilà la morale sociale dans les deux éléments qui la constituent. Voilà pourquoi la Révolution française, qui a recueilli et accru tous les progrès de la philosophie morale et politique, après avoir écrit sur son drapeau la liberté et l'égalité, y a joint le grand nom de la fraternité, qui tour à tour a donné l'élan aux vertus les plus sublimes et servi de prétexte aux plus dures tyrannies.

C'est pour avoir confondu ces deux parties de la morale, que les plus grands moralistes se sont jetés dans des théories exclusives, également fausses, également dangereuses. Smith, après avoir découvert et exposé les lois naturelles de la production et de la richesse, comme épuisé par ce grand effort, s'arrête et ne reconnaît presque au gouvernement d'autres fonctions que celles d'un commissaire de police ; n'admettant d'autre principe que la liberté du travail, c'est-à-dire la justice, il condamne les institutions les plus nécessaires et les plus bienfaisantes, et ouvre la porte, sans le vouloir, à une économie politique sans grandeur et sans entrailles[1]. Le premier des moralistes modernes, Kant, revient au stoïcisme, à la fin du XVIIIe siècle ; de peur du mysticisme, il rejette l'amour et sacrifie la charité à la justice[2], comme si l'âme humaine, comme si la société qui la représente tout entière, n'étaient pas assez vastes pour donner place à toutes les deux !

D'ailleurs, hâtons-nous de le reconnaître ou plutôt de le répéter : la justice, encore plus que la charité, est le fond de toute la société, et ce fond est immortel.

Les droits et les devoirs de l'homme, dont la déclaration est moderne, sont aussi anciens que l'homme. Il est juste de faire cette profession de foi en l'honneur de l'humanité. Aussitôt que

---

1. Sur les mérites et sur les vices de l'économie politique de Smith, voyez la première série de nos Cours, t. IV, *Philosophie écossaise*. Parmi nous, M. Say, en propageant les principes de Smith, en a porté les défauts à un tel excès, qu'il a suscité cette réaction exagérée et extravagante qu'on appelle le socialisme. Entre ces erreurs extrêmes et contraires, nous indiquons aux esprits justes et indépendants le commun respect, l'harmonie plus ou moins parfaite des droits de l'individu et des droits de l'État, de la justice et de la charité.

2. Voyez PREMIERS ESSAIS, du *Souverain Bien*, p. 310, etc.

l'homme s'est connu, il s'est connu comme un être libre, et il s'est respecté ; il s'est mis au-dessus des choses, et il a su qu'il s'avilirait, soit en violant la liberté des autres, soit en laissant violer la sienne. De tout temps la liberté a été connue et honorée, mais plus ou moins, et toujours partiellement. Tel droit éclairait déjà l'espèce humaine, quand tel autre était encore dans l'ombre. La sainte liberté ne découvre pas d'abord toute sa face ; elle ne lève que successivement ses voiles ; mais le peu qu'elle montre d'elle, sans la révéler tout entière, suffit à l'homme pour ennoblir son existence et lui donner la conviction qu'il vaut mieux que ce monde au milieu duquel il se trouve jeté.

Le vrai monde de l'homme est celui de la liberté, et sa vraie histoire n'est autre chose que le progrès constant de la liberté de plus en plus comprise d'âge en âge, et s'étendant toujours dans la pensée de l'homme, jusqu'à ce que d'époque en époque arrive celle où tous les droits soient connus et respectés, et où, pour ainsi parler, l'essence même de la liberté se manifeste.

La philosophie de l'histoire nous montre, à travers les vicissitudes qui élèvent et précipitent les sociétés, les démarches continuelles de l'humanité vers la société idéale dont nous vous avons tracé une bien imparfaite image, et qui serait la complète émancipation de la personne humaine, le règne de la liberté sur la terre. Cette société idéale ne se réalise jamais d'une manière absolue ; car tout idéal en se réalisant s'altère, mais tout altéré qu'il est, c'est encore lui qui fait la beauté des choses auxquelles il se mêle ; c'est un rayon de la vraie société qui, en se faisant jour dans les diverses sociétés particulières qui se succèdent, leur communique de plus en plus quelque chose de sa grandeur et de sa force.

Longtemps l'humanité se repose dans une forme de la liberté qui lui suffit. Cette forme ne s'établit et ne se soutient qu'autant qu'elle convient à l'humanité. Il n'y a jamais d'oppression entière et absolue, même dans les époques qui nous paraissent aujourd'hui les plus opprimées ; car un état de la société ne dure, après tout, que par le consentement de ceux auxquels il s'applique. Les hommes ne désirent pas plus de liberté qu'ils n'en conçoivent, et c'est sur l'ignorance, bien plus que sur la servilité, que sont fondés tous les despotismes. Ainsi, sans parler de l'Orient, où l'homme enfant avait à peine le sentiment de son être, c'est-à-dire de la liberté, en Grèce, dans cette jeunesse du monde où l'humanité commence à se mouvoir et à se connaître, la liberté naissante était bien faible encore, et pourtant les démocraties de la Grèce n'en demandaient pas davantage. Mais, comme il est de l'essence de toute chose imparfaite de tendre à se perfectionner, toute forme n'a qu'un temps et fait place à une autre qui, tout en détruisant la première, en développe l'esprit; car le mal périt, le bien reste et fait sa route. Le moyen âge, où peu à peu l'esclavage succombe sous l'Évangile, le moyen âge a possédé bien plus de liberté que le monde ancien. Aujourd'hui il nous paraît une époque d'oppression, parce que, l'esprit humain n'étant plus satisfait des libertés dont il jouissait alors, vouloir le renfermer dans l'enceinte de ces libertés qui ne lui suffisent plus est une oppression véritable. Mais la preuve que le genre humain ne se trouvait pas opprimé au moyen âge, c'est qu'il le supporta. Il n'y a pas plus de deux ou trois siècles que le moyen âge commence à peser à l'humanité; aussi, depuis deux ou trois siècles, il est attaqué. Les formes de la société, quand elles lui conviennent, sont inébranlables; le téméraire qui ose y toucher se brise contre elles; mais quand une forme de la société a fait son temps; quand on conçoit, quand on veut plus de droits qu'on n'en possède; quand ce qui était un appui est devenu un obstacle; quand enfin l'esprit de liberté, et l'amour des peuples qui marche à sa suite, se sont retirés ensemble de la forme autrefois la plus puissante et la plus adorée, le premier qui met la main sur cette idole, vide du dieu qui l'animait, l'abat aisément et la réduit en poussière.

Ainsi va le genre humain de forme en forme, de révolution en révolution, ne marchant que sur des ruines, mais marchant toujours. Le genre humain, comme l'univers, ne continue de vivre que par la mort; mais cette mort n'est qu'apparente, puisqu'elle contient le germe d'une vie nouvelle. Les révolutions, considérées de cette manière, ne consternent plus l'ami de l'humanité, parce qu'au delà de destructions momentanées il aperçoit un renouvellement perpétuel, parce qu'en assistant aux plus déplorables tragédies il en connaît l'heureux dénoûment, parce qu'en voyant décliner et tomber une forme de la société il croit fermement que la forme future, quelles que soient les apparences, sera meilleure que toutes les autres : telle est la consolation, l'espérance, la foi sereine et profonde du philosophe.

Les crises de l'humanité s'annoncent par de tristes symptômes et de sinistres phénomènes. Les peuples qui perdent leur forme ancienne aspirent à une forme nouvelle qui est moins distincte à leurs yeux, et les agite bien plus qu'elle ne les console par les vagues espérances qu'elle leur donne et les perspectives lointaines qu'elle leur découvre. C'est surtout le côté négatif des choses qui est clair; le côté positif est obscur. Le passé qu'on rejette est bien connu; l'avenir qu'on invoque est couvert de ténèbres. De là ces troubles de l'âme qui souvent, dans quelques individus, aboutissent au scepticisme. Contre le trouble et le scepticisme, notre asile inviolable est la philosophie, qui nous révèle le fond moral et l'objet certain de tous les mouvements de l'histoire, et nous donne la vue distincte et assurée de la vraie société dans son éternel idéal.

Oui, il y a une société éternelle, sous des formes qui se renouvellent sans cesse. De toutes parts on se demande où va l'humanité. Tâchons plutôt de reconnaître le but sacré qu'elle doit poursuivre. Ce qui sera peut nous être obscur : grâce à Dieu, ce que nous devons faire ne l'est point. Il est des principes qui subsistent et suffisent à nous guider parmi toutes les épreuves de la vie et dans la perpétuelle mobilité des affaires humaines. Ces principes sont à la fois très-simples et d'une immense portée. Le plus pauvre d'esprit, s'il a en lui un cœur d'homme, peut les comprendre et les pratiquer; et ils contiennent toutes les obligations que peuvent rencontrer, dans leur développement le plus élevé, les individus et les États. C'est d'abord la justice, le respect inviolable que la liberté d'un homme doit avoir pour celle d'un autre homme ; c'est ensuite la charité, dont les inspirations vivifient les rigides enseignements de la justice, sans les altérer. La justice est le frein de l'humanité, la charité en est l'aiguillon. Otez l'une ou l'autre, l'homme s'arrête ou se précipite. Conduit par la charité, appuyé sur la justice, il marche à sa destinée d'un pas réglé et soutenu. Voilà l'idéal qu'il s'agit de réaliser dans les lois, dans les mœurs, et avant tout dans la pensée et dans la philosophie. L'antiquité, sans méconnaître la charité, recommandait surtout la justice, si nécessaire aux démocraties. La gloire du christianisme est d'avoir proclamé et répandu la charité, cette lumière du moyen âge, cette consolation de la servitude, et qui apprend à en sortir. Il appartient aux temps nouveaux de recueillir le double legs de l'antiquité et du moyen âge, et d'accroître ainsi le trésor de l'humanité. Fille de la Révolution française, la philosophie du xixe siècle se doit à elle-même d'exprimer enfin dans leurs caractères distinctifs, et de rappeler à leur harmonie nécessaire, ces deux grands côtés de l'âme, ces deux principes différents, également vrais, également sacrés, de la morale éternelle.

V. Cousin, *Justice et charité*.

Rapports du droit civil et du droit politique. — De la souveraineté.
(Appendice au livre Ier de la *République*.)

Selon nous, le premier principe de la vraie science politique est la distinction de l'ordre civil et de l'ordre politique proprement dit, et la subordination de celui-ci à celui-là. En suivant le procédé contraire, on s'expose à deux erreurs funestes : 1° on risque fort de se tromper sur l'ordre politique qu'il faut établir, puisqu'on le compose sans savoir à quoi il est destiné; 2° puis, après avoir rêvé tel ordre politique, on façonne un ordre civil à son image, libéral ou servile, selon le caractère de la souveraineté qu'on a imaginée et l'idéal politique qu'on s'est formé; comme ces systèmes arbitraires de métaphysique que nous avons vus s'imposer à la nature humaine, et la plier à leur usage au lieu de l'exprimer fidèlement; ou comme ces systèmes préconçus de médecine qui, appliqués ensuite à l'économie animale, la troublent au lieu de la seconder. De même que la vraie médecine est fondée sur la connaissance de l'économie animale, c'est-à-dire sur la physiologie, et la métaphysique sur la psychologie, de même la science du gouvernement repose sur une connaissance approfondie de la société civile.

Or, qu'est-ce que la société civile? Nous l'avons vu : ce n'est pas le sacrifice du droit naturel, c'est, au contraire, sa consécration; c'est la reconnaissance officielle des droits et des devoirs naturels des hommes entre eux, c'est-à-dire des droits et des devoirs fondés, non sur cet état hypothétique appelé l'état de nature, mais sur la nature même de l'homme. Ces droits et ces devoirs, la raison universelle les découvre, et la conscience universelle les déclare saints et sacrés. La société civile les recueille, elle ne les crée point : ce sont eux bien plutôt qui l'engendrent et qui la maintiennent, et constituent sa beauté, sa grandeur et sa force.

Tel droit naturel, tel ordre civil ; puis tel ordre civil, tel gouvernement.

Partez-vous d'un droit naturel où l'individu soit sans droits, la société civile ne peut être pour vous qu'un ordre arbitraire dont l'unique ciment est la crainte. Un tel ordre civil exige un gouvernement qui ne saurait être trop fort; monarchique ou républicain, ce gouvernement doit être absolu. Partez-vous, au contraire, d'un ordre naturel et civil, où les hommes apportent des droits que les citoyens ne peuvent perdre, il est évident que le souverain, quel qu'il soit, n'aura pas tout droit, et que son pouvoir ne pourra être absolu en toutes choses.

La distinction de l'ordre civil et de l'ordre politique est donc de la plus haute importance, et il y a là une question de méthode qui, bien ou mal résolue, entraîne les plus graves conséquences, consacre ou anéantit la liberté, affermit ou abolit les droits de la personne humaine, développe ou efface toute idée de droit, et met la force au service de la justice ou le nom sacré de la justice au service de la force.

Ouvrez les écrits des plus grands publicistes, lisez Hobbes, Spinoza[1], Rousseau, vous y trouverez la conséquence formelle du despotisme, despotisme monarchique chez Hobbes et Spinoza, despotisme républicain chez Rousseau; et cela, parce que tous les trois commencent par poser un pouvoir souverain auquel ils livrent la société civile. L'État de Spinoza est comme son Dieu; la cité du philosophe est l'image fidèle de son système : les individus viennent se perdre dans l'État, comme les êtres s'abîment dans la substance infinie. D'un autre côté, nous venons de le voir, Hobbes courbe toutes les volontés sous un despotisme de fer. La fausse méthode suivie par l'un et par l'autre est certainement une des causes de cette déplorable erreur. Je ne dis pas que ce soit la seule; mais celle-là aussi a exercé une funeste influence sur ces deux grands esprits, dont le commun caractère est une conséquence à toute épreuve.

On ne peut supposer à Rousseau d'arrière-pensée de tyrannie. Il n'était point conduit au pouvoir absolu par ses théories métaphysiques et morales : il est spiritualiste, c'est-à-dire profondément pénétré du sentiment de la liberté et de la dignité humaine. Mais deux grands vices de méthode l'ont égaré. D'abord, comme tous les publicistes de son temps, Montesquieu excepté, il prend l'origine des sociétés pour le point de départ de toutes ses recherches; puis il s'occupe de l'ordre politique avant d'avoir établi

---

1. Sur Spinoza, voyez IIe série, t. II, ESQUISSE D'UNE HISTOIRE GÉNÉRALE DE LA PHILOSOPHIE, leç. XIe.

l'ordre naturel et civil qu'il s'agit de maintenir et de développer, grâce à un gouvernement approprié à cette fin. Rousseau imagine un état primitif où l'homme, n'étant plus sauvage sans être encore civilisé, vivait heureux et libre sous l'empire des lois de la nature. Cet âge d'or de l'individu, venant à disparaître, emporte tous les droits de l'individu, qui entre nu et désarmé dans ce que nous appelons l'état social. Mais l'ordre ne peut régner sans lois, et puisque les lois naturelles ont péri dans le naufrage des mœurs primitives, il faut en créer de nouvelles. La société se forme à l'aide d'un contrat dont le principe est l'abandon par chacun et par tous de leurs forces et de leurs droits individuels au profit de la communauté, de l'État, instrument de toutes les forces, dépositaire de tous les droits. Nous arrivons ainsi à la souveraineté de Hobbes, et le grand souci, le grand effort de Rousseau, est de déterminer à qui appartiendra cette souveraineté. Ajoutez à ces pentes fatales les habitudes puisées à Genève, dans une petite communauté où les habitants diffèrent à peine les uns des autres par un peu plus ou un peu moins de fortune, ce trompeur exemplaire d'une démocratie de quelques milliers d'âmes, celui des républiques de l'antiquité, et surtout de la république de Platon, qu'il ne pouvait comprendre, et vous avez le secret des déplorables extravagances du *Contrat social*. Le *Contrat social*, c'est le *Traité du citoyen* retourné. Les principes semblent différer à des yeux inattentifs; ils se confondent dans la même conclusion. L'État pour Hobbes, nous le verrons plus tard, ce sera un homme, un monarque, un roi; pour Rousseau, l'État est la collection des citoyens, qui tour à tour sont considérés comme sujets et comme gouvernants; en sorte qu'au lieu du despotisme d'un sur tous, on a le despotisme de tous sur chacun. La loi n'est point l'expression plus ou moins fidèle de la justice naturelle, elle est l'expression de la volonté générale. Cette volonté générale est seule libre; les volontés particulières ne le sont pas. L'une possède tous les droits, les autres n'ont que les droits que leur confère ou plutôt que leur prête la première. La force, dans le *Traité du citoyen*, est le fondement de la société, de l'ordre, des lois, des droits et des devoirs que les lois seules instituent. Dans le *Contrat social*, la volonté générale joue le même rôle, remplit la même fonction. D'ailleurs, la volonté générale ne diffère guère en soi de la force. En effet, la volonté générale, c'est le nombre, c'est-à-dire la force encore. Ainsi, des deux côtés, la tyrannie sous des formes diverses. Rousseau étouffe l'homme dans le citoyen, et, sans s'en douter, comme Hobbes et les partisans du despotisme, il livre les droits sacrés de l'humanité à ce qu'il appelle avec Hobbes la volonté générale, idole chimérique, substituée à la sainte image de la liberté et de la justice, qui dicte ses arrêts le glaive à la main, et qui a mis dans la bouche de l'auteur de la *Profession de foi du vicaire savoyard* ces tristes paroles, *Contrat social*, t. IV, chap. VIII : « Il y a une profession de foi purement civile dont il appartient au souverain de fixer les articles, non pas précisément comme dogmes de religion, mais comme sentiments de sociabilité, sans lesquels il est impossible d'être bon citoyen ni sujet fidèle. Sans pouvoir obliger personne à les croire, il peut bannir de l'État quiconque ne les croit pas; il peut le bannir, non comme impie, mais comme insociable, comme incapable d'aimer sincèrement les lois, la justice, et d'immoler au besoin sa vie à son devoir. Quo si quelqu'un, après avoir reconnu publiquement ces mêmes dogmes, se conduit comme ne les croyant pas, qu'il soit puni de mort ; il a commis le plus grand des crimes, il a menti devant les lois. » Rousseau est tombé dans cette étrange théorie, parce qu'il n'a pas compris qu'il y a des droits que tout citoyen tient de sa nature d'homme; que l'État ne les peut retirer, parce que ce n'est pas lui qui les confère; que, par exemple, le droit de penser librement, sous la condition de respecter les croyances de ses semblables, fait partie de ces droits imprescriptibles, inviolables, supérieurs à toute forme politique. Et pourquoi Rousseau n'a-t-il pas compris cette suprême vérité ? Parce qu'il s'est perdu d'abord dans la question de l'origine de la société, et ensuite parce qu'il a confondu la société, qui est la fin, avec le gouvernement, qui n'est que le moyen; l'ordre civil, qui est saint et sacré, avec l'ordre politique, toujours un peu arbitraire.

Cette confusion est, au point de vue scientifique, le principe des erreurs de Hobbes et le fondement de toutes les tyrannies.

Oubliant qu'il est des droits pour le maintien desquels le pouvoir est fait, et contre lesquels par conséquent le pouvoir est nul, Hobbes confère la souveraineté absolue à un homme ou à une assemblée.

Nous, nous pensons que sur la terre l'absolue souveraineté n'appartient à aucun pouvoir humain, ni monarque, ni conseil, ni roi, ni peuple.

En effet, pour qu'un souverain, quel qu'il soit, fût absolu, il ne suffirait pas de lui attribuer, comme l'a fait Hobbes, l'inviolabilité et l'irrévocabilité : il faudrait lui attribuer encore une qualité que Hobbes, tout hardi qu'il est, n'a point osé lui conférer, une qualité sans laquelle le pouvoir absolu n'est qu'une tyrannie odieuse et insensée, je veux dire l'infaillibilité. Un pouvoir ne peut être légitimement absolu qu'autant qu'il serait infaillible et impeccable, et qu'il n'en pourrait émaner jamais que des commandements raisonnables et justes. Mais supposez votre souverain chargé des attributs les plus formidables, supposez-le manquant une fois, une seule fois, à la raison et à la justice, et vous commandant, non pas seulement une absurdité, mais un crime, soit envers les autres, soit envers vous-même : que ferez-vous? Entre la conscience qui refuse l'obéissance et le souverain, peuple ou roi, qui la commande absolument, qui suivrez-vous? Le roi, le peuple? Il y a donc pour vous quelque chose au-dessus de la raison et de la justice! Ou, si vous préférez la conscience, et vous le devez, ce souverain que Hobbes a mis sur nos têtes, peuple ou roi, n'est donc pas absolu. Et, s'il ne l'est pas dans ce cas, il peut ne l'être pas dans un autre, et tout cet échafaudage d'absolue souveraineté, construit à si grands frais de dialectique, tombe devant une autre souveraineté, à laquelle Hobbes et Rousseau n'ont jamais pensé, l'invisible souveraineté de la raison et de la justice. De là le grand mot de Bossuet qu'on ne saurait trop opposer à la tyrannie : Il n'y a point de droit contre le droit.

A défaut du gouvernement, serait-ce la société elle-même qui serait souveraine? Soit; mais c'est dans un sens qu'il faut bien expliquer.

Quand nos pères ont proclamé la souveraineté nationale, ils revendiquaient un droit incontestable : ils déclaraient que la société n'appartient en droit à personne, à nul individu et à nulle famille, qu'elle n'appartient qu'à elle-même.

Mais le principe de la souveraineté nationale n'a jamais voulu dire que la nation fût souveraine en ce sens qu'elle pût tout ce qu'elle voudrait, et que sa volonté, pour n'être plus enchaînée, fût absolue. Non : si la souveraineté absolue n'appartient pas à un seul homme, elle n'appartient pas davantage à une nation, à moins que cette nation ne soit infaillible. Il est absurde à l'auteur du *Contrat social* de conférer à la volonté générale ce qu'il refuse à une volonté particulière, car après tout cette volonté générale n'est que la collection des volontés particulières, et il n'y a pas plus dans l'une que dans les autres. Toute volonté humaine, particulière ou générale, est faillible en soi; et, le jour où elle s'égare, le jour où la volonté générale, en la supposant sincère et vraie, et non pas mensongère et controuvée, commande un crime, ce crime ne devient pas plus légitime sous le talisman de la volonté du peuple que sous celui de la volonté du monarque; il demeure crime, et doit être repoussé. Les nations peuvent être aussi injustes que les rois. La Révolution française s'est plus d'une fois égarée dans des folies criminelles. Honneur à ceux qui ont refusé de la suivre dans ses égarements après avoir applaudi à ses principes, et qui lui ont résisté au nom même de ses principes! Honneur à ceux qui, au péril de leur tête, ont défendu les droits revendiqués et consacrés par la Révolution, quand elle osa les outrager! La volonté générale en délire n'est rien devant la volonté d'un seul homme, appuyée sur la raison et la justice. Comme nous l'avons déjà dit, le nombre n'est que la force, et la force, revêtue même d'un appareil légal, ne peut prétendre au respect qui n'est dû qu'au droit. Les peuples, comme les rois, sont tenus d'avoir raison et d'être justes. Leur souveraineté ne change point la folie en raison et l'injustice en justice : légitime quand elle est avec le droit, elle cesse de l'être dès qu'elle a le droit contre elle; elle n'est donc pas absolue.

Mais enfin, me dira-t-on, il faut bien qu'il y ait quelque part un pouvoir qui décide en dernier ressort et qui ait le dernier mot en toutes choses. Je réponds par cette question : Supposez-vous que ce pouvoir aura toujours raison, ou qu'il pourra avoir tort? Si vous supposez qu'il a toujours raison, ce pouvoir est la souveraineté même de la raison et de la justice. Lui donnez-vous la décision et, comme on dit, le dernier mot, même alors qu'il aurait tort? Vous mettez alors quelque chose au-dessus de la raison et du droit, vous imposez l'obéissance à la folie, au crime peut-être. Sachez-le bien : reconnaître la nécessité d'un tel pouvoir, où que vous le placiez, c'est reconnaître la nécessité de la tyrannie sur la terre. Toute la question ne serait plus que de la mettre ici ou là. Je proteste, au nom de la liberté et de la conscience du genre humain, contre une telle doctrine.

Cependant l'idée d'absolu est dans la pensée de l'homme : on ne peut l'en chasser. Oui, sans doute, et nous l'avons cent fois établi nous-même contre l'empirisme et la philosophie de la sensation. N'est-il pas étrange que ce soit cette même philosophie qui, n'admettant rien que de relatif dans l'ordre intellectuel et moral, repoussant tous droits et tous devoirs absolus, dès qu'il s'agit de pouvoir et d'autorité, cherche un pouvoir absolu, une autorité absolue, une souveraineté absolue! Ce mot d'absolu revient sans cesse sous la plume de Hobbes. Appliquer une pareille notion à aucun pouvoir humain, c'est la corrompre et la dégrader, c'est ériger une tyrannie monstrueuse à la fois et chimérique, et abolir la vraie souveraineté en l'enlevant à ce qui seul la possède légitimement, je veux dire à la raison, à la vérité, à la justice.

Rappelez-vous l'enseignement constant et fidèle de ces trois années. Combien de fois n'avons-nous pas distingué les principes en contingents et nécessaires, en relatifs et absolus! Et quels sont ces principes universels, nécessaires, absolus? Nous les avons, l'an passé, parcourus avec vous dans les régions du vrai, du beau et du bien. Il ne s'agit ici que du bien. Le bien, c'est une vérité absolue, obligatoire à la volonté. La volonté n'est pas le fondement du bien, c'est le bien qui est la loi de la volonté[1]. De là une obligation absolue, des devoirs absolus et tout ensemble des droits absolus[2]. Ces devoirs et ces droits ne sont pas artificiels, mais naturels; ils dérivent de la nature de l'homme. Ils sont imposés à la volonté avec leur caractère propre, c'est-à-dire absolument, en tout temps, en tout lieu, en toute condition. Toute volonté les doit respecter; nulle volonté ne prévaut contre eux. La volonté est obligée envers eux, elle leur est assujettie; et, comme ils s'appellent d'un seul mot la justice, il faut dire que la volonté est sujette de la justice, que la justice est souveraine, et absolument souveraine. Voilà l'absolue souveraineté, il n'y en a point d'autre.

Le genre humain ne reconnaît que celle-là; il fléchit le genou devant elle, parce qu'elle exprime à ses yeux cette souveraine justice, sœur de cette vérité souveraine et de cette souveraine beauté dont l'idéal et l'éternel principe se nomme Dieu[3].

Au fond c'est la justice et la raison que nous respectons, quand nous respectons le pouvoir quel qu'il soit, un ou collectif, roi ou peuple, leurs lois et leurs décisions. Si l'on nous demande pourquoi nous respectons telle loi, telle décision, émanée du monarque ou d'une assemblée, nous répondons : C'est parce qu'elle

---

1. Du Vrai, du Beau et du Bien, leç. XIVe.
2. Ibid., leç. XVe.
3. Ibid., leç. XVIe.

nous paraît raisonnable et juste. Qu'on nous démontre que cette loi n'est ni juste ni raisonnable, à l'instant même elle perd son titre à notre respect; et, si nous lui obéissons en certains cas, lorsqu'elle ne prescrit rien qui *révolte trop notre conscience*, c'est encore par respect pour la raison et la justice, parce qu'il nous paraît conforme à la justice et à la raison de supporter un désordre momentané plutôt que de mettre en péril l'ordre général; de sorte qu'en obéissant à une décision peu juste nous témoignons encore de notre respect pour une justice supérieure qui nous oblige dès que nous la concevons. Nous condamnons le roi ou le peuple qui ont pris cette décision; notre obligation ne se rapporte donc ni au roi ni au peuple : elle remonte plus haut; son objet véritable et direct est toujours la justice.

Qu'est-ce, en effet, ne craignons pas de le dire aux partisans du pouvoir absolu et de ce qu'ils appellent avec une insolente impiété le droit divin des rois; qu'est-ce qu'un roi considéré en lui-même? Un homme faible, passionné, misérable comme nous, assis sur un trône, c'est-à-dire, comme parle Napoléon, sur trois ou quatre morceaux de bois recouverts d'un peu de velours. Il n'y a pas là de quoi fort en imposer à un être raisonnable. Mais, quand on vient à penser que l'inviolabilité de cet homme qu'on appelle le Roi prévient toutes les ambitions, assure la durée du gouvernement et garantit la paix et la liberté publique, alors la scène change à nos yeux; nous n'apercevons plus les misères attachées à l'individu, et nous nous inclinons avec respect devant celui qui nous est le symbole de l'ordre universel.

Et qu'est-ce aussi qu'un peuple, je vous prie, un conseil, un parlement? Une foule, c'est tout dire. Et plus cette foule est nombreuse, plus elle est peuple, et plus c'est un être déraisonnable, emporté par la passion, divisé avec lui-même, et perpétuellement inconséquent. Voilà la majesté du peuple; elle n'est ni au-dessus ni au-dessous de celle d'un roi. Elle aussi, elle a ses flatteurs et ses courtisans qui la servent en tremblant. Vous êtes tenté de détourner les yeux avec dégoût. Non, ne succombez pas à cette première vue. Regardez au-dessus de cette foule, vous y verrez la sainte image de la patrie se servant comme elle peut de ces instruments infidèles.

Transportez-vous devant les tribunaux, devant ces personnages qui font métier de juger leurs semblables, et qui vivent de ce métier. Ce sont eux qui ont condamné Socrate à boire la ciguë et envoyé Bailly à l'échafaud. Il leur est échappé plus d'une erreur, plus d'un crime; mais enfin ils représentent la justice comme elle peut être représentée par des hommes.

La patrie, l'ordre, la justice, voilà ce qui commande véritablement le respect des pouvoirs humains qui en sont les interprètes.

Et ces pouvoirs eux-mêmes sentent bien que leur autorité est empruntée. Ils s'appliquent à donner à leurs lois, à leurs jugements, à leurs actes, l'autorité de la raison et de la justice. En général, ils cherchent de bonne foi ce qu'il y a de mieux à faire, de plus juste, de plus raisonnable; ils en appellent sans cesse à la justice, à la raison, comme à ce qui oblige définitivement. Ils proclament donc eux-mêmes qu'il y a au-dessus d'eux une souveraineté invisible, mais réelle et universellement acceptée, qu'il s'agit d'exprimer le moins mal possible pour se faire écouter et obéir de l'espèce humaine.

Prenez une des ordonnances que vous lisez souvent dans le *Moniteur*. L'autorité légale de cette ordonnance est dans la signature royale et le contre-seing ministériel; mais où est son autorité morale? n'est-ce pas dans ses dispositions mêmes, surtout dans les considérants, dans les motifs de raison et de justice qui sont allégués? J'entends quelquefois blâmer l'usage des considérants et des préambules pour les ordonnances. Je suis d'un avis bien différent. Sans doute, quand le dispositif est fondé, il s'explique de lui-même; mais, à mon sens, il ne faut négliger aucun moyen de faire pénétrer les motifs des lois dans l'esprit et dans l'âme de ceux auxquels elles s'adressent. C'est traiter le peuple comme un être raisonnable, c'est l'éclairer et l'élever, c'est lui montrer qu'il est gouverné par la raison et par la justice[1]. Je ne cesserai de le répéter : tout gouvernement humain ne doit jamais oublier qu'il n'a pas affaire à des bêtes, mais à des hommes. Une loi non comprise est un fait matériel qui contraint et n'oblige pas.

Rousseau a cru faire merveille de définir la loi l'expression de la volonté générale; il ne se doutait pas qu'il lui ôtait par là ce qui en fait toute la vertu[2]. Si la loi n'exprime que la volonté générale, elle n'exprime qu'un fait, ce fait seulement que tant

---

1. Platon recommande cette pratique. Voyez l'argument des *Lois*.
2. Sans doute, Rousseau a tort de croire que la volonté générale, à elle seule, peut constituer la loi, fût-elle en contradiction avec la justice. Il n'en est pas moins vrai que toute loi de justice ayant besoin d'être promulguée pour devenir une loi civile et positive, c'est à la volonté générale seule qu'il appartient de la

d'hommes ont voulu ceci ou cela. Soit; ils l'ont voulu, mais avaient-ils raison de le vouloir, et ce qu'ils ont voulu est-il juste? voilà ce qu'il m'importe de savoir. La volonté en elle-même, ni la mienne, ni la vôtre, ni celle de beaucoup, ni même celle de tous, n'est un principe ni une règle; elle n'exprime par elle-même ni la raison ni la justice. Je dis par elle-même, car elle peut, par sa conformité avec la raison et la justice, leur emprunter leur autorité et devenir ainsi, mais indirectement, un principe légitime de loi. Montesquieu a tout autrement compris la grandeur et la sainteté de la loi quand, l'arrachant à la volonté arbitraire des peuples et des rois, il la tire de la nature même des choses et des rapports nécessaires qui en dérivent [1].

Plus vous y penserez, plus vous sentirez que nulle volonté, quelle qu'elle soit, ne peut être un principe d'obligation, de commandement ni d'obéissance. Je ne commande légitimement à une autre volonté qu'autant que j'ai droit sur elle, et je n'ai droit sur elle qu'autant que j'ai la raison pour moi; c'est donc la raison qui commande par mon entremise, ce n'est pas moi. La fière volonté de l'homme n'obéit qu'à la raison ou à ce qu'elle croit la raison. Elle se révolte contre la force qui lui est étrangère, et elle résiste à la volonté seule; elle sent instinctivement qu'elle est supérieure à la force, qu'elle est égale à toute volonté, qu'elle ne doit respect et obéissance qu'à la raison. En Dieu lui-même, ce qui commande l'obéissance, ce n'est pas même, à parler rigoureusement, sa volonté [2], et encore moins sa puissance; c'est sa sagesse, c'est sa justice, dont sa volonté et sa puissance sont les organes.

A la rigueur, la souveraineté absolue n'appartient qu'à la raison absolue. Mais la raison absolue n'est pas de ce monde; elle se cache dans le sein de Dieu, où repose avec elle l'absolue souveraineté. Cependant, si la raison absolue ne se révèle pas tout entière ici-bas, elle s'y manifeste plus ou moins; elle éclaire l'homme dès son entrée dans la vie, et elle ne l'abandonne jamais. Nous ne possédons point sa pleine lumière, mais il en arrive jusqu'à nous des rayons détournés et affaiblis. Les traces de la raison éternelle sont partout, bien qu'elle dérobe son essence à nos re-

---

promulguer. C'est donc la loi *écrite* qui est et doit être l'expression de la volonté générale, en même temps que de la *raison*.

1. PREMIERS ESSAIS, cours de 1817, p. 285, etc.
2. DU VRAI, DU BEAU ET DU BIEN, leç. XIII, p. 328-333.

gards. Il faut recueillir ces traces précieuses : elles mesurent les degrés de la souveraineté.

De toutes les vérités, les moins obscures, grâce à Dieu, sont les vérités morales. Comme elles nous sont plus nécessaires, elles nous sont mieux connues. Ce sont, pour parler le langage de Montesquieu, les *rapports nécessaires* qui lient l'homme envers lui-même, envers les autres hommes et envers Dieu. Ce sont les principes éternels du devoir et du droit. Ces principes élèvent au plus haut degré de dignité la condition humaine. L'homme n'est point un de ces êtres qui se perdent dans la vie universelle; les desseins de Dieu sur lui sont grands, puisqu'il y a mis le devoir et le droit. Mais, si Dieu a fait à l'homme une si noble destinée, comment la société pourrait-elle la contrarier ? Non, la société ne diminue pas le droit naturel; elle l'affermit et le développe.

Encore une fois, distinguons bien dans toute la société le fond et la forme; la forme, c'est l'ordre politique, qui est variable, relatif à certaines circonstances; le fond, c'est l'ordre civil, qui peut et doit être partout le même. Dans l'oubli de cette distinction est l'erreur égale et profonde des deux écoles qui encore aujourd'hui se disputent la société et la philosophie, l'une qui s'appelle exclusivement monarchique, l'autre exclusivement républicaine, l'école de Hobbes et celle de Rousseau, pour ne citer aucun contemporain. Toutes deux ignorent la vraie société, la société naturelle et légitime, l'ordre immortel qui est la fin et la loi de tout gouvernement, et, dans leurs préjugés, elles immolent la fin au moyen, le fond à la forme, la société à tel ou tel gouvernement, l'ordre civil à tel ou tel ordre politique. L'école politique qui sort de la nouvelle école philosophique fait précisément le contraire; elle met l'idée de l'absolu, non dans ce qui passe, mais dans ce qui dure; non dans la forme du gouvernement, mais dans l'essence de la société.

La maxime fondamentale de la nouvelle école politique et philosophique, c'est que tout ce qui est de droit naturel est d'ordre civil, et que le citoyen c'est l'homme tout entier, avec tous ses droits comme aussi avec tous ses devoirs.

Or nous l'avons vu : les droits de l'homme ne sont que ses devoirs, et ses devoirs ne sont que ses droits. Mon droit, c'est votre devoir envers moi, et mon devoir envers vous [1], c'est votre droit.

---

1. Du Vrai, du Beau et du Bien, leç. XVe.

Il est bien entendu qu'il ne s'agit ici que des droits et des devoirs des hommes entre eux, et non des devoirs de chaque homme envers lui-même. Cette classe de devoirs ne regarde pas la société, et demeure entre la conscience et Dieu.

Tous nos devoirs sociaux se réduisent, vous le savez, à deux : la justice et la charité. De là deux principes généraux de l'ordre civil, principes différents, mais qui s'accordent et s'appuient, et dans leur sein contiennent tous les autres; le premier est la justice, ou le respect des droits; le second est la charité civile, qui non-seulement respecte les droits des hommes, mais s'occupe de leur bien-être physique, intellectuel et moral.

Cousin, *Philosophie sensualiste*, viie leçon.

Caractère sacré des droits civils. Leur développement dans l'histoire. — Déclaration des droits de 1789. (Appendice au livre III de la *République*.)

Les droits civils sont éternels aux yeux de la raison, puisqu'ils dérivent de la nature même de l'homme; mais le droit n'est pas le fait, et la raison n'est pas l'histoire. En fait, l'histoire atteste qu'ils ont été longtemps étouffés sous l'ignorance, les passions, les préjugés, les tyrannies de toute espèce. Combien de siècles n'a-t-il pas fallu pour en faire paraître quelques-uns! Il semble que presque partout les sociétés humaines aient été tournées contre leur fin. Leurs progrès ont été lents et laborieux, mais on ne peut les méconnaître, et les conquêtes du droit civil sont un gage assuré de celles qu'il doit faire encore.

En remontant dans la nuit des temps, on rencontre, au berceau des sociétés, une institution bizarre et vivace, la division des hommes en castes. La caste est une classe dont les fonctions sont déterminées primitivement d'une manière invariable, de telle sorte que tout individu vit et meurt dans la caste où il est né, sans que jamais ni ses talents ni ses services puissent l'en tirer pour l'élever à une caste supérieure. Dans notre société, il y a bien des classes inférieures et des classes supérieures, mais la distinction existe de fait et nullement de droit; car chaque jour l'inégalité de capacité et de travail fait monter et descendre les citoyens d'une classe à l'autre. Dans l'Orient, surtout dans l'Inde, certaines castes possèdent exclusivement des droits et le pouvoir. Les parias sont des êtres vils par nature; ils sont la chose des castes supérieures, dont les membres ont seuls quelque conscience de la dignité de la personne humaine[1].

La société grecque ignore la division en castes, mais elle nous présente un fait presque aussi contraire au droit, l'esclavage; cependant il y a déjà ici un progrès marqué. Le paria fait partie de la société orientale; l'esclave ne fait point partie de la société antique: le génie grec a au moins compris que la cité ne doit se composer que d'hommes libres et parfaitement égaux en droits. Platon substitue les classes aux castes: on ne naît plus, on devient, selon le vœu de la nature, artisan, guerrier, prêtre ou magistrat[2].

L'histoire des plus beaux siècles de Rome est le développement de la lutte entre les patriciens et les plébéiens, et le grand dénoûment de cette histoire, ce qui lui donne pour nous un si puissant intérêt, c'est la conquête des droits civils accomplie par le peuple au prix de son sang et des plus durs travaux. Chaque combat, chaque triomphe lui apporte un droit. Primitivement le plébéien est le client du patricien; comme tel il lui est incorporé en quelque sorte; le patricien, créancier du plébéien, n'a pas seulement droit sur ses biens, mais sur sa personne. Le peuple se lasse un jour de cette condition intolérable; il se sépare et ne revient à Rome qu'après avoir arraché à ses maîtres le droit d'être compté aussi dans la cité[3]. Mais ce droit ne lui peut suffire. Que sert aux plébéiens d'être des citoyens, ayant leur libre suffrage et protégés par une magistrature populaire, si leurs alliances manquant de la consécration religieuse sont flétries du nom de *concubitus?* Une seconde crise éclate, et le peuple conquiert un droit nouveau, un droit saint entre tous, le droit du mariage, le vrai et légitime *connubium*[4]. Voilà le peuple relevé à ses propres yeux; mais il faut qu'il puisse vivre et faire vivre sa famille. « On vous appelle le peuple-roi, s'écrient les Gracques, et vous ne possédez pas une motte de terre. » Le peuple engage une troisième lutte, et conquiert sa part de ces *terres publiques,* depuis longtemps usurpées par les patriciens et qui leur permettaient d'étaler un

---

1. Lois de Manou, *comprenant les institutions religieuses et civiles des Indiens, traduites du sanscrit, et accompagnées de notes explicatives,* par Loiseleur des Longchamps; 1823.
2. Voyez les *Lois,* avec l'*Argument* et les *Notes.*
3. Retraite sur le mont sacré.
4. Lois des Douze Tables.

luxe insolent dans la misère universelle. La loi agraire n'était pas une utopie ambitieuse, c'était tout simplement le besoin et le droit de vivre.

L'Évangile bien compris contient tous les grands principes de l'ordre social; mais l'œuvre du christianisme est souillée par la barbarie, par la conquête et la féodalité, qui créent le servage, contrairement à l'esprit chrétien. Du reste, la distance du servage à l'esclavage est immense. L'esclavage n'avait ni liberté, ni famille, ni Dieu : le serf conserve une certaine indépendance; il possède à certaines conditions; il lui est permis de se consoler au foyer domestique; il a une femme et des enfants légitimes; il prie le même Dieu que ses maîtres, le Dieu mort sur la croix; il a la même âme et les mêmes espérances.

En France, quels progrès la vie sociale n'a-t-elle pas faits depuis la fin du moyen âge ! Pour être juste, reconnaissons que nous les devons presque tous au patriotisme éclairé de la royauté. Ce sont les grandes ordonnances de François Ier, de Henri IV, de Louis XIV et de Louis XVI qui ont préparé parmi nous le règne de la liberté civile.

La Révolution française a fait bien mieux que d'accorder à un grand nombre de citoyens des droits politiques; elle a assuré à tous la jouissance égale de ces droits, sans lesquels il n'y a pour l'homme en société ni sécurité ni dignité.

Elle a établi la liberté individuelle la plus entière; elle a consacré, non l'égalité politique, qui est une chimère et une absurdité, mais l'égalité civile, qui peut être réalisée puisqu'elle doit l'être. Sans doute elle a fait de grandes fautes, et je les ai plus d'une fois signalées; mais ses fautes ont été passagères, et ses services sont immortels. Laissez là la constitution de 1791, et portez vos regards vers cette admirable déclaration des droits et des devoirs de l'homme et du citoyen, la page la plus grande, la plus sainte, la plus bienfaisante qui ait paru dans le monde depuis l'Évangile. Est-il besoin que je vous rappelle cette déclaration, à vous, enfants comme moi de la Révolution française ? Lisez-la et relisez-la sans cesse. Elle contient ce qu'il y a d'impérissable dans les travaux de l'Assemblée constituante. La constitution de 1791 a passé. La déclaration des droits a traversé toutes les constitutions, elle est dans la dernière comme dans la première; c'est elle qui est destinée à faire le tour du monde et à renouveler les sociétés humaines.

Il faut pourtant aborder la question redoutable des constitutions et de l'ordre politique ; nous ne pourrions la traiter sans excéder les limites de cet enseignement ; mais nous devons au moins la poser et apprécier la solution qu'en a donnée le philosophe anglais.

La fin de la société étant nettement déterminée, la question d'une constitution, d'un bon gouvernement, se réduit à celle-ci : Tel gouvernement est-il un bon moyen de réaliser l'ordre civil, dont nous venons de faire connaître les principes ?

Ainsi posée, il est clair que la question n'admet point une solution unique et absolue; il est clair que tout moyen varie, comme nous l'avons déjà dit, selon les lieux, selon les temps, selon l'histoire, selon le génie des peuples.

Toutefois il n'est pas impossible de déterminer, dans la mesure qui vient d'être établie, les conditions générales et essentielles d'un bon gouvernement.

La mission première de l'État est de faire respecter les droits de tous ; pour cela, il faut évidemment que l'État soit fort, sans quoi il ne pourrait ni réprimer ni prévenir les attentats à l'ordre public. D'un autre côté, si toute la puissance est aux mains du gouvernement, il est à craindre qu'il ne se contente pas de prévenir et de réprimer, mais qu'il opprime. De là la nécessité d'un double système de garanties : garanties du pouvoir vis-à-vis des citoyens, garanties des citoyens vis-à-vis du pouvoir. Là où manquent les unes ou les autres, il y a anarchie ou despotisme. Ainsi, garanties de l'ordre et garanties de la liberté, tels sont les deux principes fondamentaux d'un État constitué selon sa vraie fin.

Hobbes n'a vu qu'un côté du problème. Ne trouvant dans sa philosophie générale aucune idée de droit et de justice naturelle, mais l'intérêt seul, et l'intérêt de tous aux prises avec l'intérêt de tous, pour substituer la paix à la guerre universelle que la liberté engendre, il a recours à l'empire; mais cet empire, il le fait tel qu'il écrase la liberté, que l'État est tout, et que les individus ne sont rien ; tandis que, dans la vérité des choses, c'est pour les individus, c'est pour garantir leur liberté et leurs droits que la société est faite et l'État institué. Rien de plus simple que le gouvernement tel que Hobbes le conçoit et l'établit. Un seul pouvoir né du peuple, mais une fois pour toutes investi par lui d'une souveraineté absolue, dispensateur de tous les emplois, juge de tous les intérêts, seul faisant les lois et les poursuivant l'exécution, déclarant à son gré la paix ou la guerre, et disposant de la raison et de la conscience elle-même en se portant l'arbitre de toutes les doctrines, du vrai et du faux, du bien et du mal : voilà l'idéal du gouvernement pour Hobbes, voilà l'empire. Peu lui importe, après cela, que cette souveraineté absolue soit confiée à un homme ou à une assemblée. Cependant la forme de la souveraineté absolue la plus conforme à son principe est la monarchie, bien entendu la monarchie absolue, sans contrôle et sans contre-poids.

Hobbes part de ce principe, que la souveraineté ne peut être divisée, qu'ainsi toute souveraineté mixte et partagée est contradictoire avec elle-même et ne vaut rien. Ch. vii, § 4.

Il soutient que, dans son origine, la monarchie vient aussi du peuple ; car il admet que le peuple est la source de la puissance, mais il prétend qu'il est de l'intérêt du peuple de résigner sa puissance entre les mains d'un homme sans réserve et sans limites.

§ 11 : « La monarchie tire son origine de la puissance du peuple qui résigne son droit, c'est-à-dire l'autorité souveraine, à un seul homme. En laquelle transaction il faut s'imaginer qu'on propose un certain personnage célèbre et remarquable par-dessus tous les autres, auquel le peuple donne tout son droit à la pluralité des suffrages, de sorte qu'après cela il peut légitimement faire tout ce que le peuple pouvait entreprendre auparavant. Et, cette élection étant conclue, le peuple cesse d'être une personne politique et devient une multitude confuse. »

§ 12 : « D'où je recueille cette conséquence que le monarque ne s'est obligé à personne en considération de l'empire qu'il en a reçu, car il l'a reçu du peuple, qui cesse d'être une personne dès qu'il a renoncé à la puissance souveraine ; et, la personne étant ôtée de la nature des choses, il ne peut point naître d'obligation qui la regarde. »

Ainsi la monarchie est fondée sur une donation ou transport des droits du peuple par le peuple lui-même qui ne réserve rien. Cette souveraineté est différente de celle que confèrent la conquête et la paternité, mais elle donne les mêmes droits. Chap. viii, § 1 : « La royauté n'est autre chose qu'une domination plus étendue et une seigneurie sur un plus grand nombre de personnes, de sorte qu'un royaume est comme une famille fort ample, et une famille est comme un petit royaume. » Chap. ix, § 7 : « Les enfants ne sont pas moins sous la puissance de leurs pères que les esclaves sous celle de leurs maîtres et les sujets sous celle de l'État. »

En effet, selon Hobbes, nous l'avons déjà vu, l'esclave est très-légitimement esclave, car le droit de conquête est vrai. § 9 : « N'est-ce pas à condition d'obéir qu'un esclave reçoit la vie et les aliments desquels il pouvait être privé par le droit de la guerre, ou que son infortune et son peu de valeur méritaient de lui faire perdre ? Par ainsi, sa servitude ne doit pas paraître si fâcheuse à ceux qui en considéreront bien la nature et l'origine. »

Le roi de Hobbes est à la lettre le seigneur et le père de ses sujets. Il use de la souveraineté comme de son patrimoine. Il en dispose donc à son gré après sa mort, et la transmet à qui il lui plaît, et de son vivant même il peut la donner ou la vendre. Chap. ix, § 13 : « Mais ce dont on peut faire transport à un autre par testament, n'a-t-on pas droit d'en faire donation ou de le vendre de son vivant ? Certes celui à qui le roi transmet sa royauté ou en pur don ou par manière de vente, reçoit fort légitimement le sceptre. »

Le chapitre x est consacré tout entier à faire voir l'excellence de la monarchie absolue. Hobbes la compare à toutes les autres formes de la souveraineté, et la met au-dessus de toutes... « Après tout, puisqu'il était nécessaire pour notre conservation d'être soumis à un prince ou à un État, il est certain que notre condition est beaucoup meilleure quand nous sommes sujets d'une personne à qui il lui importe de nous bien conserver. Or cela arrive quand les sujets sont du patrimoine et de l'héritage du souverain ; car chacun est assez porté naturellement à bien garder ce dont il hérite... Et à peine trouvera-t-on un exemple d'un prince qui ait privé un sien sujet de ses biens et de sa vie par un simple abus de son autorité et sans qu'il lui en eût donné occasion. »

La conscience du genre humain se révolte contre un système qui aboutit à de pareilles conséquences, et l'effet presque certain de la théorie de Hobbes est de pousser à la théorie contraire, d'autant plus dangereuse qu'elle a de plus nobles apparences. Mais ôter la souveraineté absolue des mains d'un roi pour la remettre aux mains du peuple, c'est seulement changer de tyrannie. D'abord, comme à moins d'avoir à son service un autre peuple d'esclaves, le peuple ne peut à tout moment se gouverner tout entier lui-même, il arrive nécessairement que quelques-uns se mettent à la place de tous. Ensuite, quand le peuple entier pourrait lui-même se gouverner, qu'importe, je vous prie, si en réalité il est incapable de se gouverner conformément à la raison et à la justice? Le beau idéal n'est pas d'être opprimé au nom de tous, mais de ne l'être par personne. Croyez-vous qu'au tribunal du peuple Galilée n'eût pas été aussi sûrement condamné qu'au tribunal de l'inquisition? Socrate n'a été condamné par l'Aréopage qu'à la majorité de cinq voix; devant la foule, Anytus et Mélitus auraient aisément obtenu l'unanimité contre la philosophie. La tyrannie populaire est la plus redoutable, parce qu'elle est irrésistible. Contre la tyrannie d'un roi, la liberté peut en appeler au peuple. Mais contre un peuple en délire, quel asile reste-t-il à la liberté?

Dans la leçon précédente et dans celle-ci, nous avons recueilli et confirmé de toute manière un grand principe : nul pouvoir humain n'est infaillible, donc nul pouvoir absolu n'est légitime sur la terre. L'absolue souveraineté n'appartient qu'à la raison et à la justice; tout pouvoir ne se justifie qu'en s'y appuyant, en s'efforçant de les réaliser plus ou moins : il a donc toujours besoin de contrôle, de contre-poids, de limite. Il a fallu bien des siècles pour que cette grande vérité se fît jour. L'orgueil et les passions des souverainetés diverses qui tour à tour ont pesé sur le genre humain l'avaient retenue captive. C'est la morale qui l'a d'abord enseignée à la politique; l'expérience et le malheur l'ont peu à peu répandue parmi les hommes, et, grâce à Dieu, à l'heure qu'il est, elle est devenue un axiome du sens commun.

Corneille l'a dit, homme ou gouvernement,

> Qui peut ce qu'il veut, veut plus que ce qu'il doit.

La modération est la loi suprême de tout pouvoir; mais la nature humaine est trop faible pour qu'on s'en remette à elle-même du soin d'être volontairement modérée; il faut venir à son aide et la soutenir du côté où elle penche; il faut que, dans une société bien ordonnée, nul pouvoir, quel qu'il soit, royal, aristocratique ou populaire, ne soit tenté d'abuser, sans rencontrer sur-le-champ un autre pouvoir qui lui serve de frein. Tant que le pouvoir sur la terre sera confié à des hommes, telle est son impérieuse, son inflexible condition. Ne vous fiez pas à Marc-Aurèle lui-même, ou songez que Marc-Aurèle sera remplacé par Commode. Il n'y a pas une âme humaine qui soit à l'épreuve de la puissance souveraine. Je ne crains pas de répéter cette maxime; je voudrais la graver dans l'esprit des particuliers comme dans celui des peuples : toute raison en ce monde doit avoir son contrôle, toute volonté sa contradiction, tout pouvoir, petit ou grand, éclatant ou caché, un pouvoir égal capable de le tempérer. Il est bon, il est nécessaire que l'homme sente l'obstacle, qu'il le prévoie, qu'il le redoute, qu'il compte avec lui, sans quoi il s'emportera par où le poussent la passion, l'orgueil, l'ambition, l'ardeur naturelle de l'âme, et ce je ne sais quoi d'excessif et d'extrême qui tient à ce qu'il y a de plus grand dans l'humanité, le besoin de sortir de toutes bornes et de s'élancer dans l'infini.

V. COUSIN, *Philosophie sensualiste*, VIIIe leçon.

Garanties de la liberté que doit offrir une monarchie constitutionnelle. (Appendice à la théorie du gouvernement mixte dans le *De republica*.)

Voici les garanties de la liberté :

L'établissement de deux chambres sans lesquelles le roi ne peut gouverner, car il ne peut faire une seule loi ;

Le droit pour les deux chambres, et particulièrement pour la chambre des députés, de voter, et par conséquent, à la rigueur, de refuser l'impôt ;

La responsabilité des agents du pouvoir à tous les degrés, ce qui est à la fois une garantie pour la liberté et une sauvegarde pour le pouvoir royal, dont les agents, par cela même qu'ils sont responsables, couvrent l'inviolabilité ;

La division des pouvoirs exécutif, législatif et judiciaire. Si la société met dans la main du prince l'épée de justice et l'épée de guerre, cette main opprimera la liberté. Le pouvoir judiciaire rentrerait dans le pouvoir exécutif qui nomme aussi les magistrats, si la constitution n'avait sagement consacré l'inamovibilité des juges.

La liberté de la presse doit être considérée comme une des garanties les plus efficaces de la liberté. La presse surveille les actes du gouvernement et dévoile les abus ; mais si, retenue dans certaines bornes, elle est un grand bien, elle peut, quand elle tombe dans la licence, devenir un grand mal aussi, et pour le pouvoir auquel elle enlève les respects des peuples, et pour les citoyens auxquels elle ôte la sécurité morale, tout aussi nécessaire que la sûreté physique. Le droit de publier sa pensée ne peut donc être absolu, car ce n'est pas un de ces droits naturels et imprescriptibles dont se compose l'ordre civil ; c'est un droit politique fondé sur l'utilité générale, et que l'utilité générale mesure et modère. A côté du droit de publier sa pensée sont des droits bien sacrés ; si vous voulez avoir le droit de tout dire et de tout écrire, moi aussi j'ai le droit d'être respecté et dans vos paroles et dans vos écrits. La liberté de la presse, comme toute liberté, a pour limite et pour règle la raison et la justice ; si elle repousse toute mesure préventive, elle exige au moins une répression très-fortement organisée.

Cousin, *Philosophie sensualiste*, viiie leçon.

EXTRAITS DE P. JANET[1].

Rapports de la morale et de la politique. (Appendice au II.e livre de la *République*.)

Nous rencontrons sur cette question deux doctrines opposées : celle qui sépare entièrement la politique de la morale, et celle qui absorbe l'une dans l'autre. La première est celle de Machiavel, la seconde est celle de Platon. J'appelle machiavélisme toute doctrine qui sacrifie la morale à la politique, et platonisme toute doctrine qui sacrifie la politique à la morale. Examinons l'une et l'autre.

« Eh quoi! disent ou pensent les partisans avoués ou secrets de Machiavel, prétendez-vous enchaîner aux règles étroites de la morale domestique et privée, les États, les princes et les peuples? Les devoirs d'un chef d'État ne sont pas les mêmes que ceux d'un chef de famille; s'il voulait rester fidèle en tout aux scrupules d'une morale étroite, il se perdrait lui-même et son peuple avec lui. On comprend bien que les individus soient gênés et retenus par certains devoirs; sans quoi la société périrait. Mais la société elle-même n'a d'autre devoir que de se conserver, et c'est elle seule qui est juge des moyens qu'elle emploie à cet usage. Ce qui est vrai de la société en général, l'est de toutes les sociétés particulières, c'est-à-dire des diverses républiques dont le monde est composé. Ce qui est vrai de la république ou de l'État, l'est aussi du prince qui le gouverne et le représente [2]. Sans doute, comme homme privé, le prince est assujetti aux mêmes devoirs que les autres hommes; mais comme homme public, il ne relève que de lui-même. Ce qui est vertu dans l'homme privé peut être vice chez l'homme d'État, et réciproquement... Sans doute il serait à désirer que les hommes fussent toujours bons; mais comme, en

---

[1]. L'ouvrage de M. Paul Janet (*Histoire de la Philosophie morale*), couronné par l'Institut, a l'avantage de résumer tous les travaux précédents.

[2]. On remarquera le sophisme de cette induction. Les lois de la justice ont précisément pour but d'assurer la conservation et le progrès de la société universelle; quand donc une société particulière ou un prince viole la justice, il s'efforce de détruire, autant qu'il est en lui, cette société universelle pour laquelle il prétend travailler.

fait, ils ne le sont pas, celui qui veut être bon au milieu des méchants est sûr d'être leur victime : si vous ne trompez pas, vous serez trompé; si vous n'employez pas la violence à propos, vous tomberez sous la violence... »

Ainsi parlent les écoliers du machiavélisme, très-fiers de paraître, selon l'expression d'un d'entre eux, « déniaisés en politique. » Mais quoique l'expérience semble leur donner raison, la science et la conscience se refusent à leur accorder leur suffrage. Il n'est pas probable que les intérêts les plus graves des individus et des peuples soient couverts de voile et de mystère. La raison d'État doit céder la place à la raison publique, qui elle-même ne peut être en contradiction avec la conscience publique. A mesure que l'esprit humain s'éclaire, et que l'opinion pénètre dans ces arcanes de la politique, comme on les appelait autrefois (*arcana imperii*), beaucoup de choses deviennent impossibles, d'autres plus difficiles, et, sans qu'on puisse entrevoir encore le moment où s'opérera la réconciliation complète de la politique et de la morale, il faut avouer cependant que, depuis trois siècles, de grands progrès ont été faits, que la politique du xve et du xvie siècle nous paraîtrait odieuse aujourd'hui, qu'on ne supporterait même pas tout ce qu'on permettait à Richelieu et à Louis XV, et que l'honnêteté est la première condition qu'on exige, quand on le peut, d'un gouvernement.

Pour discuter avec les politiques, il faut essayer de mettre, autant que possible, l'expérience de son côté; mais avec les philosophes, cela n'est pas nécessaire. A ceux-ci nous dirons : peu nous importe ce qui se fait; nous ne cherchons que ce qui se doit. Nous savons bien que les hommes ne peuvent être parfaits; mais si cette raison était bonne, elle vaudrait contre la morale privée tout aussi bien que contre la morale publique. Si le saint pèche sept fois par jour, combien de fois pèche celui qui n'est pas saint? Faut-il conclure que les hommes doivent se dispenser de toute vertu, parce qu'ils ne peuvent atteindre qu'à une vertu imparfaite? Ainsi des politiques. Accordons-leur que l'honnêteté parfaite leur est impossible; il n'en est pas moins vrai que cette honnêteté parfaite est la loi de leurs actions, et que tout ce qui s'en écarte est répréhensible. Autrement, c'est faire de l'exception la règle, ou plutôt c'est détruire toute règle, et abandonner les destinées des peuples à la passion et au caprice des individus.

On oppose cette maxime périlleuse et équivoque : Le salut du peuple est la loi suprême. Mais le salut d'un peuple, c'est la justice elle-même; et s'il fallait opposer maxime à maxime, je dirais : *Fiat justitia, pereat mundus*, que le règne de la justice arrive, dût le monde périr. Mais le monde n'est pas réduit à cette alternative de périr, ou de pratiquer la justice; car c'est par elle seule qu'il peut durer. D'ailleurs il est toujours faux de changer en maxime générale et absolue ce qui ne saurait être vrai qu'à la dernière extrémité. Admettez un instant cette raison mystérieuse du salut public, aussitôt tout est permis; car il est toujours possible d'affirmer que telle action, telle mesure est nécessaire au salut public. Démontrez, par exemple, que la Saint-Barthélemy n'était pas nécessaire au salut général : je vous en défie. Car rien ne prouve que si l'on eût traité sincèrement avec les protestants, ils n'en eussent abusé pour diviser le pays, détruire la monarchie et établir la république en France. Ce grand coup les a abattus pour toujours, et a permis de ne leur accorder plus tard que des libertés innocentes. Nierez-vous cela ? On peut vous répondre encore, comme le fait Gabriel Naudé dans ses *Coups d'État*, que le coup n'a pas été assez décisif et assez général, et qu'on ne leur a pas tiré assez de sang. Enfin je ne sache pas une seule action détestable dans l'histoire que l'on ne puisse justifier par ces principes.

Il faut d'ailleurs distinguer deux sortes de machiavélisme : le machiavélisme princier et le machiavélisme populaire. Ceux qui sont le plus ennemis du premier ne sont pas toujours assez prémunis contre le second. On admet volontiers que tout n'est pas permis à un prince; mais on est assez disposé à croire que tout est permis au peuple. Pour moi, je n'y vois pas de différence. Qu'une injustice soit commise par un prince ou par un peuple, elle est toujours une injustice; et quiconque en juge autrement est, si j'ose dire, un tyran ou un esclave : tyran, s'il est prêt à commettre une pareille action; esclave, s'il consent d'avance à la subir. J'avoue que les extrémités par lesquelles un peuple défend sa liberté ou son existence sont quelquefois dignes d'excuse; mais je ne puis leur donner mon admiration, si elles révoltent ma conscience. Quelques-uns ne voient dans le machiavélisme que l'art de tromper ; et, dans leur mépris pour les mensonges des cours, ils sont pleins d'indulgence pour les basses fureurs des multitudes. Mais le machiavélisme n'est pas seulement cette finesse puérile et frivole qui se sert de la parole pour cacher la pensée : c'est une politique cauteleuse ou violente, selon le besoin, tantôt couverte et tantôt déclarée, et qui emploie aussi volontiers le fer et la cruauté que la fraude et la trahison : elle peut donc convenir aux peuples comme aux cours; et, dans ce sens, le terrorisme lui-même est machiavélisme.

A l'extrémité opposée se rencontre une doctrine que j'appellerai le platonisme, du nom de celui qui l'a le plus illustrée. Cette doctrine subordonne absolument la politique à la morale, établit que la vertu est la fin de l'État comme de l'individu, se propose pour modèle le gouvernement de Lacédémone, et remet le gouvernement entre les mains des sages et des philosophes...

Rien de plus vrai et de plus séduisant au premier abord que cette doctrine : l'État doit faire régner la vertu; rien de plus dangereux dans l'application. Si la fin de l'État est la vertu, il va sans dire que le citoyen ne saurait être trop vertueux, et, par conséquent, l'État trop scrupuleux et trop vigilant. Voilà l'État qui intervient dans la vie domestique, dans la vie privée, dans la conscience même; rien ne lui est fermé; il entre dans les maisons, il s'assoit à la table des citoyens, et sa surveillance n'épargne pas même le lit nuptial. Les jeux de la jeunesse, les amitiés, les attachements, les chants de la poésie, les rhythmes musicaux, les doctrines philosophiques, le culte, en un mot l'esprit, l'âme, le cœur, l'homme tout entier devient l'esclave d'une censure étroite et oppressive : l'individu perd tout ressort en perdant toute initiative et toute responsabilité, ou bien un fanatisme desséchant le rend peu à peu étranger à tous les sentiments de l'humanité. J'avoue que l'intervention de l'État dans le gouvernement des mœurs a pu avoir quelquefois, dans l'antiquité par exemple, de salutaires effets; je ne méconnais pas ce qu'eut de grand et d'utile l'institution de la censure dans la république romaine; personne ne voudrait retrancher de l'histoire l'austère et noble figure de Caton le Censeur. Cette institution peut encore être justifiée comme un reste du système patriarcal par lequel les républiques ont dû commencer, et où le père de famille avait à la fois le gouvernement et l'éducation, l'autorité politique et la correction morale. Enfin, il faut ajouter que le censeur n'avait à Rome aucun pouvoir par lui-même, et que son autorité était simplement morale. Il n'en est pas moins vrai que la censure des mœurs, prise en soi, est une institution fausse, et qu'elle est étrangère à la vraie destinée de l'État.

Cependant le platonisme despotique, tel que nous venons de le décrire, a sa beauté et sa grandeur; mais il peut dégénérer encore et devient alors ce que j'appelle le faux platonisme; afin que le divin Platon ne paraisse en rien responsable de cette déplorable dépravation de ses principes. Le faux platonisme est un anatisme hypocrite, qui, pour établir ce qu'il appelle arbitrairement la vertu, dans les États, ne craint pas d'employer tous les moyens et de violer toutes les lois de la justice et de l'humanité. Je ne parle pas du fanatisme religieux, qui a beaucoup de rapports avec celui-là, mais de cette folie politique qui, nourrie dans une admiration mal entendue de l'antiquité, ne voit partout que corruption, vice et immoralité, et ferait volontiers le vide dans l'univers, ne laissant à la justice qu'un désert à gouverner.

Quoique très-opposés dans leurs principes, le faux platonisme et le machiavélisme peuvent se rencontrer dans l'application. Nous en avons un exemple assez remarquable dans l'histoire de notre révolution. Danton, par exemple, est un politique de l'école de Machiavel. Assez peu cruel par caractère et par tempérament, il ne craignait point d'employer la cruauté pour soutenir la cause qu'il avait embrassée. Il semble qu'il ait lu dans Machiavel lui-même que « lorsqu'on veut fonder un gouvernement, il faut épouvanter par quelque coup terrible les ennemis de l'ordre nouveau; » que « pour établir une république dans un pays où il y a des gentilshommes, on ne peut réussir sans les détruire tous. » Voilà quelle fut la politique de Danton, politique toute machiavélique, comme on voit. Cependant son cœur, qui n'était pas méchant, finit par se lasser, et lui-même mourut à son tour pour avoir voulu la clémence. Mais le mot qu'on lui prête dans sa prison est encore d'un sceptique et d'un politique sans idéal : « L'humanité m'ennuie, » dit-il. Ce n'est pas ainsi que finit Mme Roland : la liberté et la justice eurent ses derniers adieux. Voici maintenant le faux platonicien, le sombre et implacable Saint-Just, de tous les montagnards le plus original sans aucun doute avec Danton. Ce naïf jeune homme avait lu dans Montesquieu, dans Mably, dans Rousseau, que la vertu est le principe des républiques, et il crut que la révolution ne pouvait être sauvée que par la vertu. Mais comment établir la vertu dans un État corrompu autrement que par la violence, et, comme le dit encore Machiavel, en faisant couler des torrents de sang? Ce n'est pas tout. Que faut-il entendre par vertu ? « C'est, dit Montesquieu, l'amour de la frugalité et de l'égalité. » Mais l'amour de la frugalité est incompatible avec la richesse, et l'amour de l'égalité avec la noblesse. Les riches et les nobles, voilà donc les ennemis de la vertu, les ennemis de la république, les *suspects*. Singulière fortune des destinées et des réputations! Supposez Saint-Just né dans un temps paisible, sous une monarchie respectée : il eût épanché dans quelques écrits inoffensifs les conceptions de son imagination malade, et son nom se serait ajouté peut-être à ceux des grands rêveurs innocents. Mettez-le, au contraire, dans une révolution et au gouvernement de l'État, c'est un politique farouche et sans pitié.

Une autre forme du même platonisme est la politique théocratique, qui donne pour fin à l'État la vertu religieuse, et pour gouvernement le pouvoir spirituel. Le platonisme en lui-même n'est qu'une théocratie philosophique. Au lieu des sages qui gouvernent la république platonicienne, supposez des prêtres, et vous êtes dans l'Inde et en Égypte. Platon, obéissant au génie de la Grèce, a changé les Brahmanes. Admettez maintenant qu'il y ait deux ordres de vertus : la vertu humaine, que Platon a seule connue, et la vertu religieuse, qui procure le salut. Admettez encore qu'au lieu d'un corps de philosophes recherchant librement et par la science les principes de la vertu, il y ait un corps de prêtres chargé spécialement par Dieu d'enseigner la science du salut, n'est-il pas évident que la république de Platon se changera en une république théocratique, démocratie, aristocratie ou monarchie, selon les circonstances? Tel fut le gouvernement des jésuites au Paraguay; tel fut le gouvernement de Calvin à Genève; tel aspirait à être, au moyen âge, le gouvernement de la papauté sur toute l'Europe.

Cette politique soulève d'abord les mêmes objections que le platonisme en général, mais de plus quelques objections particulières. Si c'est déjà une difficulté de donner à l'État pour fin la vertu, c'en est une bien plus grande encore de lui donner pour fin le salut des âmes. Des deux destinations de l'homme, l'une terrestre, qui se termine à la pratique de la vertu, l'autre céleste, qui consiste dans la vie future, il est fort douteux que l'État ait pour but de nous conduire à la première; mais il est bien certain qu'il n'est point chargé de nous procurer la seconde. Le salut est une affaire entre Dieu et l'homme, par l'intermédiaire ou avec le secours du sacerdoce; mais le magistrat n'y est pour rien. C'est

moi seul qui puis faire mon salut, et par mes œuvres propres.
l'État ne peut se substituer à moi, sans détruire dans sa racine
même le principe de la religion. De son côté, le pouvoir spirituel, en usurpant le pouvoir politique, ou en l'autorisant, tend
par là à se détruire soi-même comme pouvoir religieux. En effet,
le pouvoir religieux consiste essentiellement dans un empire moral : emprunte-t-il l'arme de la loi et le secours du bras séculier,
il donne à entendre par là que son empire moral est insuffisant ; et
plus il gagne d'un côté, plus il perd de l'autre. Ce n'est pas tout.
S'il n'y avait qu'une seule manière, unanimement reconnue, de faire
son salut, on pourrait comprendre que l'État et l'Église, suivant
une même route et suivant une même fin, le bonheur des citoyens,
se rencontrassent dans la pratique. Mais comme en fait il y a un
très-grand nombre de voies différentes vers le salut, l'État, en
choisissant une d'elles et en l'imposant à ses membres, tranche
par là même la question de savoir quelle est la plus sûre; or, il
n'a pas autorité pour cela. Si l'on dit que ce n'est pas l'État qui
fait ce choix, mais l'Église, l'Église qui a dû nécessairement le
faire d'abord pour elle-même, qui est persuadée *à priori* de la
vérité de son symbole et qui ne peut pas admettre deux vérités,
qui enfin, par cela seul qu'elle existe, s'engage à transformer la
société laïque sur le type de la cité divine dont elle est l'image,
je réponds que si elle le fait par la persuasion, non-seulement
c'est son droit, mais son devoir le plus sacré; mais que si elle
s'empare de l'autorité, elle commet une usurpation, et que l'État,
à son tour, commet une injustice en acceptant cette servitude,
car il exclut par là même tous ceux qui, n'étant pas de la confes-
sion dominante, ont cependant comme hommes le même titre que
les autres à sa protection. Il est vrai que souvent l'État, au lieu
d'être l'instrument de la religion, se sert de la religion pour gouverner plus aisément les hommes; et c'est là d'ordinaire qu'aboutit la théocratie; mais ce n'est plus alors qu'une forme particulière du machiavélisme, et l'une des plus recommandées par le
célèbre politique de Florence...

« La vérité est qu'au fond de toute politique juste et élevée,
il y a une idée morale. Mais quelle est cette idée? Et comment
distinguerons-nous la politique vraie de la politique fausse?

« On distingue deux grandes doctrines en politique: la politique absolutiste, et la politique libérale. J'appelle politique absolutiste celle qui ne reconnaît à l'individu d'autres droits que ceux

que le pouvoir civil lui confère et lui constitue par sa volonté. Le principe de cette politique est cet axiome juridique : *Quidquid principi placuit, legis habet vigorem* : c'est le principe du bon plaisir. Quel que soit d'ailleurs le prince (roi, nobles ou plèbe), dès que sa volonté seule fait la loi, confère le droit, établit le juste ou l'injuste, l'État est despotique. Le despotisme peut être dans les lois ou dans les actes : s'il est dans les actes, c'est le pouvoir arbitraire; s'il est dans les lois, c'est purement et simplement le pouvoir absolu.

« J'appelle politique libérale celle qui reconnaît à l'individu des droits naturels, indépendants en soi du pouvoir de l'État, et que celui-ci protége et garantit, mais qu'il ne fonde pas, et qu'il peut encore moins mutiler et supprimer. C'est une erreur commune à presque tous les publicistes, anciens et modernes, d'attribuer à l'État un pouvoir absolu. La seule différence est que les uns soutiennent le pouvoir absolu d'un monarque, les autres, le pouvoir absolu du peuple. Mais selon la juste observation de Montesquieu, il ne faut pas confondre la liberté du peuple avec le pouvoir du peuple; et Hobbes dit aussi avec raison, que, dans tel gouvernement, la république est libre et le citoyen ne l'est pas. Il ne sert donc de rien d'établir la supériorité de telle forme de l'État sur telle autre, si l'on ne commence contre le despotisme de l'État, sous quelque forme qu'il s'exerce, la liberté naturelle des individus : d'où il ne faut pas conclure, cependant, que les formes politiques soient indifférentes et que les gouvernements sans garantie valent autant que les gouvernements libres, pourvu qu'ils n'attentent pas aux droits des sujets; car, en fait, tout gouvernement irresponsable entreprend toujours plus ou moins sur les droits naturels des citoyens; et, en second lieu, on peut se demander si ce n'est pas un droit naturel du peuple de se gouverner soi-même. Mais ce qu'il faut établir fermement et sans fléchir, c'est qu'avant toute forme politique et toute garantie de l'État il y a une liberté primitive, inhérente à la nature de l'homme, un droit que la loi n'a pas fait, une justice qui ne dérive pas de la volonté des hommes. *Sit pro ratione voluntas*, voilà la vraie formule du despotisme.

« Si la première condition de toute politique libérale est de reconnaître certains droits contre lesquels l'État ne peut rien sans injustice et sans despotisme, j'ose dire qu'il n'y a pas d'acte plus grand dans l'histoire que la solennelle déclaration des droits par laquelle l'Assemblée constituante a inauguré la Révolution.

« On a contesté l'utilité politique et l'opportunité de cet acte célèbre, et l'on a pu donner dans ce sens d'assez bonnes raisons. Mais si la valeur politique de cet acte est sujette à contestation, sa valeur morale est considérable. Il y a eu un jour dans l'histoire où la raison humaine, s'affranchissant de toutes les conventions politiques et de toutes les servitudes traditionnelles, a déclaré que l'homme avait une valeur propre et inaliénable, qu'on ne pouvait toucher ni à sa personne, ni à ses biens, ni à sa conscience, ni à sa pensée; elle a déclaré l'homme sacré pour l'homme, selon la grande expression de Sénèque, *homo res sacra homini*. Ce jour ne s'oubliera jamais, et il a posé une barrière infranchissable à tout despotisme. »

Certaines personnes n'admettent pas la doctrine de l'omnipotence de l'État et ne veulent pas entendre parler de droits naturels. Il faut cependant choisir. Ou l'État peut tout, ou il ne peut pas tout; s'il peut tout, voilà le despotisme, qui prendra telle ou telle forme selon les temps, tantôt monarchique, tantôt démocratique, mais aussi légitime sous une forme que sous une autre, puisqu'il n'y a pas de droit. Mais s'il ne peut pas tout, il faut bien qu'il y ait quelque chose en dehors de lui: ce quelque chose est ce qu'on appelle le droit; et comme il ne dérive pas de la loi, je l'appelle le droit naturel. Il n'y a point, dites-vous, de droits naturels, mais des droits traditionnels. Qu'entendez-vous par là? Eh quoi! si ma vie, mes biens, mon travail, ma conscience m'appartiennent, ce n'est pas parce que je suis homme, c'est parce que telle charte, à telle époque, dans telle commune, a garanti à mes ancêtres la possession de ces choses, ou bien parce que l'usage et la coutume les ont protégées! Quoi! si cette charte n'eût pas existé, si cette coutume n'eût rien fait de ce que vous dites, je ne serais pas assuré de m'appartenir à moi-même! Je ne puis rien posséder à titre de droit, mais seulement à titre de franchise et de privilége! Il serait à désirer que ceux qui regrettent ce qu'ils appellent les libertés du moyen âge, fussent mis quelque temps au régime de ces libertés. Je ne conteste point d'ailleurs la valeur de certains droits traditionnels, et j'accorderai que la tradition n'a pas assez de place dans notre pays. Mais que faites-vous de ceux qui n'ont pas de tradition? Et quelles sont les traditions de ceux qui descendent des serfs et des manants du moyen âge?

On objecte que rien n'est moins défini que ce qu'on appelle les droits naturels, et qu'on ne s'entendra jamais pour former un programme de droits, sur lequel tous soient d'accord. Je répondrai à ces difficultueux : Vous admettez sans doute qu'il y a quelque chose qu'on appelle le devoir. Croyez-vous qu'il soit plus facile de définir et de circonscrire les devoirs que les droits ? Sans doute les devoirs fondamentaux sont évidents et certains; mais quand il s'agit de préciser la limite des devoirs, de les subordonner les unes aux autres, d'en juger les conflits, la tâche est des plus délicates. Ignorez-vous qu'il existe une science appelée la casuistique, qui a pour objet d'appliquer à tous les cas particuliers les principes incontestables de la morale ? Cette science est-elle si facile ? Que de problèmes épineux, délicats et obscurs ! En conclut-on qu'il n'y ait point de devoirs ? Non, mais qu'ils ne sont pas toujours faciles à connaître. Il en est de même du droit. Les principes sont certains, les applications très-délicates. En toutes choses, la limite est ce qu'il y a de plus difficile à déterminer. Qui fixera la limite exacte entre la raison et la folie, l'erreur et le crime, la fatalité et la liberté, la probabilité et la certitude ? Il y a certains esprits qui n'ont de curiosité que pour les questions de limite. Ils vont d'emblée aux points les plus obscurs des questions, et si on ne les satisfait pas, ils se jettent dans le scepticisme. C'est là une fausse méthode. Il faut commencer par la clarté, et ne s'avancer que pas à pas et avec précaution *per obscura locorum*. J'interroge le plus ignorant des hommes, et je lui demande s'il trouverait juste que, sans avoir commis aucun crime et aucun délit, il fût privé de sa liberté et enfermé à la Bastille; que, pour avoir dit un mot mal compris, il fût jeté dans les cachots de Venise et secrètement supprimé; que, pour avoir déplu au comité de salut public, il fût envoyé à l'échafaud; si, dis-je, un pareil traitement lui paraissait juste, je me récuse, et je n'ai rien dit. Mais si la pensée seule l'en révolte, il y a donc un droit naturel, n'eût-il jamais été démontré par aucun publiciste, ni inscrit dans aucune constitution.

« Soit, diront peut-être quelques-uns, nous accordons que le droit naturel est le fondement de ce que vous appelez une politique libérale. Mais qui nous prouve que cette politique est la vraie ? Sortons des abstractions. Le but de la politique est de rendre les hommes heureux. Or le bonheur est impossible sans la sécurité, et pour établir la sécurité, le pouvoir ne saurait être trop absolu. Ce que vous retranchez au pouvoir par une défiance ridicule, vous l'enlevez au bonheur des sujets. Le pouvoir le plus extrême ne peut pas faire plus de mal aux sujets qu'ils ne s'en font à eux-mêmes par une liberté mal réglée. »

Je réponds à cette objection : Qu'entendez-vous par sécurité, sinon l'assurance de jouir en paix de tous les biens qui conviennent à ma nature ? Or, quels sont ces biens, sinon les droits mêmes sans lesquels je ne suis rien ? La vie est un de ces biens; mais ce n'est pas le seul. Mon travail, ma conscience, ma pensée, sont aussi pour moi des biens précieux et sans la garantie desquels je ne puis vivre en paix. Qu'entendez-vous encore par le bonheur ? Je suppose que les esclaves de l'Amérique du Sud soient, comme le prétendent leurs maîtres, parfaitement heureux, c'est-à-dire bien nourris, bien traités, rarement battus, et même, ce qui me paraît vraisemblable, très-gâtés ! je les suppose beaucoup plus heureux que les ouvriers européens, ne se doutant pas d'ailleurs de la misère de leur état, et, ce qui paraît décisif à quelques esprits, refusant la liberté quand on la leur offre. Est-ce là le bonheur que l'État est chargé de nous procurer ? Je demande au plus misérable des ouvriers s'il voudrait échanger sa dure et soucieuse condition, pleine d'âpres tourments, d'amères inquiétudes, de labeurs sans relâche, mais soutenue et relevée par le sentiment fier et viril de la responsabilité, contre la plus douce et la plus splendide servilité; je ne crois point qu'il accepte, s'il est homme; et acceptât-il, je ne crains point d'affirmer qu'il s'avilirait. Il y a donc deux sortes de bonheur; et le bonheur servile, à peine différent du bonheur animal, n'est point celui pour lequel l'homme est né ; ou plutôt, l'homme n'est point né pour le bonheur; il est né pour développer librement toutes les puissances de son âme, sans nuire à ses semblables, dût-il souffrir en s'améliorant; et l'État n'a pas d'autre fonction que de protéger et de seconder ce libre développement des facultés humaines, qui fait de l'homme un véritable homme au lieu du rival des animaux...

Il y a donc des libertés naturelles indépendantes de la loi civile, mais qui, reconnues et garanties par cette loi, deviennent les libertés civiles; et la politique libérale est celle qui maintient contre toute atteinte ces libertés essentielles. Or cette politique est la vraie; car seule, elle a égard à la dignité de l'homme, qui est le vrai principe de son bonheur.

Mais il est facile de voir que cette politique ne peut pas se séparer de la morale, car c'est la morale qui nous apprend que l'homme n'est pas une créature sensible, née pour jouir et pour satisfaire ses penchants, mais une créature raisonnable, née pour accomplir librement une destinée morale ; que cette destinée lui est imposée par une loi qui commande impérieusement sans contraindre nécessairement, et qui s'appelle le *devoir;* que c'est le sentiment d'être soumis à une loi si haute qui rend l'homme respectable à ses propres yeux, et le sentiment d'y avoir failli qui le remplit de mépris pour lui-même ; que cette loi, en s'imposant à son libre arbitre, est précisément ce qui fait de lui une *personne,* tandis que ce qui n'obéit qu'aux lois fatales et aveugles de la nature, est une *chose;* qu'en tant que personne morale, il est ou doit être pour tout homme un objet de *respect;* que nul, par conséquent, ne peut se servir de lui comme d'un *moyen,* c'est-à-dire comme d'une chose pour satisfaire ses penchants ; que c'est enfin dans cette personnalité inaliénable qu'est le fondement du droit.

Si, comme le dit Bossuet, il n'y a pas de droit contre le droit, s'il y a une éternelle justice antérieure à l'État, quel que soit le principe que l'on admette à l'origine de la société politique, quel que soit le souverain auquel on décerne le droit de disposer des hommes, il faut reconnaître d'abord une première souveraineté, infaillible, inviolable, de droit divin ; c'est ce que M. Royer-Collard appelait la souveraineté de la raison. Cette souveraineté s'impose aux républiques comme aux monarchies, aux princes, aux nobles, aux bourgeois, aux phébéiens ; elle domine tous les systèmes politiques ; elle est la loi que Pindare appelait « la reine des mortels et des immortels. »

Mais si la politique libérale admet comme premier principe la souveraineté de la justice et de la raison, si elle ne place pas tout d'abord la justice et le droit dans une forme politique particulière, est-ce à dire toutefois qu'elle soit indifférente entre les formes de gouvernement, et que, satisfaite d'avoir sauvé spéculativement les droits naturels de l'homme, elle les livre sans garantie à la volonté sans limites et sans frein des pouvoirs humains? Non, sans doute. Une politique aussi hardie dans ses principes, aussi complaisante dans ses applications, se montrerait en cela bien peu clairvoyante et bien peu courageuse. Sans doute l'expérience nous apprend que les formes de gouvernement doivent être surtout jugées dans leur rapport avec le caractère, les mœurs, les traditions, la civilisation du peuple pour lequel elles sont faites. Il n'en est pas moins vrai qu'il y a, pour la politique comme pour la morale, un *optimum,* dont les peuples ont le droit et le devoir de se rapprocher, lorsqu'ils le peuvent et qu'ils en sont dignes : ce meilleur, c'est le gouvernement d'un peuple par lui-même, ou, pour parler plus exactement, l'intervention d'un peuple dans son gouvernement; en un mot, la liberté politique, sauvegarde de toutes les libertés. La liberté politique veut, sans doute, comme le moyen le plus sûr et le plus solide de défendre le droit et les personnes; mais elle veut surtout par elle-même; elle donne un noble exercice aux facultés de l'esprit et aux facultés de l'âme; elle fortifie les caractères, développe l'esprit d'initiative, le sentiment de la responsabilité; elle est dans un peuple ce qu'est le libre arbitre dans l'individu : un peuple libre et une personne arrivée à l'âge de raison. Quelques personnes, ne voyant dans la liberté politique qu'un moyen, contestent qu'elle soit un bon moyen d'assurer le bonheur des peuples, et trouvent que le pouvoir absolu est meilleur pour produire ce résultat. Ils ne voient pas que la liberté politique est un bien en soi-même, et qu'à ce titre elle fait partie du bonheur d'un peuple, pour ceux-là du moins qui font consister le bonheur, non dans de stériles jouissances, mais dans l'exercice de l'activité morale et dans le sentiment de la force. Quant à son influence sur le bonheur matériel, l'expérience et l'histoire nous apprennent que les États les plus libres ont toujours été les plus riches et les plus puissants; mais c'est surtout par supériorité morale que la liberté politique l'emporte sur le pouvoir absolu.

Si nous revenons à notre point de départ, nous dirons que le lien entre la politique et la morale est l'idée du droit. L'objet de la politique n'est pas de contraindre à la vertu, mais de protéger le droit. Sans doute l'État repose sur la vertu, mais la vertu n'est pas son objet. C'est aux citoyens à être vertueux; c'est à l'État à être juste. Pour que la justice existe dans l'État, il faut que l'individu jouisse de toutes les libertés auxquelles il a droit; c'est là le devoir de l'État; mais pour que l'usage de ces libertés ne soit pas nuisible, il faut que l'individu sache en user pour les autres et pour l'État; c'est là le devoir strict du citoyen. On voit comment le droit et la vertu s'allient pour produire l'ordre et la paix, comment la politique et la morale se distinguent sans se combattre, et s'unissent sans se mêler.

On trouvera peut-être que c'est trop restreindre l'action de l'État que de le réduire à n'être que le protecteur armé du droit et le régulateur de la liberté; car c'est lui ôter tout mouvement et toute initiative. Mais j'accorde que ce n'est pas là toute la fonction de l'État, et qu'il peut encore être considéré comme le mandataire des intérêts particuliers : c'est à ce titre qu'il se charge des grands travaux publics, de l'éducation, des faveurs accordées aux arts et aux sciences, etc.; c'est à ce titre qu'il a été défini l'organe du progrès, et qu'il a si grandement servi la civilisation chez les Romains ou en France. Mais d'abord, ce nouveau point de vue n'est pas, comme le précédent, essentiel à l'idée de l'État; car on voit des peuples où l'initiative des individus ou des corporations fait ce que nous sommes habitués à réclamer de l'action administrative. En second lieu, ce point de vue très-digne d'intérêt, et qui touche aux plus grandes questions, se rapporte plutôt à l'économie politique qu'à la morale.

Tels sont les rapports de la politique et de la morale parmi les hommes tels qu'ils sont. Mais si, pour distraire et enchanter notre imagination, nous détournons nos regards de la société réelle pour les reporter, à la suite de Platon, sur une société parfaite et idéale, nous verrons la politique se confondre en quelque sorte et s'évanouir dans la morale. Imaginez en effet une politique parfaite, un gouvernement parfait, des lois parfaites, vous supposez par là même les hommes parfaits. Mais alors la politique ne serait plus autre chose que le gouvernement libre de chaque homme par soi-même; en d'autres termes, elle cesserait d'être. Et cependant, c'est là sa fin et son idéal. L'objet du gouvernement est de préparer insensiblement les hommes à cet état parfait de société où les lois deviendraient inutiles, et le gouvernement lui-même. Il y a une cité absolue, dont les cités humaines ne sont que des ombres, où tout homme est parfaitement libre, sans jamais suivre d'autre loi que celle de la raison ; où tous les hommes sont égaux, c'est-à-dire ont la même perfection morale, la même raison, la même liberté ; où tous les hommes sont vraiment frères, c'est-à-dire unis par des sentiments d'amitié sans mélange, vivant d'une vie commune sans opposition d'intérêts, et même sans opposition de droits; car le droit suppose une sorte de jalousie réciproque, impossible dans un système où une bienveillance sans bornes ne laisserait à aucun le loisir de penser à soi ; voilà la république de Platon, la cité de Dieu de saint Augustin. Mais une telle cité est un rêve ici-bas; elle ne peut être qu'en dehors des conditions de la vie actuelle. La politique ne doit donc pas s'enivrer d'un tel idéal jusqu'à perdre le sentiment des nécessités réelles. Mais elle ne doit point non plus l'oublier, sous peine de marcher au hasard dans des contradictions sans fin. Le vrai politique est un philosophe comme le pensait Platon, mais un philosophe qui sait que le règne complet de la philosophie n'est pas de ce monde, et qu'il faut savoir traiter avec les hommes tels qu'ils sont, afin de les conduire peu à peu à ce qu'ils doivent être.

P. JANET, *Histoire de la Philosophie morale*, introduction.

Appréciation du principe de la souveraineté nationale, tel qu'il est exposé dans Rousseau.

Si je conteste la théorie de l'aliénation totale de l'individu à la société, ce n'est pas pour repousser le principe fondamental de Rousseau et du *Contrat social*, à savoir que la souveraineté réside dans la volonté générale. Je crois au contraire qu'il faut séparer ces deux principes et ne point compromettre le second par le premier. En effet, la question des droits et des limites du pouvoir souverain n'est pas la même que celle du principe de la souveraineté. Quel que soit le vrai souverain de la société, roi, clergé, noblesse ou peuple, il y aura toujours lieu de se demander si le souverain peut tout, ou s'il ne peut pas tout. Réciproquement, après avoir établi que le souverain ne peut pas tout, reste encore à décider quel est le souverain. Or le vrai souverain, c'est la volonté générale.

Dire que la souveraineté réside dans la volonté générale, c'est dire que la société s'appartient à elle-même, qu'elle a elle-même la direction et la responsabilité de ses destinées, qu'elle n'appartient pas de toute éternité et de droit divin à une personne, à une famille, à un corps, laïque ou ecclésiastique. Est-ce donc pour lui accorder le droit de tout faire? Non, sans doute. Non, car on n'accorde pas à l'individu le droit de tout faire en reconnaissant qu'il possède le libre arbitre. La volonté générale dans la société est la même chose que le libre arbitre dans l'individu. En un sens, le libre arbitre n'est-il pas souverain? C'est dans le même sens que la volonté générale est souveraine. L'un et l'autre ont, il est vrai, au-dessus d'eux la souveraineté de la raison. Mais la raison n'est qu'une règle et une lumière : ce n'est pas un principe de vie et de mouvement.

Si la volonté générale n'est pas le souverain, il faut que ce soit quelque volonté particulière. Mais à quel titre une volonté particulière jouirait-elle de ce privilège qu'on refuse à la volonté générale ? Pourquoi tel homme plutôt que tel autre, telle famille plutôt que telle autre, tel corps plutôt que tel autre ? En vertu de quel principe cette volonté d'un seul ou de quelques-uns s'arrogera-t-elle un droit de possession sur tous ? Je ne vois que la force, le droit divin, ou le droit paternel. Ce n'est point le lieu d'entrer dans la discussion de chacun de ces principes. Mais, en deux mots, la force n'a jamais pu être un principe de droit ; le droit divin n'a aucun signe qui puisse le faire reconnaître au milieu des innombrables révolutions qui depuis le commencement du monde ont bouleversé les États ; quant au droit paternel, il aurait tout au plus pour conséquence la souveraineté des chefs de la famille, ce qui est déjà bien près de la souveraineté de tous ; et d'ailleurs, puisque le droit civil émancipe les enfants à l'âge de la majorité et leur laisse la libre possession de leurs personnes et de leurs biens, on ne comprend pas comment le droit politique les maintiendrait dans la dépendance. Enfin, dans toute société où plusieurs personnes mettent en commun leurs intérêts sans les confondre, le pouvoir souverain appartient évidemment à la totalité des membres, et la société a toujours le droit de se faire rendre des comptes. Ce qui est vrai des associations particulières est également vrai de la plus grande des associations, c'est-à-dire de l'État.

Je distingue deux sortes de souveraineté, deux sortes de commandement, le commandement de la raison et celui de la volonté. Prenons pour exemple l'homme individuel. La raison lui commande une action : cela suffit-il ? Tant que la raison seule parle, rien n'est fait, rien n'est commencé ; je n'y suis moi-même en quelque sorte pour rien ; car ma raison, ce n'est pas moi, et la vérité qu'elle me montre est extérieure à moi, indépendante de moi. Sans doute, la raison est souveraine, mais c'est une souveraine sans puissance ; car, quoi qu'elle dise, je puis faire ce que je veux. De là une seconde souveraineté, celle de ma volonté : c'est la volonté seule qui peut faire que l'action soit ; c'est elle qui en prend la responsabilité, c'est elle qui est maîtresse de ma destinée ; ou plutôt, c'est par elle seule que je suis mon maître, que je me commande à moi-même, que je suis souverain de moi-même.

Il en est de même dans l'État. L'État, comme l'individu, doit obéir à la raison ; c'est en ce sens qu'elle est souveraine. Mais la raison toute seule ne suffit pas ; il faut une volonté pour lui obéir. Cette volonté ne peut être que celle de l'État ; et comme l'État c'est tout le monde, ce sera la volonté de tous. C'est en ce sens que la volonté générale est souveraine.

Rousseau lui-même a parfaitement exprimé la distinction que nous venons d'indiquer ; et, pour cette raison, sa théorie de la loi a une solidité que n'ont pas toujours les autres parties du *Contrat social*. A-t-on jamais exposé plus éloquemment le principe de la souveraineté de la raison, tout en signalant son insuffisance ? « Ce qui est bien et conforme à l'ordre est tel par la nature des choses et indépendamment des conventions humaines. *Toute justice vient de Dieu, lui seul en est la source ; mais si nous savions la recevoir de si haut, nous n'aurions besoin de gouvernement ni de lois.* Sans doute, *il est une justice universelle, émanée de la raison seule ;* mais cette justice, pour être admise entre nous, doit être réciproque. A considérer humainement les choses, faute de sanction naturelle, les lois de la justice sont vaines parmi les hommes ; elles ne font que le bien des méchants et le mal du juste, quand celui-ci les observe avec tout le monde, sans que personne les observe avec lui. *Il faut donc des conventions et des lois pour unir les droits aux devoirs* et ramener la justice à son objet. » Rien de mieux dit et de mieux pensé. Le principe de la souveraineté de la raison est un principe de morale, et non de politique ; c'est la règle que la morale impose à la politique. Mais il ne suffit pas d'établir qu'il y a une loi éternelle, divine, que les peuples ne peuvent pas plus violer que les rois ; il faut encore expliquer d'où vient la loi civile, et quel en est le principe. « Quand on aura dit ce que c'est qu'une loi de la nature, on n'en saura pas mieux ce que c'est qu'une loi de l'État. » On oppose la définition de Montesquieu à celle de Rousseau : « Les lois sont les rapports nécessaires qui dérivent de la nature des choses. » Cette définition, dit-on, exclut tout arbitraire. A merveille. Mais d'abord, les lois civiles sont-elles des rapports nécessaires ? Ne sont-elles pas la plupart du temps des rapports variables et contingents, et des transactions mobiles entre mille intérêts mobiles ? En second lieu, entre la loi primitive qui réside dans l'éternelle raison, et la loi civile, qui n'en est qu'une dérivation très-éloignée, il faut bien qu'il y ait un intermédiaire, une volonté qui donne naissance à la loi écrite, laquelle n'existe pas par elle-même. Quelle sera cette volonté ? Pourquoi plutôt celle-ci que celle-là ? Il faut que ce soit une volonté générale, car, *à priori*, il n'y a aucune raison d'exclure personne.

Reste enfin l'objection qui se tire de la pratique. Mais il ne s'agit point ici de pratique. On recherche seulement quel est, en droit, le vrai principe de la souveraineté dans l'État, mais non quelle doit être en fait la forme de l'État. Sans doute, par cela seul qu'on pose un principe, on tend évidemment à appliquer ce principe dans la réalité ; mais on n'est point engagé à l'appliquer à l'heure même ni d'une façon plutôt que d'une autre. Le débat reste donc entier entre les partisans des diverses formes politiques. La seule chose qui soit établie, c'est que ces formes ne sont que des formes et non point des principes. Mais quelle que soit la forme de l'État, la loi ne peut être autre chose que l'expression réelle ou supposée de la volonté nationale. Si l'autorité de Rousseau paraît malplaisante à certaines personnes, il est facile de la corroborer par une autorité plus majestueuse et plus consacrée, celle de saint Thomas d'Aquin. A qui appartient-il de faire la loi ? dit ce saint. « A la multitude tout entière, répond-il, ou à celui qui la représente, *vel totius multitudinis, vel alicujus gerentis vicem.* »

P. Janet, *Histoire de la Philosophie morale*,
t. II, l. IV, ch. II.

FIN.

TABLE DES MATIÈRES.

I

	Pages.
Notice historique.	1
Introduction critique au premier livre.	5
Argument analytique du premier livre.	20
Livre premier.	33
Argument analytique du second livre.	71
Livre second.	73
Argument analytique du troisième livre.	101
Livre troisième.	103
Livre quatrième.	124
Livre cinquième.	130
Argument du sixième livre.	131
Livre sixième.	135
Songe de Scipion.	138

II

EXTRAITS DES PLUS CÉLÈBRES OUVRAGES DE POLITIQUE, PROPRES A COMPLÉTER ET A ÉCLAIRCIR L'OEUVRE DE CICÉRON.

PLATON.

Nécessité de la philosophie pour la politique. — Pourquoi les philosophes s'éloignent actuellement des charges publiques. — Comment ils doivent y revenir un jour. 151

Nature et vices de l'oligarchie 160

Comment les *excès de la démocratie* engendrent la tyrannie . . . 162

Portrait du tyran. — Analogie de l'âme tyrannisée par la passion, de l'État tyrannique et du tyran. 167

ARISTOTE.

Examen des deux opinions opposées qui recommandent ou qui proscrivent la vie politique. — L'activité est le véritable but de la ͏ͅ͏o, aussi bien pour les individus que pour l'État. — L'activité politique ne doit pas être séparée de la justice. — L'activité suprême est celle de la pensée qui prépare et gouverne les actes extérieurs 173

De l'État. — Origine de la société. — Elle est un fait de nature. — La famille. — Le village. — L'État. — L'homme est un être social. 175

Division des gouvernements en gouvernements d'intérêt général et gouvernements d'intérêt particulier. — Nécessité de concilier l'égalité des droits et l'inégalité des fonctions. — Véritable but de l'État 178

De la souveraineté. — Prétentions réciproques et également excessives de la foule et de la minorité. — Arguments divers en faveur de la souveraineté populaire. — Objections et réponses. — La souveraineté doit appartenir, autant que possible, aux lois fondées sur la raison. 181

A qui appartient la souveraineté? Pour le savoir, on ne peut tenir compte que des droits et des avantages vraiment politiques, et non des avantages quels qu'ils soient : noblesse, fortune, courage militaire, vertu. — Insuffisance des prétentions exclusives. — L'égalité est, en général, le *but que le législateur* doit se proposer, afin de les concilier. 18

De la royauté absolue. — Vaut-il mieux remettre le pouvoir à un seul individu qu'à des lois faites par des citoyens éclairés et honnêtes?. 1

Supériorité de la loi sur la volonté absolue du prince. — La loi vaut mieux que le pouvoir arbitraire 1

TABLE DES MATIÈRES.

De la démocratie. — Influence désastreuse des démagogues dans les démocraties où la loi a cessé d'être souveraine. — Tyrannie du peuple égaré par ses flatteurs. 193

Excellence politique de la classe moyenne 194

Critique de la *République* de Platon par Aristote. — Appréciation du communisme. 196

Portrait du tyran. — Divers moyens qu'il est obligé de mettre en œuvre pour se maintenir 199

POLYBE. — Les diverses formes de gouvernement. 204

FÉNELON. — Fragments sur la politique 205

MONTESQUIEU. — LIVRE Iᵉʳ DE L'ESPRIT DES LOIS.

Des lois en général.

CHAPITRE I. — Des lois dans le rapport qu'elles ont avec les divers êtres. *Appendice aux livres I et III de la République.* 206

CHAP. II. — Des lois de la nature. 208

CHAP. III. — Des lois positives. 210

LIVRE II.

Des lois qui dérivent directement de la nature du gouvernement.

CHAP. II. Du gouvernement démocratique. 212

LIVRE III.

CHAP. III-V. — Principes vitaux des divers gouvernements. — Nécessité de la vertu dans la démocratie. 216

La vertu dans les gouvernements démocratiques. 219

Corruption de la démocratie — De l'esprit d'égalité extrême. 220

Du despotisme. 220

Définition de la vraie liberté politique. — Théorie de la séparation des trois pouvoirs (législatif, exécutif et judiciaire). 223

TABLE DES MATIÈRES.

	Pages.
Sur l'esclavage.	227
De la sévérité des peines. Ses inconvénients.	228
De la puissance législative chez les Romains.	231
De la puissance exécutive chez les Romains.	232
De la puissance judiciaire chez les Romains.	233

J. J. ROUSSEAU.

Qu'est-ce que la loi ? — La loi civile et politique doit être l'expression de la volonté nationale. ... 237

Du gouvernement. — Divers pouvoirs qui le constituent. — Rapport du gouvernement à l'État. ... 239

Nécessité de séparer le pouvoir législatif et le pouvoir exécutif. — Le peuple en corps ne peut pas être à la fois législateur et magistrat. ... 241

Du droit du plus fort. — Différence de la force et du droit. — La puissance n'oblige que si elle est légitime. ... 241

De l'esclavage. — Caractère sacré et inaliénable de la liberté humaine. — Réfutation des théories de Grotius sur l'esclavage. 242

V. COUSIN.

Appréciation de la doctrine qui nie le droit naturel et la sociabilité de l'homme. (Doctrine de Calliclès dans le *Gorgias*, de *Thrasymaque* dans la *République* de Platon, de Philus dans la *République* de Cicéron, et de Hobbes dans les temps modernes.) ... 246

Différence du droit et du désir. ... 253

Des droits naturels de l'homme. Leur rapport avec la justice. — Du droit de propriété. — Le but de tout gouvernement est la protection des droits. ... 255

Des devoirs de charité qui incombent au gouvernement, ou de la charité publique. ... 264

Du droit civil et du droit politique. — De la souveraineté. 272

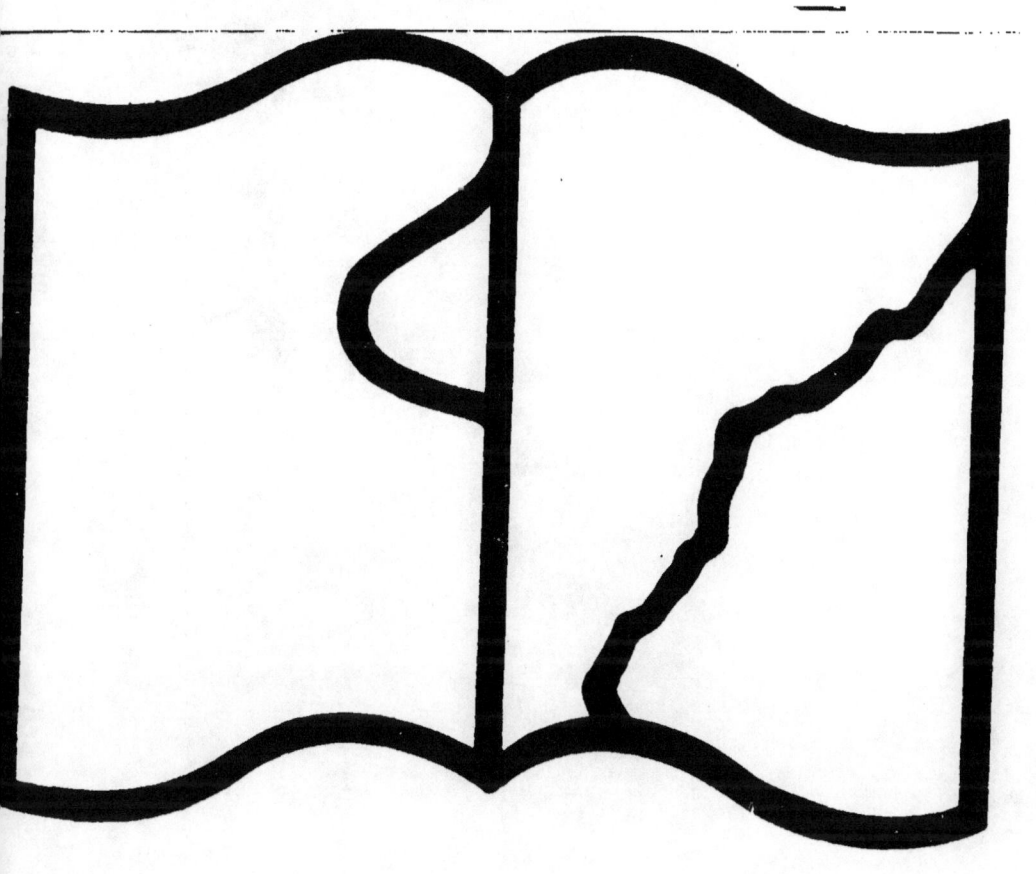

Texte détérioré — reliure défectueuse

NF Z 43-120-11

www.ingramcontent.com/pod-product-compliance
Lightning Source LLC
Chambersburg PA
CBHW071252160426
43196CB00009B/1257